CULTURAL RELICS ALONG THE SILK ROAD

外国文物里的丝绸之路

沈卫星　主编

光明日报出版社

图书在版编目（CIP）数据

外国文物里的丝绸之路 / 沈卫星主编 . -- 北京 : 光明日报出版社，2021.3

ISBN 978-7-5194-5841-6

Ⅰ . ①外… Ⅱ . ①沈… Ⅲ . ①丝绸之路－文物－世界－文集 Ⅳ . ① K86-53

中国版本图书馆 CIP 数据核字（2020）第 212256 号

外国文物里的丝绸之路

WAIGUO WENWU LI DE SICHOUZHILU

主　　编：沈卫星

责任编辑：李月娥　　责任印制：曹　净

封面设计：柳　丹　　责任校对：慧　眼

翻译公司：泛译（北京）国际翻译有限公司

翻　　译：姚涵丽　于冰清等　　译　　审：黄　博

出版发行：光明日报出版社

地　　址：北京市西城区永安路 106 号，100050

电　　话：010-63169890（咨询），010-63131930（邮购）

传　　真：010-63131930

网　　址：http://book.gmw.cn

E - mail：gmrbcbs@gmw.cn

法律顾问：北京德恒律师事务所龚柳方律师

印　　刷：北京华联印刷有限公司

装　　订：北京华联印刷有限公司

本书如有破损、缺页、装订错误，请与本社联系调换，电话：010-63131930

开　　本：185mm×260mm　　印　　张：20.5

字　　数：340 千字

版　　次：2021 年 3 月第 1 版

印　　次：2021 年 3 月第 1 次印刷

书　　号：ISBN 978-7-5194-5841-6

定　　价：168.00 元

目　录

前　言

缘起与定位

本书的起意，是在2017年5月北京召开的首届“一带一路”国际合作高峰论坛上，那时首都正处在千秀并育、万物生发、绿意盎然的美好时节。

合作高峰论坛的召开有其特殊背景。自习近平主席分别于2013年9月和2013年10月先后提出建设“丝绸之路经济带”和“21世纪海上丝绸之路”以来，简称为“一带一路”的重大倡议迅即得到世界特别是丝路沿线国家广泛响应。时间过去4年了，未来如何推进，迫切需要有一个平台来共同检视，一起总结，多方献策。首届合作高峰论坛就在这样的背景下召开。29位外国元首和政府首脑，以及130多个国家约1500名各界的贵宾，虽远隔千山万水，却为着开放合作、互利共赢而来。一时间，北京奏响了新丝路的宏大乐章。

那个时候，我正读到英国牛津大学历史学家彼得·弗兰克潘的新作——《丝绸之路：一部全新的世界史》，这是当代外国学者对“古丝绸之路”历史进行全新论述的代表作，他基于“丝绸之路正在复兴”的认识，自觉摆脱西方中心主义的傲慢，发现“丝绸之路”在连接东西方文明中曾起到关键作用，并特别强调中国的“一带一路”正在为丝路沿线国家的复兴做出巨大贡献。书中诸多史料和观点，为东西方读者客观认识“丝绸之路”以及“一带一路”理念提供了新视角和更为开放的思路。这便触动我开始关注世界各国在这方面的最新研究动向。

观察历史，可以有不同角度；描绘历史，也需要不同画笔。对于古丝绸之路，同样应当有来自各个领域的声音，唯此，历史才会更加完备和信实。这时，一个念头像一粒种子开始萌芽——应当从弗兰克潘扩而大之，做一本有关古丝绸之路的文集，邀请有代表性的国外专业人士来撰写。那么，选择什么样的领域呢？我思考再三，就从文博界的考古发现和各国博物馆藏品解读来切入吧。毕竟，文物承载灿烂文明，博物馆是历史文化艺术宝库，于是灵光一现，决定编辑一本《外国文物里的丝绸之路》。

当然，之所以做此决定，也还有其他几方面的因素促成，不妨在此亮明一下我的心迹。

一是从文物考古入手，能够在那些被历史雪藏的原初物品和珍贵线索中，让中外读者较为真切地看到中国的“一带一路”与古丝绸之路之间有着怎样的血脉延续和精神联结，从而打开审视、欣赏和思考的新窗口。毕竟“一带一路”本由历史深处走来，文博界最能融通古今、承接中外，有世界共通的语言。

二是虽然“丝绸之路”的文物考古和博物馆藏品研究星星点点不少，但由多个国家出自多样作者之手的横向发声不多，如果做较为集中而全面的扫描，不失为一种新意。另外，考虑到考古发现和博物馆藏品也是大众最为关注的兴趣点之一，容易走近大众读者。

三是讲好丝路故事需要引入更多国外专家学者业者发声。越是多元主体参与，越需要多样声音共鸣。在我国对古丝路已然说得很多的情况下，如何引入更多国外专家学者业者发声，向世人讲述中国和其他各国在古丝绸之路所做的贡献，这是丝绸之路乃至“一带一路”对外传播的重要课题。如果将来出版外文版，用图书“走出去”的方式进行国际传播，有利于向国际社会展示中国文化源远流长及与世界各国的友好交往，彰显中华民族早在丝绸之路时期砥砺精进、拥抱世界的开放姿态，提升世界对丝绸之路和“一带一路”的关注度，为“和平、发展、合作、共赢”理念提供智力支撑。我认为这是一项意在主动寻找增进对话、理解、互信的工作，也是让我下决心要做这样一本文集的最重要因素。

2019 年 7 月，我因公务出差到新疆的南疆地区，当我驱车行进在帕米尔高原，无论是红旗拉甫口岸中巴人货交通的喧腾，还是塔什库尔干瓦罕走廊的寂静，都仿佛正在诉说古丝路和新丝路接续的故事，这也对我编辑好这本文集注入了新的动力。

内容与呈现

考古是历史的显微镜，文物是历史的见证者。古丝绸之路蕴含着极为丰富的自然信息、历史谜题和人文内涵，载有丰厚的物质性、社会性和文化性，是文博界一座挖掘不竭的富矿。

与国内对古丝绸之路热火朝天的研究相比，国外的文博界又是一种什么样的状况呢？特别是沿线国家对古丝绸之路正在进行怎样的文物考古发掘？有哪些方面的研究？取得哪些新的成果？博物馆里的藏品有否新的发现和展示？哪些专家学者在其研究领域具有代表性？怎样向他们表达清楚本书的定位和写作要求？……当一进入实际工作状态，诸多问题便纷至沓来。

所幸的是，经过简单的观察、调研、了解后发现，自中国提出“一带一路”重大倡议后，世界各国文博界对古丝路的考古有新发现，研究有新拓展，藏品有新开掘，许多方面都不断有新推进。因此，当我真正进入组稿阶段，便发现古丝绸之路在外国的文物考古领域已经变成学术研究的富矿了。

不知不觉间，约来的稿件，由案头上的零星几篇，到逐渐堆叠增厚，时时感觉来自各个国家的文章内容愈来愈丰满，信息也渐趋清晰和多样。我从外国专家笔下发现，在中国与丝路沿线各国家之间，虽然有荒漠与大川、草原与戈壁、山乡与泽国等万千阻隔，尽管充斥其间的不乏朔风啸叫、恶浪滔天、百兽怒号，但陆、海、草的丝绸之路，在车辕辚辚、帆影幢幢、驼铃声声中，将高原屋脊与大洋深处、巍峨城邦与星布村落之间联结成一片。其间，荣衰不断变换，新旧不断交替，支撑点不断移位，闭塞之地逐渐变成开放之城，动人的故事在精美瓷盘中传递，美妙的交流就隐藏在丝织的各式图案中。

经过在世界各国及丝路沿线国家广泛约稿后，最终选定17篇外国作者的稿件。它们来自美国、英国、法国、俄罗斯、日本、以色列、土耳其、巴基斯坦、伊朗、哈萨克斯坦、塔吉克斯坦、乌兹别克斯坦、泰国、印度等国家，作者中有各大学和文化机构的专业研究人员，也有文博界业内的掌门人，他们均秉持权威的专家身份、开放的学术姿态，从各自的考古、文博等领域将最新发现和成果进行严谨呈现，观点阐发新颖，研究内容扎实，进行判断时尽量多用“可能”“或许”等词语，而不是妄下结论，显示出应有的客观、求真、务实的探究作风。

文章中，以海洋、城市、陵墓、港口等为核心的田野考古是一项既枯燥又辛苦还要冒风险的工作，然而背后也有令人惊喜的收获，如英国杜伦大学考古学系的古铁雷斯和杰拉德两位教授，在对西班牙海域的考古发现进行研究后指出：“‘海上丝绸之路’终点可能早在唐代就已延伸至西欧，而非此前认为的晚至明代，这一重大发现将中欧陶瓷贸易起始时间向前推进了500年。”这真是一个振奋人心的消息。还有像巴基斯坦真纳大学阿什拉夫和阿里夫、伊朗原德黑兰大学考古系主任唐内希普、印度喀拉拉邦跨学科考古科学发展研究所所长切利安等专家，他们取得学术突破性进展时的欢欣，也令我感同身受。

我们再来看看英国牛津大学考古学院荣誉研究员奈杰尔·武德、美国美利坚大学人类学系教授库沙姆巴、日本冲绳县立艺术大学教授森达也等几位撰稿的考古学者，他们在先进技术和仪器的应用方面堪称典范，不仅大大提升了获取信息的能力，也提出了有科学性和创见性的认识，其研究成果充分展示了当代高科技在考古发掘中的作用。

善于运用田野考古发掘出土文物为研究对象和佐证依据，并结合历史文献对古丝路在演进过程中的蛛丝马迹和规律性认识进行独到阐述，是这次组稿又一重要方面。代表专家有法国的艾克斯－马赛大学教授波特、以色列的特拉维夫大学孔子学院院长戈尔德施密特、哈萨克斯坦的中央国家博物馆考古中心主任哈米特、塔吉克斯坦的国家博物馆考古和钱币学系主任多伍迪等。

还有来自俄罗斯莫斯科国立东方艺术博物馆馆长西多夫、美国耶鲁大学艺术馆亚洲艺术部主任莱迪、乌兹别克斯坦撒马尔汗国家博物馆保护区首席专家拉克马托娃、土耳其安卡拉哈吉·巴伊拉姆·维利大学文学院翻译系教授吉来·菲丹和土耳其总统府国家宫殿管理局艺术历史学家阿尔帕伊、塔吉克斯坦国家博物馆游览与群众部负责人肯扎夫、泰国文化部艺术局高级顾问瑞苏查特等专家，他们对自己国家博物馆里的丝路藏品颇为骄傲，以丝绸、陶瓷、金银器等为代表的手工业遗存为展示形式，深入浅出地向人们讲述了古丝路的深远历史背景和呈现的无穷魅力。

这些都再一次表明，近年来国外有关古丝路的重大考古发现接连不断，各国博物馆相关藏品也有更为深入的挖掘和更多的主题性展出，这些不仅大大物化了人们对发生在数千年前这条繁华贸易通道的认识，也深化了人们对古丝路上不同历史阶段的社会、经济、农业、手工业、城市建设等的理解，原有的很多事件和细节由此变得更加形象、直观，物质文化的面貌愈加清晰。而更重要的是，它们弥补了史料记载的缺失，刷新了学界研究的高度，为进一步探索和揭示古丝路历史奥秘提供了新起点和新的可能性，也为人们真切感知其迷人魅力找到新的载体，更为今天的“一带一路”建设连接起物质和精神上的血脉。

为了寻求本文集的特色，我试图将其打造成一个 “大家”写给大众的项目，兼顾学术性与可读性。这样，信息饱满，注重悦读，自然成了追求。从目前看，它具有轻学术性的特点，致力于通过外国考古挖掘和馆藏文物所呈现的史料文献和藏品图片，对散落四海的丝路历史碎片进行准确梳理、互相印证，寓枯燥的研究于平实的叙述中，帮助读者获得新颖而有史识、鲜活而有依据的丝路图景，进而从亲近丝路历史文化和灿烂文明中获得深厚滋养。为便于阅读，在约 14 万字的文章中，配以 300 多幅珍贵文物图片资料，使之图文并茂，有助于达到“悦读”体验。

意义和启示

文集虽然出自不同国家不同专家之手，但都显示出独特的学术意义，对今天不无启示。我认为，有以下几点值得总结和思考。

（1）发挥好文物考古和博物馆藏品“以古观今”的作用。文物是为后人追溯社会历史记忆提供的原始信实记录，经过专家不断发掘、探究和解读，形成历史书写，并作为一种特殊的档案形式，对今天形成观照。作为寻找人类文明发展史上记忆丢失已久的有意义工程，中国和世界各国考古工作者，在古丝绸之路的广袤地域，努力通过自身和合作的方式，对丝路沿线古代遗址和器物进行精细而科学的发掘，在弥补史料不足的同时，迅速集聚起被岁月湮没的片段，从断线处接续，在光谱中增色，卓有成效，使古丝路的身姿穿越时空，渐为丰满，生命力愈来愈强，令人振奋。

文物考古在探寻丝路印记的同时，也提供了在历史前进的逻辑中前进、在时代发展的潮流中发展的最基础、最真实的观照。作为延展，今天的“一带一路”建设无疑是在书写古丝路的新篇章，我们期望“一带一路”建设带着古丝路的基因和精神一起前进，也希望文集在今后古丝路研究中成为有价值的参考。有理由相信，由文物考古揭示的丝绸之路，将召唤人们寻找更多精彩答案，揭开更加迷人的谜题。

（2）中国在古丝绸之路中的地位、功绩得到强化。值得一提的是，许多外国专家学者在他们的论述中，均强调了中国在古丝绸之路中的重要地位和历史价值，都不约而同对中国当年的伟大功绩给予热切赞赏，也让我们从中真切感受到中华民族早在丝绸之路时期就已显示出砥砺精进、拥抱世界的开放姿态，中国通过丝绸之路走向世界，世界也因丝绸之路联系中国，充分彰显中国古人与世界互动的智慧和魄力。

丝绸之路是中国的，也是世界的；“一带一路”是中国的，同样也是世界的。今天的“一带一路”建设，中国同样与世界各国相互学习、借鉴、交融和理解。共同发展之路，是构建人类命运共同体的必经之路，21世纪充满着变革与挑战，作为承载人类对共同发展的追求，“一带一路”在接千年宏愿、望世界未来中，形成了一个甘苦与共、命运相连的发展共同体。如何实现经济大融合、发展大联合、成果大共享，用求同存异、相互尊重来走向成功，需要各国沿着古丝路的精神再出发。

（3）对当前逆全球化潮流的拷问。文集虽出自不同国家不同专家之手，但都共同指向世界繁荣文明需要开放、交流、包容这样一个事实。数千年前，丝绸之路贸易网络就已经存在，它将中国太平洋沿岸和非洲及欧洲的大西洋联系在了一起，使波斯湾和印度洋之间的货物流通成为可能，同样还有穿越亚洲之脊、连接城镇和绿洲的陆上通道。对此，弗兰克潘指出：“当习近平主席于2013年宣布‘一带一路’的创想之时，他是在重新唤起人们对于那段很久之前就已经熟悉的繁荣回忆……今日纵横交错于亚洲，将中国与欧洲、里海、高加索山脉、波斯湾和东南亚各个角落连接在一起的新交通干线，追随的正是当年那些带着货物和信仰四处奔波的旅行者和圣贤者的足迹。”

反观今天，逆全球化的声音聒噪于耳，我们从中看到了一幅迥异于丝绸之路的图景：全球化脚步放缓，不确定性大大增强，“慢全球化”成为常态，多边主义与保护主义持续较量，全球化结构改变，“脱钩”加剧了经济隔绝，增长陷入低谷。因此，文集在帮助古丝路恢复其历史面貌的同时，也以它特有的方式唤醒世人的历史记忆——全球化的绚烂之花早在古丝绸之路就已绽放，中国与沿线各民族、各地区的信息交往、经济联系和文明交流得以推动，沿线各国间的社会兴替、民族聚散、人群融隔以文明的形式进行演进，由此，我们相信，世界一定会遵循其规律，在交流碰撞、多元共融、兼收并蓄、开放包容中绵延不绝地向前发展。

（4）文博资源应更加共享。长期以来，各国文博工作者在丝绸之路的历史资源开掘上，倾注了极大热情，一直扮演着默默的开荒者形象，正由于他们艰苦的努力，我们得以掀开丝路面纱，窥见越来越多的历史真容。这次文集要做的，就是想通过出版，使各国文博工作者及他们的工作进行一次新的亮相。

今天，高科技的迅猛发展，催生了许多诸如大数据、云计算、物联网和人工智能等新应用，这使得世界各地偏居一隅、独处一地的文物考古和博物馆资源得以更广泛地开发利用，不仅资源共享，还要平台共享、技术共享，为丝路的文博事业插上科技翅膀。我相信，将来在此基础上的合作一定会更加紧密。

最后，我想表达的是，丝绸之路的巨幅画卷，离不开各种笔画的绘就。如果说这本文集有什么意义的话，我认为它曾经用绵薄之力做过一掬饮、一抔土的缀补工作。如果能在打通历史渊源、交流丝路精神、共享文博研究上有所裨益的话，我将很欣慰。也希望这本由外国专家撰写的专题论集，不仅是一次外国文博界的横向呈现，也是中外文博界的一次遥契和对话吧。

沈卫星

2020 年 4 月 20 日于北京

1. 在西班牙，揭开了欧洲最早的中国瓷器之谜

亚力杭德拉·古铁雷斯

（英国杜伦大学考古学系研究员　左图）

克里斯托弗·杰拉德

（英国杜伦大学考古学系教授　右图）

提要

传统观点认为，唐代中国的海洋贸易主要集中在印度洋地区，唐代“海上丝绸之路”的终点在印度洋。但在西班牙的萨拉戈萨、阿尔梅里亚和巴伦西亚等地的6个遗址进行的考古发掘中，发现了少量极为珍贵的中国瓷器碎片，包括白瓷和青瓷，其年代可追溯到9世纪、10世纪末、11世纪和12世纪。虽然当地人知道其中一些碎片的存在，但从没有人对其重要性和意义进行过更为全面的评估。这是一项重大发现，这些碎片是迄今为止在欧洲发现的年代最为久远的中国瓷器，这项发现反驳了13世纪以前没有瓷器进入欧洲的说法。也初步表明，这些唐宋时期的陶瓷已随阿拉伯商人经印度洋与红海到达地中海地区。

在对西班牙南部阿尔梅里亚（Almeria）的阿尔卡萨瓦（Alcazaba）城堡的考古发掘中，我们发现了一组四件器皿。（图 1–1）其中发现的年代最为久远的瓷器是 8 世纪和 9 世纪的中国北方白瓷碗。发现的是白瓷碗底座的一块碎片，围绕碗的中心在内表面上有模压纹饰，外表面很朴素，没有纹饰，碗底没有上釉。

图 1–1　在阿尔梅里亚伊斯兰城堡的挖掘点

图 1–2　阿尔梅里亚

在阿尔梅里亚（图 1–2）发现的第二个碗，其年代可以追溯到10 世纪晚期—11 世纪，只有一块边缘碎片被保留下来。（图 1–3）内表面没有纹饰，但外部有莲花花瓣纹饰。釉的边缘涂上了一圈金色；在内表面有一行阿拉伯文字，也是金色的，刻在边缘附近，

与金色边缘稍微重叠。围绕着边缘用库法体记载着 al-mulk li-llāh 的传说：“主权只属于神！”

在阿尔梅里亚，我们发现了另外两件器皿，年代可追溯至 11 世纪，它们也是中国北方制造的两块白瓷碗碎片。这两块碎片属于两个不同的边缘，都没有纹饰。（图 1–4）

另一组器皿是来自西班牙东部的巴伦西亚（Valencia）。在这座城市进行考古发掘时，发现了两个不同的白瓷碗，它们都来自中国北方。这两个碗都没有纹饰，年代可以追溯到 11 世纪。

在巴伦西亚市附近的库列拉（Cullera）进行的考古发掘中，我们发现的两块边缘碎片，来自两个不同的白瓷碗（可能来自中国北方），年代都可以追溯到 10 世

图 1–3　出土自阿尔梅里亚的瓷器碎片

图 1–4　出土自阿尔梅里亚的瓷器碎片

纪，都与 11 世纪当地的陶器有关。这两块碎片都没有纹饰，但第一个碗表面呈浅灰色或绿色，第二个碗只有 2 毫米厚。（图 1–5）

图 1–5　出土自阿尔梅里亚的瓷器碎片

在阿拉贡特鲁埃尔（Teruel）的阿尔巴拉辛（Albarracín）城堡（图 1–6），还发现了另一件器皿。这是一件青白瓷器，可能是一个中国南方景德镇窑出产的碗，年代可以追溯到 11—12 世纪早期。这个白色的瓷碗外表面有模压纹饰，内部雕刻了多条同心线，构成了花卉和荷叶的图案。12 世纪上半叶，在地板上发现了这个瓷碗。（图 1–7）

除了这种白色硬质瓷，在西

图 1–6　在特鲁埃尔的阿尔巴拉辛

图 1–7　出土自阿尔巴拉辛的瓷器碎片

图 1–8　出土自萨拉戈萨的青瓷碎片

班牙还发现了一些 11 世纪和 12 世纪早期的青瓷。其中最引人注目的瓷器来自阿拉贡萨拉戈萨（Zaragoza）设防的伊斯兰宫殿阿尔加费里亚宫（Aljaferia），这是一个中国北方耀州窑出产的碗，年代可以追溯到 11 —12 世纪。这个碗是一个青瓷碗，首先模压出纹饰，然后对内外表面进行了细致入微的雕刻。纹饰十分复杂，在碗坯上以不同深度刻出了菊花和叶子，在两个表面上都使用了一系列深浅不同的绿色。（图 1–8）

另一块碎片来自特鲁埃尔的阿尔巴拉辛城堡。这个青瓷碗是中国南部的龙泉窑出产的，年代可以追溯到 13 世纪晚期到 14 世纪，上面有蟹青色织物和透明的绿釉（在不同的光线下可能会呈现棕色）。（图 1–9）

图 1–9　出土自阿尔巴拉辛的青瓷碎片

最后，在巴伦西亚还发现了

两个青瓷碗。这两个青瓷碗是中国南方的越窑出产的，年代可追溯到 11—12 世纪。（图 1–10）

西班牙位于西欧和地中海的西侧。711 年，穆斯林军队从北非越境进入伊比利亚半岛南部地区。到 720 年，他们已经控制了比利牛斯山以南的大部分领土。一些基督徒留在了半岛北部，开始向南进军，试图夺回领土，发起了几波进攻。到 1200 年，伊比利亚半岛的北半部处于基督徒的控制之下，但这场战争一直持续到 1495 年，穆斯林控制的最后一个地区格拉纳达（Granada）最终落入基督徒手中。

上面介绍的所有中国器皿都是在对伊斯兰时期的遗址进行考古发掘时发现的。并不是所有碎片都得到了归类，只对在伊斯兰时期的沉积物中发现的碎片进行了归类。几乎所有器皿都是在城堡和要塞中被发现的，那里是当地统治者的主要住所。

在阿尔梅里亚发现了年代最久远、数量最多的早期白瓷，包括四个 9—11 世纪出产的碗。从 9 世纪末—12 世纪中期（到 1147 年，这座城市在一次基督徒发起的进攻中几乎完全被摧毁），阿尔梅里亚不仅是伊斯兰西班牙的主要港口，也是地中海最重要的贸易城市和有着很强经济实力的城市。12 世纪的阿拉伯地理学家将这座城市描绘成安达卢斯（Andalusi）商业的“钥匙”，因为阿尔梅里亚与北非、埃及和叙利亚都有直接进行海上贸易的记录。根据地理学家艾尔 • 伊德里斯（al-Idrisi）在 12 世纪的记载，当时在阿尔梅

图 1–10　出土自巴伦西亚的青瓷碎片

里亚有许多“不可思议的”工业，包括800名丝绸织工。满载着奢华服饰、石油和奴隶的船从这里驶往亚历山大，带回了银锭、染料和织锦。除了作为一个主要的贸易港口，阿尔梅里亚还是从伊斯兰西班牙到麦加朝圣的主要登船港。在11世纪，这个港口曾是安达卢斯的海军基地。

简而言之，阿尔梅里亚是一个富饶的国际都市和文化中心，来自不同国家的游客都慕名而来。在阿尔梅里亚的伊斯兰城堡里发现了中国瓷器碎片。这座建筑是一座巨大的综合设施，长约400米，宽约90米，分为三个区域，每个区域都有几栋建筑。955年，拉赫曼三世（Abd al-Rahman Ⅲ，912—961，科尔多瓦的埃米尔和科尔多瓦的哈里发）在第二个区域建造了主要的建筑，包括一座建有庭院和浴室的宫殿。从这座宫殿可以俯瞰港口，可以看到船只抵港和离港。虽然这里最近进行了更多的发掘，负责城堡修复的建筑师在20世纪40年代也对城堡的这一部分进行了研究，清除了大面积的土壤，但没有使用任何严格的考古方法。虽然当时发现了中国瓷器，但遗憾的是，没有获得任何地层信息，我们只知道这些瓷器是在宫殿的第二区域发现的。

在巴伦西亚市发现的文物包括四块碎片、两件白瓷和两件青瓷，年代可以追溯到11—12世纪。这一组文物是在几次没有对外公开的发掘中发现的，很难评估其背景和任何相关的发现。然而，至少有一块白瓷碎片和另一块青瓷碎片来自不同年代的混合沉积物，它们显然受到了原始环境的干扰。在11世纪的沉积物中至少还发现了另外两块碎片，它们与两处不同的房屋有关。青瓷来自伊斯兰城市城墙内的第11号房屋，但瓷器比房屋更有趣，瓷器是在发掘维卢特斯区（Velluters）巴伦西亚区域内的一大片土地（约5600平方米）时发现的，这片土地就在伊斯兰城墙外。这个地区似乎在11世纪才被部分城市化，这里的房屋被小块土地和耕地隔开。关于这段时期，人们所知甚少，后来的发展严重破坏了这一地区。1238年，基督徒重新控制了巴伦西亚。此后，这个区因手工艺而闻名。虽然有关于伊斯兰时代人们在这里定居的记载，但没有足够多的详细信息将中国进口货物与特定的住所联系起来，所以必须根据我们发现的其他陶瓷将这

图 1–11　阿尔巴拉辛

些碎片的年代追溯到 11 世纪。巴伦西亚在 11 世纪成了地中海的一个主要港口，这得益于内陆大量的农业区。当代伊斯兰作家描述了当地居民的富足生活，他们在家中藏有各种奢侈品。

巴伦西亚以南约 40 千米处是库列拉，这里的堡垒始建于 10 世纪，用来控制和保卫胡卡尔河地中海入海口所在区域的海岸。在 1238 年基督徒发动进攻之前，这里的堡垒一直是伊斯兰堡垒。在对城堡进行的发掘中，在城堡主塔的填充物中发现了素彩瓷。发现的所有材料年代各不相同，但都可以追溯到 10—13 世纪早期的伊斯兰时期。

在特鲁埃尔阿尔巴拉辛发现的文物也来自那里的伊斯兰城堡，其中包括一个在 12 世纪上半叶的沉积物中发现的有纹饰的瓷碗，但没有对第二块碎片进行归类。这块碎片是在几次时间较早的发掘中发现的，遗憾的是，这几次发掘至今仍未对外公布。

阿尔巴拉辛的伊斯兰城堡建在一座令人印象深刻的悬崖上，俯瞰着定居点（图 1–11）。这座城堡被一道防御墙包围着，占地面积约 3600 平方米，至今仍屹立着。

城堡建筑群起源于 11 世纪早期。那时，统治西班牙的穆斯林内战已经造成了政治和领土的分裂，并且出现了多个独立的小泰法王国。阿尔巴拉辛是其中一个小国的中心和首都，是巴努·拉辛（Banu Razin）的柏柏尔（Berber）家族在 1013 年和 1014 年建立的一片实力强大的新领土。泰法统治者及其家人和仆人居住在这座城堡里，这里还驻扎着一支军事应急部队。当时的伊斯兰作家描述了阿尔巴拉辛在文学和文化上的辉煌，也提到这个王国努力将其影响延伸到地中海沿岸。

在对这座有围墙的堡垒进行的发掘中，发现在岩石的最高处有一座大宫殿，还发现了斜坡下的建筑群。这些建筑占地面积约 700 平方米，每座建筑都由三座围绕中心庭院而建的住宅组成。瓷器是在城堡南面的一座房屋的院子里沉积的泥土和垃圾中发现的，与炊具和其他有纹饰的进口陶器一起被发现，年代可以追溯到 1100—1130 年。阿尔巴拉辛在 1168 年以前一直处于伊斯兰的控制之下，直到 1284 年才最终被来自阿拉贡的基督教军队占领。

萨拉戈萨的阿尔加费里亚宫是另一座伊斯兰城堡（图 1–12），

图 1–12　萨拉戈萨阿尔加费里亚宫，这座伊斯兰城堡建于 11 世纪

建于 11 世纪，由萨拉戈萨塔法王国（1049—1082）的统治者阿哈默德•阿尔穆克塔迪尔（Ahmad al-Muqtadir）建造。其建筑和装饰显然受到了叙利亚倭马亚王朝（Umayyad，650—750）的影响。1993 年对庭院区域进行了发掘，发现一件纹饰精美的青瓷。这件瓷器重新沉积在混合层中，混合层中还有 18 世纪和 19 世纪的陶瓷。阿哈默德•阿尔穆克塔迪尔是一位强大的统治者，他不仅统治萨拉戈萨，还统治一个延伸到巴伦西亚和其他与地中海直接开展贸易的港口的地区。由于位于伊斯兰教伊比利亚半岛和伊斯兰教与基督教领土的边界，所以萨拉戈萨成为重要的贸易中心。这里的泰法王朝因艺术（如哲学和文学）和科学（如天文学和数学）而闻名。

在 9 世纪和 10 世纪，除了那些涂抹白色泥釉的陶瓷外，西班牙没有制造任何白色陶瓷。相比之下，这些优质的瓷器是前所未见的，它们不仅洁白、质地坚硬、非常薄，而且是半透明的。有的不仅有彩绘，还有浮雕纹饰。这种品质的瓷器工艺在西欧是非凡的。甚至以技艺闻名的穆斯林陶工也无法复制这些瓷器。早期的文献资料表明，中国陶瓷在伊斯兰世界受到消费者的高度重视，并在9世纪初就已引入伊斯兰世界，对伊斯兰陶瓷产生了巨大的影响，伊斯兰陶瓷试图模仿瓷器的白度。

我们只能简单推测这些器皿是如何抵达西班牙的目的地的，就是说，来自中国的货物通过丝绸之路和印度洋间接地到达欧洲，是丝绸之路通过这些成熟的路线将中国与西地中海连接起来。

当时，海上贸易主要掌握在穆斯林商人手中，他们建立了一个复杂的航线网络，从阿拉伯半岛到东方和西方，一直延伸到10世纪的中国南部。这些航线将南海和波斯湾与红海和非洲东海岸连接起来，并到达埃及。不仅在穆斯林统治下的埃及第一个首都富斯塔特（Fustat）发现了中国瓷器，而且由于埃及还是东西方交流的中心，货物从伊斯兰西班牙进口，重新分销到远东。而10世纪埃及制造的闪耀陶器（涂上金色）则在西班牙的主要定居点和港口都有发现。（图1–13）

图1–13　萨拉戈萨阿尔加费里亚宫

保存在阿尔梅里亚出土的碗上的文字，是埃及可能参与向西班牙分销这些瓷器的有力证据。这些文字显然是在碗制作完成后以及运送到最终目的地的途中添加的。这些文字还暗示，铭文的

阿尔加费里亚宫内景

作者是一名穆斯林工匠。早在5世纪的埃及和叙利亚，人们就经常把用银和铜氧化物混合而成的颜料制成有光泽（或金色）的装饰物涂在玻璃上。在伊斯兰教中，金色在装饰艺术中具有特殊的地位，尤其是在书法中。金色是光的颜色，像太阳一样，是知识的象征。而白色代表纯洁、光明、忠诚和清洁。关于在阿尔梅里亚出土的碗上的文字，在这一时期的建筑装饰上经常发现al-mulk li-llāhi（“主权只属于神”）的完整版本，简缩版本al-mulk出现在伊斯兰领土上出土的9世纪陶瓷和金属器皿上。这个术语在《古兰经》中指的是神的主权和权威，也指神赋予显要人物的世俗权威。在叙利亚倭马亚王朝的哈里发统治期间，al-mulk标志着哈里发国的建立。在伊比利亚半岛的科多巴（Cordoban）酋长国（756—929），这些文字会让人联想到科多巴统治者的祖先叙利亚的倭马亚人以及科多巴对哈里发政权提出的合法要求。

还有另一条线索。虽然这一时期起源于北非的陶器明显集中在沿海地区，反映了跨地中海商业活动，但中国瓷器在西班牙的分布有所不同。在具有很高地位的遗址中发现的这一组瓷器，主要集中在重要的城堡、要塞和堡垒。虽然其中一些确实位于地中海沿岸最重要的港口，如阿尔梅里亚和巴伦西亚，但在遥远的内陆地区也发现了中国瓷器，如阿尔巴拉辛和萨拉戈萨。这表明，中国瓷器抵达西班牙和获得中国瓷器的机制并不是由抵达国际港口的货物是否容易获得来决定的。

考古学家在萨拉戈萨、阿尔巴拉辛和巴伦西亚发现了中国陶器，这些地方都曾经历一个文化和经济繁荣的时代。伊斯兰王朝是进行权力和忠诚交易的地方，人们经常相互赠送礼物。也许有些人通过特殊的礼物来影响别人，比如异国的陶器。值得注意的是，尽管在亚洲和非洲东部都发现了中国陶器，但考古学家目前在地中海西部发现的数量非常少，或许这意味着某些人具有专属权。是不是这些器皿经过专门的精心挑选，作为礼物送给国王和统治者，从而给他们留下深刻印象、缓解外交关系或寻求获得他们的支持？当然，这些器皿不仅罕见，有时也很奇特，比如在萨拉戈萨发现的美丽的青瓷碗，迄今为止，在中国以外地区还没有发现类似器物。（图1–14）

图 1–14　萨拉戈萨阿尔加费里亚宫

阿尔梅里亚器皿等其他器皿的设计显然经过特别修改，从而吸引接受礼物的人。送礼是伊斯兰文化的一个重要组成部分。我们从书面资料中了解到，中国瓷器就是这样作为礼物赠送的。据一份早期的波斯文献记载，有 20 件器皿是 8 世纪呼罗珊（Khurasan）总督送给巴格达哈里发的，这些器皿之前从未在任何国王的宫廷中出现过。

总之，这次新发现的中国早期外销瓷从物质文化角度证明，唐代中国与地中海地区就有丰富频繁的文化与经济交流，这改变了我们以往认为中欧陶瓷贸易始于明代的传统观点。不管确切的运输机制是什么，这组中国瓷器出现在 9—11 世纪的西班牙，是相当了不起的。它们连接了中国和西班牙，即使只是间接连接，它们都处于当时已知世界的边缘。

本文摄影：

José Manuel Torrejón Ortí

Álvaro Martín y Alicia Urrea

Jack Torcello

Public Domain

Fernando López

（安寅　译）

2. 丝路商队见证经济文化的变迁

法伊顿·肯扎夫

（塔吉克斯坦国家博物馆游览与群众部负责人）

提要

塔吉克斯坦曾是丝绸之路上连接东西方的一颗闪亮的明珠。国立塔吉克斯坦国家博物馆是塔吉克人的骄傲，馆中与丝绸之路相关的古代遗物是博物馆里的重要藏品。丝绸之路上的彭吉肯特、乌拉秋别、苦盏、胡勒布克等塔吉克城市群，像璀璨的珍珠，镶嵌在风景如画的大地上。20 多个世纪以前，这些城市就已经出现了贸易、工艺品和文化的交流，许多商队沿着古老的商路行进，在商栈歇脚，然后去东部的集市交易。在塔吉克斯坦的宗教、文化和手工艺品中，你可以找到各种有关丝绸之路的传说、仪式和信仰的元素。塔吉克斯坦境内的商队丝路见证了数个世纪的变迁。丝绸之路对中国、高加索、西亚和中亚地区各民族间经济文化纽带的发展起到了重要作用。

世界上最有魅力、最长的一条路线长约为13000千米，那就是丝绸之路。这条道路如同一条双向河流，数千年来连接着东西方文明。（图2–1）

丝绸，是这条横贯大陆的丝绸之路上的主要商品，但并非唯一。中亚地区出口的商品包括在中国非常珍贵的骆驼、军事装备、黄金白银、半宝石以及玻璃制品。撒马尔罕的玻璃制品尤其优质，一度成为奢侈品。皮革、羊毛、绣金的棉织品，西瓜、甜瓜、梨等异域水果，宽尾绵羊、猎犬、豹子和狮子等商品也价格不菲。同时，商队将各种著名的中国瓷器带往西方，如颜色雪白、装饰优雅的花瓶、碗碟、杯具。因为只有中国懂得如

图2–1　萨拉兹姆挖掘地。萨拉兹姆是古代文明的中心，保存完好的宫殿、宗教建筑、公共建筑和住宅建筑具有重要的历史和文化价值

何制作精美的瓷器，所以瓷器在欧洲市场中极为昂贵。中国还出口首饰及其他青铜制品、带有各种装饰的镜子、雨伞、传统漆器、中药和香水。中国发明家们的伟大成果之一——纸张也非常受欢迎。商路上交易的东西还有象牙、犀牛角、龟壳和香料、瓷器、铁器、彩釉、肉桂、生姜、青铜武器和镜子。丝绸之路对中国、高加索、西亚和中亚地区各民族间经济文化纽带的发展起到了重要作用。

在丝绸之路上做生意不仅意味着高额的利润，也意味着巨大的风险。这也是为什么商人们一般结队出行，大型的商队甚至由成百上千的带有武装的商人组成，商队里会有数十到数百只驮畜，也常有翻译人员。总之，商队的活动需要各种服务的支持，整条丝绸之路沿线的村庄和城市都建立了许多商栈，为商人和侍从提供房间，为马、骆驼、驴、骡提供住处和喂养照料。有时候，商人也会在商栈里批量买卖商品，获取贸易情报和物价信息。游牧民族的牧人在贸易发展中起着重要的作用，他们世世代代跟随商队，为商队提供当作食物和用于交通运输的牲畜。

自古以来，塔吉克斯坦就坐落在丝绸之路上，在国际贸易和文化交流中占有重要地位，是巴克特里亚、吐火罗斯坦、粟特、伊斯塔拉夫尚（Ustrushan）、费尔干纳的商品运往印度、阿富汗和中国的纽带。根据古籍记载，经过塔吉克斯坦的丝绸之路有多条线路：粟特路线从撒马尔罕到浩罕，经过彭吉肯特，再沿着瓦尔茨、乌拉秋别、苦盏、科尼博多姆和塔斯法拉一路到达费尔干纳山谷；哈喇特斤线路通过希萨尔和杜尚别把铁尔米兹与喀什（中国）连接起来；哈特隆州路线是哈喇特斤的南向分支，从杜尚别通往巴尔赫（阿富汗），再连接到丝绸之路的南部分支；帕米尔路线从巴尔赫（阿富汗）通往霍罗格（塔吉克斯坦），随后分支并入其他路线。

尽管塔吉克斯坦位于崎岖复杂的高山地区，但它在古代和中世纪一直起着连接各民族与文明的桥梁作用。与草原小径不同，山地小道对于商队来说更为安全：他们沿着被山脉环绕的山谷底部穿行，复杂的地形能够保护他们不受劫匪袭击。

丝绸之路上的塔吉克城市群，像璀璨的珍珠，镶嵌在风景如画的大地上。它们是彭吉肯特、乌拉秋别、苦盏、胡勒布克等城市。研究表明，20 多个世纪以前，这些城市就已经出现了贸易、工艺品和文化。许多商队沿着古老的道路行进，在商栈歇脚，然后去东部的集市交易。在塔吉克斯坦的宗教、文化和手工艺品中，你可以找到各种传说、仪式和信仰的元素。塔吉克斯坦的商队丝路见证了数个世纪的变迁。

如今，塔吉克斯坦共和国文化部已登记了 2020 多处古迹，萨拉兹姆聚落被列入联合国教科文组织世界文化遗产名录，八处遗迹被提名纳入联合国教科文组织“丝绸之路”遗产名录。

塔吉克斯坦共和国总统行政办公室下的塔吉克斯坦国家博物馆很好地呈现了萨拉兹姆聚落以及其他八处被提名为联合国教科文组织“丝绸之路”遗产名录的古迹。

我们从萨拉兹姆开始介绍，其翻译成英语意为“彭吉肯特以西 15 千米处的一个古老聚落”。它是中亚河中地区仅存的一座新石器时代晚期至青铜器时代早期的定居点遗址。公元前 4—2 世纪间，萨拉兹姆是古代文明的中心。保存完好的宫殿、宗教建筑、公共建筑和住宅建筑具有重要的历史和文化价值。（图 2–2）

从 1977 年开始到现在，这里一直在进行着考古研究活动。1984 年，在 A. 伊萨科夫和法国考古研究中心工作人员 R. 贝桑瓦尔的带领下，一支苏联—法国考古探险

图 2–2　大理石碗，萨拉兹姆

队成立了。他们在犁过的土壤表面发现了陶瓷碎片和石粒平地机，这表明农民、牧民和工匠曾经居住在此。挖掘现场还发现了许多由宝石和贝壳加工制成的珠宝、一个黏土印章和一个象征雅利安人的卍字饰。

最有趣的发现也许是一个圆形墓地。墓地被石墙围起来，内有五个墓葬。在这个独特的集体墓葬中，有一个特殊的墓葬，里面的陪葬物品在当时来看非常多。一位名叫萨拉兹姆公主的女性、一位男性和一位少年被埋葬在这里。这位女性有大量陪葬物品，毫无疑问，她生前的社会地位很高。她被埋葬时穿的衣服上绣着大量绿松石珠、青金石、玛瑙、翡翠和石灰石。她的头饰也有珠子点缀，其中一些是银色的。她的头发上编织了 49 颗金色珠子。她的每只手上都戴着一只由贝壳制成的巨大手镯（今天这种贝壳只能在印度洋里才能找到）。

伴随着这位贵族下葬的物品还有一个带把手的铜镜、一个骨锥、五枚石针和两个黏土女俑。在棺材中，这名女性的骨架呈蜷伏状态，宛如孩子在子宫内的姿势。（图 2–3）这座墓葬的发现表明当地人相信另一个世界的存在。他们确信他们会

图 2–3　萨拉兹姆公主

在另一个世界使用这些东西。可以说，在萨拉兹姆兴盛的时期，女性在社会生活中发挥了重要作用。

此外，值得注意的是，萨拉兹姆与南土库曼斯坦、伊朗、俾路支等古代聚居地建立了贸易关系，为建筑和工业文化的发展带来了独特的创造力。

古彭吉肯特城位于今彭吉肯特城区附近，是一座独特的中世纪早期遗址。5—8 世纪，这里是中亚古国粟特最东端的城市，居住在这里的粟特人说一种东伊朗语，是塔吉克人的祖先。

古彭吉肯特城是商队从撒马尔罕沿丝绸之路去库尔德斯坦山脉的最后一个大站。5—8 世纪，古彭吉肯特是信奉琐罗亚斯德教的粟特人最重要的文化和手工艺中心之一。那时的彭吉肯特甚至被称为“中亚庞贝城”——它是如此惊人和不同寻常。

商人们住在这座城市里，带领商队沿着丝绸之路开展贸易活动，从罗马到拜占廷再到中国。这些路线中有一条穿过彭吉肯特。721—722 年的起义中的一场大火使这里的宫殿同沙希斯坦城（Shahristan）一起受到严重损坏——前厅被烧毁，墙上的壁画也被故意拆下践踏。

在挖掘古彭吉肯特的过程中，人们首次在 7—8 世纪中亚的一个木质令状和一个最早的木柱样本上得到了准确的数据。古彭吉肯特的总面积是 135000 平方米。

随着考古工作的开展，以下这些烧焦的木雕的碎片被挖掘了出来：一个舞者的雕像、一块雕刻有藤蔓和植物叶子的木板（已发现的彭吉肯特树雕都在大火中烧毁，只剩下了碎片）、一尊人像和一些陶瓷餐具（其中一些物品上还有卍字符）等。（图 2–4）

古彭吉肯特的每一个富有的

图 2–4　挖掘出来的被烧焦木雕的碎片

图 2–5　古彭吉肯特壁画（纳吾肉孜节）

粟特人家里都会有一个庄严的礼堂，墙上的壁画有用胶彩绘制的干石膏和木刻浮雕装饰。

举世闻名的古彭吉肯特首先是因壁画而出名。彭吉肯特通常被称为“粟特画作的海洋”。这些画作最早发现于统治者的宫殿、神殿、几十个城中贵族的家中，有时还会在中产市民家中被发现。画作的质量并不取决于顾客的社会地位，艺术家们的水平一直都非常专业。大堂的另一部分有古彭吉肯特的壁画，比如，象征纳吾肉孜节的郁金香图（图 2–5）；一位骑手带着狗打猎的场景（这种狗如今在中亚见不到，常见于西欧地区，图 2–6）；还有骑着狮子和三头恶魔的阿娜希塔女神图。

古彭吉肯特艺术遗址的开放对于中亚人民历史研究具有至关

图 2–6　古彭吉肯特壁画（骑手带着狗打猎的场景）

重要的意义，它形象地证明了粟特的高雅文化。

丝绸之路南支线路由北向南穿过古巴克特里亚—吐火罗斯坦地区，一路向阿富汗北部的巴克特里亚首都城市（巴里黑）延伸。南段路线上最主要的城市之一就是胡勒布克（9—10 世纪）。

胡勒布克是库尔班沙伊德（Kurbanshayid）市的名字，位于沃塞（库利亚布地区）西北 7000 米处。古城区大部分位于现今城市的下方，占地面积很大，仅其中心部分就占大约 700000 平方米。这里有一个拱门、一座商栈（供丝绸之路沿线开展贸易的商队住宿）和一片墓地。在沙希斯坦城的考古挖掘中，人们发现当地生活区域大多是用烧砖建造。生砖与烧砖结合使用，然后再分别使用。房子都做了景观美化，铺设了镶花地板，还有垃圾处理装置。城区内还有各类手工作坊。

这片长方形的墓地（50 米 ×150 米）分成两部分：南边部分（50 米 ×50 米）较高（大约比周边地势高出 15 米），几乎已经全部挖掘完毕；北边部分较低（大约比周边地势高出 10 米），也已挖掘了相当大一部分。墓地上建有宫殿，这座宫殿的存在经历了两个阶段。胡勒布克的挖掘极大地加深了人们对中世纪中亚地区的建筑理念和装饰艺术的了解。挖掘中发现了各种雕刻物件的 5000 多块碎片，其中包含完整或近乎完整的几组。挖掘出的胡勒布克雕刻物件主要带有蔬菜、动物形象和铭文图案，而且都是上色的。（图 2–7）

图 2–7　带双狮的灰泥墙饰碎块，胡勒布克

图 2–8　狮子雕像，胡勒布克

图 2–9　象棋残件，胡勒布克

胡勒布克还出现了丰富多样的青铜、玻璃和陶瓷餐具，另有一组象牙棋子非常特别。（图 2–8、图 2–9）这里也有石头材质的物品。

底层宫殿存在于整个 9—10 世纪期间，高层宫殿则存在于 11—12 世纪。胡勒布克宫殿金碧辉煌，舒适宜人，毫不逊色于阿拉伯王国的哈里发宫殿。所有发现中最重要的是壁画。目前胡勒布克和赛约德（Sayod）的考古发现可以说明中世纪的中亚仍然存在壁画艺术，这代表这种文化传统

具备延续性和可持续性。（图 2–10）

应该注意的是，9—10 世纪，丝绸之路的北段穿过了塔吉克斯坦境内的苦盏，而南段刚好穿过胡勒布克。

阿吉纳塔帕（Ajinateppa）寺院建筑群（7—8 世纪）位于距离巴克特里亚市 12000 米处，是佛教建筑和艺术的辉煌遗址。这一建筑群的名字译成英文是“The hill of evil spirits”或“Devil’s hill”（恶灵山）。1959 年，考古学家首次对它进行了勘测。1961 年，阿吉纳塔帕被正式认定为考古遗址。联合国教科文组织已经将其列入世界遗产名录。

塔吉克斯坦国家文物博物馆最传奇的展品是一尊 13 米高的卧佛像（所谓的“涅槃佛像”），在 1600 年前由泥土塑成，是世界上最大的泥质敬神像。这尊佛像被遗忘了很多年，后来才被修复放入博物馆。1964—1968 年间，塔吉克历史学家和考古学家鲍里斯•利特文斯基（Boris Litvinsky）在巴克特里亚市附近的瓦赫什河山谷里的阿吉纳塔帕山上挖掘佛寺时发现了一尊重 5.5 吨的泥塑佛像。（图 2–11）

阿吉纳塔帕泥塑佛像是由一位（或几位）技艺高超的建筑师

图 2–10　陶俑，前 2—4 世纪

图 2–11　“恶魔的头颅”，7 世纪

建造的，整体线条明快流畅、独具特色，身材纤细惊人，比例十分匀称，建筑形式和元素的运用十分自由和大胆。

寺院装饰华丽。许多房间的墙壁和拱门都挂满了画作，墙基和墙壁深处的佛龛当中随处可见大大小小的雕像，特别是两个主要的神龛（北部和南部的中心区域）中有很多雕像。南边圣殿的中心基座上有一尊巨大的佛像（头部直径 90 厘米）；另外两个基座上也有坐佛像。基座的表面和带有神龛的墙上都涂了漆，其中有一处保留了祭祀的场景。一半是废墟的中央圣殿中有大量佛教诸神的泥像碎片，尺寸不尽相同：有跟人身材相当的，也有非常小的。这些雕像一部分嵌在墙基上，另一部分组成了装饰圣殿墙面的高凸浮雕群佛像。（图 2–12）

2001 年 3 月，塔利班开始拆毁一处独特的文化遗迹——两尊巨大的佛像，分别高 55 米和 37 米。这两尊佛像是于我们这个时代伊始在阿富汗巴米扬山谷的岩石中雕刻而成的。巴米扬山谷中的巨大佛像被拆毁后不久，世人才知道了一个先前只有历史学家才知道的事实：在距离巴米扬山谷 400 千米的邻国，有一尊被塔吉克斯坦和俄罗斯的修复专家精心修复

图 2–12　阿吉纳塔帕“涅槃佛像”，瓦赫什地区，7—8 世纪

的 13 米高的涅槃佛像。这尊雕像的姿势象征着垂死佛陀的灵魂进入涅槃，被称为“狮子卧姿”。

5—6 世纪，中亚和阿富汗地区的人民信奉多种宗教和教派，而在塔吉克斯坦南部，人们对佛教的信仰已延续了几个世纪。涅槃佛像严重残缺，面部和胸部的一部分被毁。来自冬宫的修复者在维拉·福明（Vera Fomin）的指导下为塔吉克斯坦文物博物馆的同事们提供帮助。这尊巨大佛像的修复工作持续了两年（2000—2001）。2001 年 9 月 9 日，在塔吉克斯坦独立十周年纪念日当天，这尊世界上最大的黏土佛像在文物博物馆正式展出。

展览只展出了阿吉纳塔帕考古发掘中发现的一小部分艺术古迹，此外还发现了原材料和钱币。

需要指出的是，佛教是在贵霜帝国（前 2—4 世纪）时期由印度沿着丝绸之路传入中亚的。研究发现表明，在伊斯兰教传入中亚之前，佛教业已存在。丝绸之路在佛教等宗教的传播方面发挥了重要作用。

伊玛目陵墓、马什哈德和卓伊斯兰学校是中亚地区最著名、最杰出的历史遗址之一，位于塔吉克斯坦的南部，距离沙里图兹（Shahrituz）6 千米，在科法尼亚河（Kofarnian River）的下游。陵墓和伊斯兰教学校的特色在于巨大的规模和传统的墙体建筑装饰风格。另外，这座建筑属于塔吉克斯坦共和国最古老的伊斯兰建筑，充分反映了 9—12 世纪人们的文化和审美观念，代表着整个时代的历史。

在喷赤河与瓦赫什河的交汇地，也是阿姆河的发源地，有一片充满生机的神圣之地，在古代被称作奥克斯（Oks）。离阿富汗边界不远处的岸边是一座石头建造的王城——塔赫蒂·桑金遗址。它的历史与公元前 327 年亚历山大大帝征服巴克特里亚后建造的一系列建筑堡垒有关。

阿契美尼德帝国之后的历史时期被称为希腊—巴克特里亚时期。杜尚别、萨桑诺赫和塔赫蒂·桑金古城都是巴克特里亚时期的著名古迹。1877 年，人们在这里发现了著名的阿姆河宝藏——教区居民献祭给寺庙的礼物。其中包括女性珠宝、钱币、人物和动物的雕像、水壶和吊坠。这些文物渡过喷赤河与瓦赫什河的交汇处下游几千米处的阿姆河，穿越山区峡谷，通过阿富汗渡轮被运到了北印度，最后到了伦敦。一路上，在商人、劫匪的手中几经辗转，最后终于在文物市场上重新聚齐。

自 1897 年起，这些收藏品中的一部分被存放在伦敦的维多利亚和阿尔伯特博物馆及大英博物馆中。古希腊人称阿姆河为奥克斯，因此这批收藏品被命名为“奥克斯宝藏”。

这些珍宝共包括阿契美尼德帝国及其之后时期（前 4—前 2 世纪）的近 200 个物件和 1500 多枚钱币。其中包括手工制作的金银物件，如小塑像、容器、手镯、戒指、绘有人物和动物形象的盘子等。这批珍宝中的很多东西是由不同时期、不同“世界”的手工匠制作的，很多是由真金白银制成的有实际价值的东西。2013 年 3 月，塔吉克斯坦国家博物馆收入了这批珍宝中的 6 套黄金制品。（图 2–13）

图 2–13　奥克斯宝藏，复制品，塔吉克斯坦国家博物馆

1976 年，苏联考古学家开始挖掘塔赫蒂 • 库巴德（以英雄沙纳玛名字命名）地带的两处遗址中的一处。考古学家发现这座石头城遗址非常特别，并将其命名为塔赫蒂 • 桑金。考古学家在遗址的最中央挖出了一座被称作“奥克斯神庙”的古庙（面积为 51 米 × 51 米）。这座神庙用于献祭河神，这种宗教信仰自古就存在。塔赫蒂 • 桑金遗址本身的覆盖面积大约为 85 公

顷，绵延 2 千米。塔赫蒂•桑金城堡对面的阿富汗海岸上是塔赫蒂•库巴德城堡。塔赫蒂•桑金遗址位于阿姆河右岸的河滩平原上，处于喷赤河与瓦赫什河的交汇地下游。整个城区由一座城堡（165 米 ×235 米）和从北至南毗邻的建筑构成，绵延 1 千米。奥克斯神庙占据了城堡的大部分面积。

在一处古聚落遗址中还发现另一座献祭河神的寺庙，建在河岸上。在古代居民看来，大河的神灵是在此诞生的。因此，早在阿契美尼德时期，人们就在此建立了一座献祭奥克斯河、水神和其他相关神灵的圣殿。根据多年负责领导塔赫蒂•桑金考古发掘工作的著名苏联科学家鲍里斯•阿纳托利耶维奇•利特文斯基（Boris Anatolyevich Litvinsky）的说法，这座古庙由塞琉古一世的儿子安提阿古一世和斯皮塔曼的女儿阿帕玛建于公元前 4—前 3 世纪之间，如今仅剩下了建筑轮廓。

考古人员在其相邻的附属建筑中也发现了教区居民向神庙献祭的礼物。其中比较特别的有一块亚历山大大帝扮成希腊大力神的半身像浮雕、一柄画着手擒颤抖小鹿的雄狮的剑鞘、雕刻着图案的象牙剑鞘、最大的中亚地区

图 2-14　塔赫蒂•桑金考古发现，动物形剑鞘，骨质

箭头收藏（5000 多个）以及希腊马其顿军队士兵武器。这里出土的希腊风格的象牙鞘数量比希腊地区整整 150 年的考古历史中发掘出的数量多了几倍。在塔吉克斯坦境内发现的希腊—巴克特里亚时期文物是本次展览中的重要内容。（图 2–14）

博物馆的橱窗中还展出了考古发现的这个时期的女性塑像（前 3—2 世纪，图 2–15）、一枚带有狄俄尼索斯头像的徽章（图 2–16）、一尊塞勒涅雕像（前 3—2 世纪）、象牙长笛的碎片、一套礼器（前 3—2 世纪）、铁匕首、青铜的矛头和箭头、骨质刀柄、陶俑、象棋残件、狮身鹰首兽的爪子、石头版画、青铜镜和青铜容器、手镯、陶瓷器皿、带图案的骨头碎片、双耳陶器等。

图 2–15　女性雕塑，塔赫蒂·桑金，前 3—2 世纪

图 2–16　带有狄俄尼索斯头像的徽章，前 1—1 世纪，杜尚别

斜倚狮身人面像形状的耳环。它由两部分组成，一部分是由细线编织而成的线，其尖端穿入耳中，另一部分是耳环本身，通过由金属薄片制成的套管连接到柄上。耳环描绘了一个躺着的狮身人面像，带有女性的头部和胸部，从布帽下方可以看到她的发型。兽爪的三个手指被一个切割工具（钉子）分开，肘部关节处弯曲并向前伸展。两个翅膀从肩部垂直竖起，

图 2-17　狮身人面像饰品，前 2—1 世纪

紧贴身体和头部：焊接上去的四排水平的半圆形带凹口的金属线构成了羽翼。两条带有凹口的细线从头后部穿过，像腰带一样在胸部交叉，缠绕在腕边。袖子有四个扇贝形状的装饰，也是用带凹口的线焊接制成。（图 2–17）

带有狄俄尼索斯头像的徽章。1952 年，在斯大林纳巴德（杜尚别）古聚居地内的杜尚别河左岸上发现的一个青铜物件引起了当地考古学家的注意。从其带有圆环的背面判断，这个物件是一个徽章，也就是马匹装饰的一部分。“Falar”这个词（来源于希腊语 φάλος，意为金属头盔梳）既表示头盔的装饰，又表示马具的装饰徽章，在罗马日常生活中指军人的徽章。这个徽章在发现的时候已经被氧化了，除掉氧化层之后，人们发现它保存完好，只有鼻子、右眉和下嘴唇受损。右肩可以看到裂缝，表面镀层轻微受损。徽章的浮雕所绘的是狄俄尼索斯的头部，略侧向左边。（图 2–16）

在所有展出的藏品中，有一个小型石头祭坛特别有趣。（图 2–18）石坛上装饰着吹双管长笛的希腊神马耳叙阿斯（Marsyas）的青铜小雕像，还刻有希腊文字，写道：“他向 Atrosok Oksu（巴克特里亚人名）发誓。”这句话可译为“求火神保佑”或“请赐予烈火”，可能是某个火神祭司

图 2–18　塔赫蒂•桑金考古发现，小型石头祭坛

说的话。希腊神话中的马耳叙阿斯是一个祭拜水神的相关神灵。

独特的，尤其是受尊崇的自然、文化和历史遗产孕育了民族荣誉感，因此被称为“圣地”。山脉、河流、洞穴、石头、树林、道路、伟大的民族生活的地方、陵墓以及古代建筑的废墟都可以是“圣地”。

历史资料表明希萨尔山谷曾是一个国家，而丝绸之路的商队路线就从该国的城市中穿过。在阿拉伯人入侵这片领土之前，这里形成过阿尔闰（Aharun）和舒曼（Schumann）这两个国家。

希萨尔城堡只不过是布哈拉酋长国其中一个头领（Beks）的宫殿。城堡坐落在高山山坡上，有卫兵把守，城墙有一米厚，上面还有架枪支和大炮的地方及观察孔。城堡内部是泳池和花园。在城堡对面，市集广场上传来商队旅馆和众多商店喧嚣热闹的声音。遗憾的是，整座建筑都没有留存至今，唯一的遗迹就是由烧结砖砌成的宏伟城门，它带有两座圆柱形塔楼，两塔之间有一个尖拱，18—19 世纪布哈拉的大部分城门都是这样建的。然而，即便只是这座城堡的废墟，看起来也依然非常雄伟壮观。（图 2–19）

在塔吉克斯坦东南部，有一个叫戈尔诺－巴达赫尚自治区的地方，也就是人们更熟知的帕米尔。对这个地名的一个常见解释是世界的屋顶、太阳神的脚。游览帕米尔的路线沿着丝绸之路的瓦罕分支展开。

距离卡拉·汉姆（Kala Humb）6000米处坐落着卡隆古城。考古学家在佐吉克山（Zogik）海拔1700米处，发现古聚居地，这里早在公元前3000—前2000年的雅利安文明时代就已有人居住。卡隆古城是一个重要的行政中心，地理位置优越，安全性好，既有陡峭的山坡作为自然屏障，又有城墙保卫，靠商队道路一侧的城墙也进行了加固。宏伟的喷赤河山谷，如同一道天堑，使得任何突袭都无法实现。这座城市建立在徙置地和河上贸易路线上。这座城市的占地面积超过320000平方米。在它的西南部有一座建筑结构保存最完好的广场，包括一个较高的中央塔楼和四座由墙体和拱形屋顶连接的角楼。

多山的巴达赫尚自治区从卡莱－库姆（Kalai-Khum）延伸到霍罗格，它的首府是卢善（Rushan），位于丝绸之路的哈喇特斤—帕米

图2-19　希萨尔城堡

图 2–20　考古发现，带有粟特语的印章

尔分支上。这里有一座 15 世纪时为抵御阿富汗人的攻击而建造的卡莱 – 沃麻（Kalai-Vomar）堡垒。

从霍罗格出发，这条道路沿着丝绸之路的瓦罕分支延伸。距离瓦罕山谷霍罗格 110 千米处的伊什卡希姆地区，有一个人口密集的村庄叫作莱村（Ryn）。莱村居民是一种独特交易语言（伊什卡希姆语）的传承者，他们正在努力保留他们的语言，这是他们祖先最重要的遗产之一。除了莱村的居民外，上莱村（Upper Ryn）和苏金（Sumjin）村里的人也说伊什卡希姆语。其他使用这种语言的人分散在塔吉克斯坦和邻国的不同城市。（图 2–20）

在丝绸之路的瓦罕分支上有西部帕米尔卡赫卡哈最古老的堡垒，其修筑年代可以追溯到公元前 3 世纪。它建在山谷中间的一片岩地上，呈细长结构，长 675 米，宽 200 米。堡垒很坚固，由石头和泥砖建成，双层城墙上增设 56 个圆形和方形塔楼用以加固，墙上有一些观察孔。西北角高耸的堡垒中有数个宫殿房间。在毗邻河流，受塔楼庇护的地方，曾经有一座桥梁架在喷赤河狭窄的河道上。

另一座大型堡垒距离卡赫卡哈有 75 千米，建在延充（Yamchun）村之上。在瓦罕走廊的中间，下了帕米尔高速公路的主干道，沿着长长的蜿蜒道路上山你就会看见延充堡。它在这里显得多么宏伟壮观！著名的中亚研究者A. 坦将这两座堡垒称为“将中亚防御工事学运用于山地建筑的优秀典范”。

延充堡大约建造于公元前3世纪，比瓦罕山谷的另一座知名堡垒卡赫卡哈堡垒历史稍微悠久一些。这座堡垒曾经有两个功能，一是控制瓦罕山谷人口和货物的流动，二是在有外族袭击时进行持久的防御。如今，它是塔吉克斯坦最耀眼的历史景点之一。

丝绸之路的瓦罕分支上有众多历史文化古迹，A. 泽林斯基（Zelinsky）因此称其为帕米尔大道。

丝绸之路的瓦罕分支是建立文化纽带和人民密切沟通的生动例证。这里保留下来的有有萨卡部落纪念碑、琐罗亚斯德教、佛教和伊斯兰教的宗教建筑，还有帕米尔语——一种与原始印欧语具有相似起源的语言。

丝绸之路在物质和文化价值的传播中发挥了突出作用，将近东、中东、远东和中亚各自独特的文明连接起来。丝绸之路的历史见证了文明的繁荣。时常，战车在商人常走的道路上疾驰，打破原先的安宁；如雷般的马蹄声、武器碰撞声取代了骆驼脖上的铃铛的声音。但渐渐地，覆灭的城市、死去的人民和衰落的宗教离开了历史的舞台，古老的小径和驿站逐渐消失，取而代之的是新的动脉——北部草原小径或南部高山小道。丝绸之路有自己的史前史，可以追溯到公元前3000—前2000年最古老的历史阶段，这可以从其发源地数千千米外的众多考古发现中得到验证。它是传播技术和创新的渠道，传播着艺术（舞蹈、音乐、美术和建筑）、宗教（基督教、佛教、伊斯兰教和摩尼教）和技术（丝绸生产、火药制造、纸张制造等）。几乎所有的技术（可能除古代战车外）都是从中国传播到西方，而非从西方传入中国。

例如，7—8世纪铸造的粟特钱币的一个显著特征是其中间有一个孔，周围有粟特语铭文（图2–21）。用线或绳索穿过这些孔，把硬币挂起，以免丢失。4—5世纪，塔希尔王朝也制造了同样的带孔硬币。这一特征来源于中国货币，中亚的棉花通过丝绸之路销往中国，中国货币也开始对中亚的货币产生影响。

直到15世纪末，通往印度洋的海上路线兴起之前，丝绸之路在1700年里将亚洲、非洲和欧洲三大洲连接在了一起。

丝绸之路的历史是东西方人

图 2–21　粟特硬币

民广泛的文化互动与交流的历史，它证明了唯有密切合作和双向的文化交流才是全人类和平与进步的基础。

（姚函丽　译）

3. 各民族文明之花在丝路上绽放

A.V. 西多夫

（俄罗斯莫斯科国立东方艺术博物馆馆长）

提要

丝绸之路是一种历史文化现象，代表着东西方在文化和经济方面的联系，俄罗斯在对这一历史和文化现象的研究中也起到了重要作用。国立东方艺术博物馆藏有约14万件藏品，这些来自丝路上的珍贵历史藏品，在现在和将来始终汇入“丝绸之路”那千丝万缕的历史织锦中，促进丝路沿线国家和世界各国进行更新的文化交流和文明互鉴。在中国—帕尔米拉区域内的考古工作和对古代文字资料的研究中均发现了大量证据，表明中国、印度和地中海地区确实曾经有过密切的文化、经济和宗教往来。这也意味着早先意义上的丝绸之路的概念已发生改变，它不再只是一条丝绸商队往来的路线，而是一种更为广泛的体现东西方交互的文化现象。

作为东西方经济交往而引发的人文交互现象，举世闻名的“丝绸之路”提供了一个很好的历史样板。俄罗斯在对这一历史和文化现象的研究中也起到了重要作用。

中亚，即现在的乌兹别克斯坦、塔吉克斯坦、吉尔吉斯斯坦、土库曼斯坦、北高加索地区和外高加索地区（亚美尼亚、格鲁吉亚、阿塞拜疆），是丝绸之路的重要组成部分。（图 3–1）

图 3–1　带有格里芬神兽的角状环。前 3—4 世纪，象牙制品。角状环是一种酒具。这组角状环发现于今土库曼斯坦境内的斯塔亚尼萨遗址中一间宝库内，是一大套餐具中的一部分，这些餐具可能用于王室或贵族的宴会。土库曼斯坦，斯塔亚尼萨（Staraya Nisa）遗址

位于莫斯科的国立东方艺术博物馆（图 3–2）藏有来自这些地区的珍贵史料，展示了丝绸之路在各方面的意义和作用。

1881 年，俄罗斯旅行家、业余考古爱好者阿巴米列科－拉扎列夫（S.S. Abamelek-Lazarev）在前往叙利亚的途中，在帕尔米拉古城的废墟中发现了刻有希腊语和阿拉姆语文字的石板。该石板现存于圣彼得堡的国立艾尔米塔什博物馆，上面的文字经过翻译后是 137 年帕尔米拉的关税税则。后来的研究表明，帕尔米拉是一个随国际贸易发展而形成的主要贸易中心，可以说是丝绸之路的最西端。

在中国—帕尔米拉区域内的考古工作和对古代文字资料的研究中均发现了大量证据，表明中国、印度和地中海地区确实曾经有过密切的文化、经济和宗教往

图 3–2　位于莫斯科尼基茨基大道的国立东方艺术博物馆

来。这也意味着早先意义上的丝绸之路的概念已发生改变，它不再只是一条丝绸商队往来的路线，而是一种更为广泛的体现东西方交互的文化现象。

丝绸之路上的佛教文化

佛教是丝绸之路沿线形成文化与艺术统一性的重要因素之一。印度佛教传教士早在 1 世纪初就来到了中国。佛教传教士到中国的其中一条路线经过印度西北部、阿富汗和中亚，这些路线的沿线建立了许多饰有雕塑和壁画的佛教中心。佛教艺术的主要表现形式是佛陀和菩萨的形象。国立东方艺术博物馆馆藏里有一尊阿富汗的石雕佛像，其历史可以追溯到 4—5 世纪。（图 3–3）另外还藏有古铁尔米兹大型

图 3–3 佛陀雕塑。犍陀罗国（古印度王国），4—5 世纪。佛教起源于公元前 5—前 4 世纪 的印度北部，是世界上最古老的宗教之一。国立东方艺术博物馆

佛教圣地卡拉－特佩（Kara-tepe）出土的考古材料。1928 年，博物馆员工斯特列科夫（A. Strelkov）在前往中亚的考古探险中首次发现了这座遗迹。30 多年来，国立东方艺术博物馆一直参与在卡拉－特佩的挖掘工作。考古发现，这座佛教圣地始建于 1 世纪中叶，一直存在到 5 世纪中叶。在卡拉－特佩的考古成果中，雕塑碎片占有重要地位。最有趣的考古发现包括用甘奇（Ganch，一种中亚的雪花石膏体）

图 3–4　佛头。乌兹别克斯坦，卡拉－特佩佛教寺院群，2—3 世纪。这尊仅剩佛头的佛像曾用于装饰古铁尔米兹附近的卡拉—特佩佛教寺院群中的其中一座建筑。这尊雕塑很可能是由当地工匠制作的，他们使用黏土和当地的石膏等传统中亚材料，按照传统的古希腊工艺，先制作各个部分，再连接起来，最后整体塑形并上色。国立东方艺术博物馆

制成的镀金佛头（图 3–4），以及一尊戴头巾的菩萨头像，其历史可以追溯至 3 世纪。

丝绸之路上的粟特

20 世纪 80—90 年代，国立东方艺术博物馆在撒马尔罕附近的德曼 – 特佩（Durmen-tepe）遗址展开考古作业。根据考古成果和文字史料研究，德曼 – 特佩在公元第一个千年间是粟特古国中最大的城市之一。粟特是中亚历史文化地区，那里的人们积极参与了丝绸之路沿线的贸易活动。

在德曼 – 特佩的考古工作中发现了大量考古资料，其中一件刻有纹饰的陶瓷纳骨瓮碎片藏品意义非凡。考古研究表明，粟特人信奉当地的琐罗亚斯德教，并以一种特殊的仪式埋葬逝者。仪式上会对逝者的骨头进行清洗，并将其保存在特殊的容器（纳骨瓮）中。粟特的纳骨瓮样式种类繁多。而德曼 – 特佩纳骨瓮是最早的刻有纹饰的盒式纳骨瓮之一。（图 3–5）瓮体外壁上所绘的拱廊内有粟特神像，方形盖子上装饰着一位年轻粟特女人的雕刻头像。研究人员认为，外壁拱廊内绘有神像的拜占廷金属棺椁是这类纳骨瓮的原型。

图 3–5　纳骨瓮。乌兹别克斯坦，德曼 – 特佩遗址，7 世纪。纳骨瓮是琐罗亚斯德教仪式中存放净化后的死者骸骨的特殊陶瓷器皿。这个纳骨瓮出土于德曼—特佩遗址附近的墓葬，属于所谓的“盒式纳骨瓮”，常见于中世纪早期的粟特古国境内（今乌兹别克斯坦和塔吉克斯坦境内）。国立东方艺术博物馆

位于瓦拉赫沙的布哈拉统治者宫殿

作为中亚最大的贸易城市之一，布哈拉在丝绸之路的贸易中扮演重要角色。20 世纪 80 年代和 90 年代，国立东方艺术博物馆在布哈拉附近的瓦拉赫沙遗址进行了考古挖掘，该处是萨曼帝国统治者的居住地。在布哈拉统治者宫殿的挖掘过程中发现了大量用于装饰宫殿大堂墙壁的碎片。很显然，瓦拉赫沙宫殿的装饰风格是在效仿伊斯兰第一任哈里发征服伊朗萨珊王朝后占领的王宫。瓦拉赫沙宫殿的墙壁装饰包括狩猎蹄类动物和食肉动物的场景、天堂花园的图画和各种其他装饰样式。

中亚和高加索地区的民族艺术藏品

东方艺术博物馆的藏品并不局限于以上所列的考古藏品，现在我将详述那些更“年轻”的核心藏品。我将从 19—20 世纪早期的中亚和高加索地区的金属艺术品收藏谈起。

国立东方艺术博物馆收藏了大约 200 件乌兹别克斯坦金属艺术品。在 19 世纪，布哈拉、浩罕和希瓦汗国的首都及大城市都是繁荣的雕铜工艺中心。城市工匠们用铜合金制造礼器和家用器皿，在产品造型时使用雕镂技术，而在装饰金属器皿时主要使用雕刻技术，辅之以透雕、铸件、黑化、着色，镶嵌玛瑙、绿松石、玻璃等工艺。这些器皿以各种风格的花卉图案、奇特的几何图形和铭文作为装饰。

最常见的金属器皿是阿夫托巴或库根（Aftoba 或 Kumgan，大水壶），用于洗礼仪式。（图 3–6）博物馆收藏了大量 19—20 世纪早期的此类器皿，它们均出自丝绸之路上的重要城市（布哈拉、希瓦、撒马尔罕、浩罕、纳曼干和卡尔希）中的能工巧匠之手。除日常使用外，金属器皿还被当作豪华住宅的内部装饰，陈列在客房的壁龛中（Mehmonhana）。这些样式精致的家用器皿，经过历代的不断改良已与装饰陈设完美结合，从普通的实用品变成了艺术品。

图 3-6　洗礼套具。乌兹别克斯坦，费尔干纳，19 世纪下半叶。在中亚，Aftoba（一种用于洗礼的高壶嘴长嘴壶）和 dastshu（一种边缘高起的球形水盆，其底部圆形出水口上带有雕花水漏）非常流行。家中拥有这种洗礼套具能显示主人的财富和其对礼仪的重视，客人会在进食后用它们净手。国立东方艺术博物馆

图 3–7　酒瓶。格鲁吉亚，19 世纪。在格鲁吉亚文化中，葡萄酒容器与许多东西都有关联。容器上的装饰带有深刻的含义。这个酒瓶上所绘的场景和人物来源于古希腊神话，瓶颈被做成了猫头鹰头的形状，在古代象征智慧。国立东方艺术博物馆

图 3–8　葡萄酒容器。格鲁吉亚，19 世纪。在格鲁吉亚文化中，有许多传说、仪式和习俗都会用到新酿的葡萄酒。自古以来，格鲁吉亚就有自己的宴席传统和参席礼仪。宴席上有各种各样的美食，葡萄酒被倒入特殊的陶瓷或银质容器中，这些容器的比例类似于古希腊陶器。国立东方艺术博物馆

在高加索地区，如格鲁吉亚，酿酒文化由来已久，并形成了特殊宴会传统。在各种各样的盛酒银器（图 3–7、图 3–8）中，有两种类型的银器最为引人注目：梨形的奥施莫（Orshimo）酒斗，柄呈长管状；马拉尼（Marani）酒杯，由几个相互焊接的酒杯组成。卡卡拉（Karkara）酒壶也很有趣，其球形的壶体上饰有描绘狩猎场景的浮雕，其弯曲的壶颈由三个相互缠绕的细管组成。当地人说用卡卡拉酒

壶倒酒时，仿佛听到它在吟唱酒歌。

最初的几个世纪出现的铜铸的碗或锅也被赋予了神圣的意义。博物馆中来自库巴池（Kubachi）村落的藏品很有趣，在传统的三足半球体基础上加了有花纹的铸造把手，侧面还有四块带复杂装饰的水平梯形板。

国立东方艺术博物馆里收藏了大约 450 件 19—20 世纪中亚地区的瓷器，代表了乌兹别克斯坦所有主要的陶瓷生产地的制作工艺。其中大部分可以追溯至 20 世纪，大约有 100 件可以追溯至 19 世纪下半叶，极少数是 10 世纪的稀世珍品。（图 3–9）

最大的陶器展品组群来自费尔干纳山谷。在 19 世纪，当地工匠制作了各种各样的仪式用餐具，在餐具的白色背景上涂上蓝绿色的图案。“蓝色”陶都利什坦是位于费尔干纳和浩罕之间的一个村庄，这里的“蓝色”陶瓷走出了费尔干纳山谷，远销胡干、塔什干、撒马尔罕甚至布哈拉等地。（图 3–10）

中亚陶瓷的颜色并不局限于蓝色。即使在以出品“蓝色”餐具而闻名的核心陶瓷产地，带有褐色釉底的器皿也司空见惯。撒

图 3–9　瓷盘。乌兹别克斯坦，宾克特（Binket）遗址，10 世纪。容器上覆有白釉（流质黏土）和透明无色釉。釉下彩绘为棕色和赤土色，并带有精致的雕刻纹饰。盘壁上写有阿拉伯语铭文：“沉默是安全的，言语才会暴露凡人的错误。”这件物品是西域古国石国（今乌兹别克斯坦境内）出产的陶瓷制品之中的杰作。国立东方艺术博物馆

图 3–10　大师霍贾·乌斯托·巴吉耶夫（Khoja Usto Bagiyev）所制的盘子。乌兹别克斯坦，利什坦，19 世纪下半叶。这个盘子的内外都覆有白釉和透明釉，只有正面有釉下彩绘。这种大尺寸的盘子专用于节日宴会。国立东方艺术博物馆

马尔罕和布哈拉之间不少制陶中心的能工巧匠更喜欢在棕色或红色的底上绘制多色的图案。这些器物的装饰与来自沙赫里萨布兹（Shahrisabz）和布哈拉的丝绸刺绣图案有异曲同工之妙，宛如春日的大地长满了鲜艳的奇花异草。（图 3–11）

国立东方艺术博物馆收藏了大约 800 件 18—20 世纪高加索和外高加索地区的瓷器。藏品的大部分是塔吉克斯坦和格鲁吉亚匠人的作品，而亚美尼亚和阿塞拜疆的陶器占比较小。塔吉克斯坦最有趣的陶瓷系列藏品来自伊斯皮克村，在 18—20 世纪初，那里的工匠们制作的盘碟色彩鲜艳、造型优雅，表面装饰着浮雕图案，并施以釉料。

还有大量 19—20 世纪的陶瓷制品展示了另一个著名陶瓷产地巴尔卡尔的风貌，主要包括各式各样的壶、黄油搅拌棒、储存谷物的大型容器、小型灯具以及带有花卉艺术图案的白色或砖粉色底釉的玩具。

苏莱夫肯特村（Sulevkent）匠人们出产的制品包括壶、盘子、碟子、罐子和杯子，这些制品以几何图形饰带装饰，可以追溯到 19—20 世纪初。

地毯和小毛毯在高加索和中亚人民的文化中占有特殊的地位。自古以来，这种与羊毛加工和织

图 3–11　大师拉赫玛特·乌拉·阿克萨卡（Rahmat Ulla Aksakal）所制的盘子。乌兹别克斯坦，沙赫里萨布兹，19 世纪下半叶。这个盘子两侧的釉下都带有花卉图案，空白底上的翠绿边框内填满了黄色叶片。这种褐绿色调的图案证明了这个盘子出自撒马尔罕–布哈拉地区的某个陶瓷产地，而从其装饰风格可以判断它属于沙赫里萨布兹。国立东方艺术博物馆

造有关的职业与居住在这些地区的人们的传统生活息息相关。

加工羊毛最简单的方法是制作毛毡，它满足了游牧牧民的需要。毛毡制品特别适用于气候条件恶劣的草原、沙漠和山区，可以用来做衣服和住宅的保温层。直到现在，在土耳其东部的山区、高加索和外高加索山区以及伊朗，人们仍在生产毛毡地毯。帕米尔人和中亚的游牧民族在驱赶牧群在冬、夏季牧场间迁徙的过程中，保留下了许多传统的羊毛加工技术方法。毡毯的图案非常朴素，只使用两到三种颜色。从藏品上可以看出，高加索奥塞梯地区、哈萨克斯坦和中亚地区的毡品花纹是由抽象而平滑的曲线构成的。

东方艺术博物馆拥有俄罗斯最大的 19 世纪和 20 世纪高加索及中亚地区的地毯和小毛毯收藏。这一时期，当地出现了地毯织造的各种原始流派，并逐步发展，它们彼此之间的关系十分密切。与此同时，高加索和中亚地毯也因其艺术上的原创性和独特性而受到世界的认可。（图 3–12、图 3–13）

对于中亚和高加索地区的人民来说，刺绣是最古老，也是最受尊敬的民间艺术之一。不同游牧民族和居民中流行不同类型的刺绣，

图 3–12　毯子（盖具）。土库曼斯坦，19 世纪。刺绣和地毯编织是土库曼斯坦妇女最受尊敬的技艺之一。毯子上的红色花朵（郁金香等）在春天的草原上盛开的图案，自古以来就已经完全融入了土库曼斯坦艺术。国立东方艺术博物馆

图 3–13　床罩。乌兹别克斯坦，努拉塔（Nurata），18 世纪末—19 世纪初。在 19 世纪的中亚农耕地区，大型婚礼床罩被称为苏扎尼。它在婚礼上发挥着重要作用：新娘戴着它被领进新郎家里，它还被盖在新婚夫妇的床上。馆藏中的瑰宝就是一件被称为“带孔雀的苏扎尼”的刺绣，出自布哈拉王国的努拉塔村。国立东方艺术博物馆

图 3-14　大使馆桌布。阿塞拜疆，努卡（舍基），19 世纪中期。在阿塞拜疆，男人们专职制作刺绣，尤其是制作绣金的刺绣，因为人们觉得金子经过女人的手就不那么亮了。送给尊贵外宾的大使馆桌布上装饰着贴花，由多色布料组成。从当时的记录看，在 19 世纪末，努卡刺绣不仅遍布整个外高加索地区，还远销俄罗斯帝国的首都圣彼得堡和莫斯科，外国人都非常喜爱将努卡的刺绣带回祖国。国立东方艺术博物馆

被称为苏扎尼（Suzani，来自塔吉克语，意为“针缝”）的大型装饰性刺绣在塔吉克和乌兹别克农民中广为流传。每个家庭的成员在女儿结婚前都要做这样的刺绣。其中有大床单、枕巾、拜毯和壁龛遮帘。国立东方艺术博物馆收藏了来自努里塔、塔什干、布哈拉、乌拉秋别和沙赫里萨布兹的 270 多件大型装饰刺绣作品。

自古以来，高加索地区就是文明的交汇点，东西方文化在这里交融。商路穿越高加索和上文提到的其他地区。丝绸之路连接着东欧、地中海、中东和远东以及中亚各国，镌刻在历史的长河中。土著民族的艺术品和日常生活用品中，有许多特点是从希腊人、罗马人、拜占廷人、阿拉伯人、土耳其人、波斯人和远东民族借鉴而来的。（图 3–14）

国立东方艺术博物馆收藏了 18—19 世纪世界著名的塔吉克斯坦凯塔格（kaytag）刺绣（图 3–15），这个名字来源于最初发现这种刺绣的村庄名。直到今天，塔吉克斯坦人民生活中所有重要事件仍然严格地按照与凯塔格刺绣相关的仪式进行。例如，在葬礼上，着装完好的逝者身上应该覆盖一

图 3-15　床罩。塔里克斯坦，阿库申斯基区（Akushinsky district），18 世纪末—19 世纪初。所谓的“kaytag”塔里克斯坦刺绣在 18—19 世纪闻名世界。这些床罩在婚礼和丧葬仪式上被用作护身符，上面所绣的魔法符号被认为可以抵御邪恶力量。这种“kaytag”刺绣仅随家族中的父系传承。国立东方艺术博物馆

件刺绣品，围绕在其四周的亲属必须说：“他的力量在刺绣中永存。”下葬时，这幅刺绣会放在逝者的头下。葬礼后刺绣被收回屋里，藏在箱子里，直到下一次葬礼。这样的仪式已经进行了许多代。在婚礼上、庆祝孩子出生的活动上，会使用各种各样的凯塔格刺绣。刺绣的不同表现在装饰和大小上，而这些刺绣只会随着父系代代传承。

我这份简短的报告向你们展示的仅是博物馆藏品中很小的一部分，这些藏品展示了常规意义上被称为东方的广大地区的人们的艺术、文化、考古学和民族志。我们博物馆总共约有 14 万件藏品，有的在常设展览中展出，有的在临时专题展览中展出。我们经常去俄罗斯各地和其他国家举办展览。

总之，我相信，这些来自丝路上的珍贵历史藏品，在现在和将来始终汇入“丝绸之路”那千丝万缕的历史织锦中，促进丝路沿线国家和世界各国进行更新的文化交流和文明互鉴。

（姚函丽　译）

4. 犍陀罗建筑和艺术是东西方交融的结晶

穆罕默德·阿什拉夫·汗

（巴基斯坦真纳大学亚洲文明塔克西拉研究所教授 左图）

萨迪德·阿里夫

（巴基斯坦真纳大学亚洲文明塔克西拉研究所研究员 右图）

提要

丝绸之路是东西方之间古老的贸易之路。几个世纪以来，它作为一条极为重要的陆路通道，将东亚、东南亚与东非、西亚、南欧贯通起来，同时也催生了丝绸之路沿线不同地区间的文化交流与互鉴。犍陀罗地区（目前的巴基斯坦西北部和阿富汗东北部地区）兴建了大量的佛塔和寺院。从这些佛教建筑中出土了许多石刻造像、灰泥造像、铜像、青铜像以及铜币、银币和金币，目前大部分陈列在巴基斯坦和国外的博物馆里。这些出土文物显示，犍陀罗艺术受到了中国、波斯、罗马和希腊等不同文明的影响。这种艺术借鉴了东西方思想并将两者合而为一，然后向四周扩展至印度、阿富汗、中亚、中国和远东地区。这种艺术既不是西方的也不是古印度的，而是源于两者并将不同的元素与自身的形式融为一体，创造了一个新的传统，即今天人们所知的犍陀罗艺术。

公元前 3 世纪末期，孔雀王朝阿育王皈依佛教，佛教在阿育王的支持下传遍古印度，并扩展至亚洲其他地区。目前，巴基斯坦拥有超过 5000 个佛教遗址，佛教艺术和建筑资源丰富。

犍陀罗是南亚的重要地区，几个世纪以来一直作为佛教中心，因此被称为“佛教圣地”。（图 4–1）犍陀罗（Gandhara）这个词可以一分为二：“Gand”意为“香气”，“Hara”意为“土地”，犍陀罗即为“芬芳之乡”。广义的犍陀罗地区包括了巴基斯坦开伯尔普赫图赫瓦省、印度河下游谷地、塔克西拉山谷（巴基斯坦旁遮普省北部）和整个克什米尔地区，实际的（狭

图 4–1　犍陀罗——巴基斯坦的佛教圣地

图 4–2　西尔古布城概貌，塔克西拉山谷

义上的）犍陀罗地区为一个三角形地带，东西长 100 千米，南北长 70 千米。然而，犍陀罗艺术突破了重重地理阻隔，向阿富汗东部、乌仗那、巴尔赫、斯瓦特山谷、布内尔、迪尔、巴焦耳和白沙瓦山谷等地延伸，直至克什米尔。（图 4–2）

丝绸之路沿线的犍陀罗佛塔和寺院

早在佛陀时代之前的古印度，在亡者遗骸之上建塔或墓的习俗已为人所知。曾到此朝圣的中国高僧法显和玄奘在文献中频频提到，舍卫城附近的一座小邑中存有佛舍利，其上矗立着与拘留孙佛、拘那含牟尼佛、迦叶佛等过去七佛有关的古佛塔。对此，英国考古学家约翰•马歇尔在论及佛塔崇拜时认为，无论上述中国高僧所见的古佛塔实际建造日期为何时，这些所谓的过去七佛舍利塔实际上表明了为亡者建造纪念塔是当地一项古老的习俗。佛陀涅槃后，人们在佛陀舍利（佛陀遗骨）之上建造佛塔，分布在八个主要部落，即供奉于拘尸那城、摩羯陀国、毗舍离国、迦毗罗卫国、遮罗颇国、罗摩伽国、毗留

提国和婆罗国，此外香姓婆罗门和孔雀一族也建造了供奉佛陀舍利的佛塔。从上述和其他一些传统中可清晰地看出，在佛陀时代，建塔已经是古印度地区早已有之且为人熟悉的风俗。（图 4–3）

同样清楚的是，佛塔直到阿育王时代才成为佛教徒明显的崇拜对象。早期佛教文献关于寺院内部构造以及僧侣生活细节的记载十分丰富，然而却没有关于阿育王之前佛塔崇拜的任何记载。如果早期的僧侣确实崇拜佛塔等

图 4–3　布特卡拉佛塔概貌，塞杜沙里夫，斯瓦特

图 4–4　布哈马拉佛塔概貌，塔克西拉山谷

纪念物（就像他们后来那样），而文献对此的记录竟然阙如，这实在令人难以想象。尽管自佛陀涅槃后，建造在佛陀舍利之上的八座佛塔一直是僧侣崇拜的对象，但没有任何迹象表明佛塔在阿育王之前就被公认为佛教信仰的标志。正是阿育王打开了上述八座佛陀舍利塔中的七座，将佛陀舍利细分给了王国中所有的主要城市，并在每个舍利上都建造了宏伟的佛塔。阿育王可谓推动佛塔崇拜的第一人。

考古人员在犍陀罗地区（特别是塔克西拉山谷）发掘出了许多属于公元前 3 世纪和 5 世纪的佛教圣地遗址（图 4–4、图 4–5），其中最早的一个是公元前 3 世纪阿育王建造的法王塔（Dharmarajikastupa，又译达磨拉吉卡窣堵波）。英国考古学家约翰·马歇尔关于该遗址的主佛塔建造在佛陀舍利之上的观点或许是正确的，阿育王很可能将佛陀舍利分配到此处并建塔，并且称其为 dhato-garbhastupa（意即存放舍利的佛塔）。

考古人员在锡尔卡普市挖掘出了数个文化层叠加的建筑遗址。其中，在属于安息帝国时期（1 世纪）最后阶段的层位中发掘出一

图 4-5　夏迪亚尔概貌，塔克西拉山谷

座圆形小佛塔，设计精致，用浓厚的石膏绘饰出当时较为常见的茛苕叶纹，其功能似乎只是为了私人祷祝和礼佛。而另外一座佛寺位于凸起的基座上，前面有一条门廊，中间为一座长方形的中殿，后面是一座圆形后殿，整座佛寺被一条走廊通道所包围；由于这种形状，该佛寺被称为拱形庙。该层位除了上述佛教建筑之外，其庭院内还有双头鹰神殿遗迹，融合了西方古典、印度以及当地建筑的风格。（图 4–6、图 4–7）

贵霜时期的佛塔结构发生了显著变化，方形佛塔取代圆形佛塔开始流行；寺院中出现厨房，建筑多由半方石砌筑，寺院中有田地。佛教造像艺术此时突然出现了人格化形象，首次出现了雕刻的佛陀形象。佛陀形象在开始时表现为画面中的人物主角，即用高浮雕的形式在佛塔基座的壁柱之间展现佛陀的生平事迹。随后，独立式佛像将在下一阶段逐渐显现并充分发展。

稍后一个时期，佛塔建造出现另一个发展趋势。小佛塔取代了大佛塔成为主流，且主塔周围是还愿塔，此类布局结构主要见于莫赫拉莫拉杜（Mohra Moradu）等建筑遗址。上述遗址中的小佛

图 4–6　尧里安佛寺概貌，塔克西拉山谷

图 4–7　双头鹰佛塔，西尔古布城，塔克西拉山谷

图 4–8　悉达多王子诞生浮雕图，卡拉奇国家博物馆

图 4–9　巴拉尔塔概貌，塔克西拉山谷

塔多为高浮雕装饰，在片岩或灰泥上雕成，描绘了许多佛像。在最后阶段（前 4—5 世纪），佛塔形状进一步改变，高塔取代了低塔成为更加普遍的样式。（图 4–8、图 4–9）

最近，穆罕默德·阿什拉夫博士带领考古团队在真纳·瓦里·代里（Jinan Wali Dheri）遗址处发掘出了一座包含佛塔和寺院的宏伟建筑群。寺院主体为一个方形庭院，周围环绕着 19 间小屋，小屋前面是宽阔的露台和一个内衬大烧砖的水箱。寺院的主入口位于寺院西侧，与佛塔庭院相对，寺院内部可以发现描绘佛陀、菩萨和信徒的壁画。主佛塔位于整个遗址西侧，呈方形，台阶向东。塔体四面由科林斯壁柱支撑，并且每一面都有灰泥制作的佛陀和菩萨雕像（目前只找到雕像的下半身和部分碎片）。在主佛塔的前面坐落着三座还愿塔，塔体上装饰着科林斯矮柱以及狮子、象头等图案。佛塔庭院周围有小房间。庭院地面铺有石灰岩，环绕庭院的小路上还铺有被厚石灰覆盖的石板。

在白匈奴入侵犍陀罗之后，佛教逐渐失去了它在贵霜王朝时代所拥有的王室赞助。由于佛教普

图 4–10　尼牟格兰佛塔概貌，斯瓦特山谷

及而一度式微的印度教，在此时获得了白匈奴的支持而再度复兴。佛教庙宇大量荒废，许多僧侣逃往山区（今巴基斯坦西北偏远地区）避难。在 7 世纪，玄奘来到犍陀罗，他认为此地曾经臣服于迦毕试国，但后来成为迦湿弥罗国（今克什米尔）的支流。虽然曾有许多寺院，但已成为废墟。在经历破坏之后，犍陀罗从未恢复。

在斯瓦特、布内尔、迪尔等地分布着许多佛教遗址，这些遗址保留了佛塔、寺院、精舍、居住点、洞穴、石刻和铭文。（图 4–10）

据 4 世纪来到斯瓦特的法显记载，该地区约有 600 座寺院。中国南北朝时期的宋云在 6 世纪到达该地，在当地寺院里看到了近 6000 幅画像。玄奘于 7 世纪来到斯瓦特，在目睹了当地佛教衰败的景象后说："夹苏婆伐窣堵河，旧有一千四百伽蓝，多已荒芜。昔僧徒一万八千，今渐减少。"即使在今天的斯瓦特，仍有超过 400 座佛塔和寺院遗址，占地面积约 160 平方千米。僧侣们在山上建造了许多佛塔和寺院，其目的一是不影响山下的农业生产，二是免于战乱侵扰。他们在朝圣者经常沐浴的水泉旁建造了寺院。

僧侣们将当地的居民安置在农田中的低洼地区。在南部马拉坎德的丘陵、平原地带聚居着许多佛教徒，他们建造了大量佛塔、寺院和石刻，用于日常居住和举行宗教仪式。在马拉坎德地区的一些山谷中仍然可以看到这些古老的遗迹。

斯瓦特山谷的大多数佛塔起初建造在方形或圆形的基座上，后来逐渐演变为阶梯式建筑；塔体通常装饰着立柱、壁柱、门楣和壁龛。在 2—4 世纪的贵霜王朝时期，圆形佛塔被新的阶梯式佛塔所取代。斯瓦特山谷中的一些佛塔可以追溯到更早时期，仍然保持着圆形的形制，如布特卡拉 1 号（Butkara-I）和马拉姆贾巴（Malam Jaba）遗址。这些佛塔可能属于公元前 3 世纪，当时佛教首次传入该地区，其建造时间与公元前 4—前 3 世纪在塔克西拉建造的法王塔相当。（图 4–11）

图 4–11　古姆巴特巴洛凯里佛寺概貌，斯瓦特山谷

图 4-12　佛陀涅槃与弥勒菩萨冥想浮雕图，瓦赫藏品，塔克西拉博物馆

位于巴基斯坦开普省白沙瓦西北约 70 千米处的萨赫里·巴罗尔（Sahri Bahlol）是一个历史悠久之地，于 1980 年被联合国教科文组织宣布为世界遗产。在约翰·马歇尔时期，这个遗址得到了妥善保护。萨赫里·巴罗尔考古潜力巨大，目前通常出土如雕像、钱币、器具和珠宝等文物。该遗址目前正在遭受人为破坏，因此亟须政府和国际社会的关注和保护。

犍陀罗艺术是东西方文明交融的结晶

犍陀罗艺术主要是一种佛教艺术。犍陀罗的佛教艺术并不局限于其狭义上的地理边界，而是随着时间的推移迅速蔓延至许多区域，如斯瓦特北部地区、印度河上游以及塔克西拉山谷等。实际上，考古人员在这些地区发现了许多佛教遗址，在发掘过程中，大量与佛教传说有关的雕塑重见天日。犍陀罗佛教艺术起源于该地区，并且从 1—8 世纪长期繁荣兴盛。从发掘出的庙宇、寺院遗址中可以看出佛教艺术在此地进行了复杂的重组。因此，犍陀罗艺术也被称为“希腊佛教”或“罗马佛教”艺术，因为它包含了一些源于西方的元素。犍陀罗艺术被认为有希腊化特征，因为它显然是传承自希腊和印度，此后于公元前 3—前 2 世纪在巴克特里亚、阿富汗和巴基斯坦北部等地区繁荣发展。“罗马佛教”一词则指当地雕塑的构图受到西方的深刻影响，体现了可追溯至 1 世纪的

图 4–13　描绘萨拉斯瓦蒂女神传说的浮雕，穆罕默德纳里，查沙达，拉合尔博物馆

图 4–14　绘有佛陀、金刚手菩萨和信徒的浮雕，斯瓦特博物馆

地中海帝国（罗马帝国）艺术传统。然而，斯瓦特和犍陀罗的雕塑所展现的西方艺术影响也促进了佛教概念的发展，因为佛教的许多理念通过此种艺术形式表现出来。这有力地印证了连续性理论，雕塑以可见的方式彰显了东西方思想和文明的融合。从这里看出，丝绸之路作为一条文化的纽带，联结并在艺术上彼此影响着。

佛教艺术广泛传播到国外，在阿富汗与俄罗斯接壤的地区、印度河上游以及塔克西拉河谷等地均有发现。分布于白沙瓦山谷、斯瓦特、马拉坎德、迪尔、布内尔、巴焦尔、哈扎拉和塔克西拉等地的主要遗址已经出土了数千件雕塑。犍陀罗地区各遗址出土的大多数雕塑由石头、灰泥、金属等制作以及绘画而成。雕刻材料多为采自斯瓦特、迪尔和布内尔等地山中的黑色、淡青、灰色和绿色片岩，在塔克西拉山谷也发现了由砂岩等材料制成的雕塑。这些雕塑以不同的形式制成，描绘了佛教传说中的各种故事和场景，如佛陀的诞生、童年经历、出游感苦、夜别妻儿、大悟成佛、鹿苑传教、涅槃以及佛陀舍利分发于各地并建造佛塔等。（图 4–12 至图 4–14）

图 4–15　悉达多太子出家图，尼牟格兰佛寺，斯瓦特山谷

犍陀罗艺术年表

犍陀罗艺术的演变可分为六个阶段，每个阶段都为犍陀罗艺术的发展增添了新的特征。

第一阶段：前 2—前 1 世纪，希腊古典风格的雕塑、陶器。

第二阶段：前 1—1 世纪，崇尚希腊文化的安息人引入了新的希腊风格图案和主题，北方的斯基泰人新增了有关人类和动物形象的风格，两者构成了佛教艺术的基础。

第三阶段：2—3 世纪，伟大的贵霜文明将佛教象征主义与西方技艺结合，进一步完善了艺术风格。

第四阶段：6—7 世纪，匈奴统治者收回了对佛教的赞助，艺术风格变得神圣、粗犷、独特，艺术品展现的面部特征与普通佛教徒的形象近似。

第五阶段：8—9 世纪，沙希亚王朝时期，突厥人和印度教徒为犍陀罗艺术增加了新的神祇，如湿婆、太阳神和毗湿奴等，但普通的佛教徒仍将佛陀和菩萨作为救赎的来源。

第六阶段：10 世纪，犍陀罗佛教艺术在斯瓦特偏远山谷中得以幸存。吉尔吉特和克什米尔等地流行粗犷的人物形象，与之相伴随的是装饰图案复兴并再度融入后犍陀罗艺术风格。（图 4–15、图 4–16）

图 4–16　坐佛图，尼牟格兰佛寺，斯瓦特山谷

犍陀罗的佛教文化与中国

1—2 世纪，佛教从犍陀罗（古印度王国）经丝绸之路（古喀喇昆仑公路）传入中国。当时的贵霜人将犍陀罗的佛教艺术、建筑、文化带到了中国及中亚大陆的其他邻国，建立起了最初的佛教交流。

中国高僧法显和玄奘分别在贵霜时期（395—414）和唐朝年间（629—644）沿丝绸之路前往犍陀罗神殿朝圣，并求得梵本，打开了中国与犍陀罗之间直接往来的大门。法显去往犍陀罗时，正值贵霜帝国的鼎盛时期，佛教在犍陀罗王国内广为流传，如日中天。他记录下了大量的当地佛寺，并在这些佛寺大殿中停留礼拜。他还翻译了大量的佛经梵本（用佉卢文和婆罗米文书写），促成了中国与阿育王国的正式建交，并写下了许多游记，这些游记后来成了英国与巴基斯坦考古代表团探访犍陀罗古国的重要参考文献。

法显和玄奘将大乘佛教带回中国，而金刚乘（藏传佛教）则是由乌仗那国（今巴基斯坦斯瓦特）人莲花生大师（Guru Padma Sambava）于 7 世纪从乌仗那国传入西藏。现今的犍陀罗地区，尤其是斯瓦特地区，还保留着大量刻绘有金刚乘诸神的岩画，它们都是宝贵的金刚乘佛教文化遗产。这种艺术形式发源于犍陀罗西北部，正是当时丝绸之路与通往中国与中亚之路的交会点。贵霜帝国时期，中国与犍陀罗之间已经建立了贸易往来，一位克什米尔僧人丘达（Chudda）在敦煌和吐鲁番的寺院中售卖香料、地毯、宝石、木材和草药。

贵霜人创造了一种极具包容性的文化。贵霜的手工业形成于贵霜王朝末期至 3 世纪间，地域范围包括现今的中亚、印度北部、巴基斯坦和阿富汗。他们的硬币上镌有希腊—罗马、伊朗和印度宗教神话中的众神神像。这些贵霜时期的文物至少可以被划分为鲜明的两类：关于伊朗诸神的工艺品和关于希腊—罗马及印度诸神的佛教工艺品。其中最具代表性的有七枚贵霜统治者发行的金币、贵霜王权象征品（比如迦腻色伽的雕像）以及在阿富汗苏尔赫科塔尔境内发现的精美画作。贵霜艺术风格鲜明前卫，充满宗教色彩。贵霜前期的雕塑和配饰风格与后期有着很明显的差异，后期的贵霜工艺主要是犍陀罗和马图拉流派。（图 4–17 至图 4–19）

外来文化的影响

大犍陀罗（广义的犍陀罗地区，包括整个开普省、旁遮普北部和阿富汗东部）的佛教艺术受外来文化影响显著，有学者也因此认为犍陀罗艺术就是希腊或罗马艺术的产物。其他一些学者则

图 4–17　塔克特依巴依佛寺概貌，马尔丹

图 4–18 佛陀诞生图，尼牟格兰佛寺，斯瓦特山谷

图 4–19 冥想图，尼牟格兰佛寺

认为犍陀罗艺术的概念源自本土，与印度、中亚、波斯、希腊和罗马等地的相互作用，其影响真实可见，正如犍陀罗雕塑所示。

波斯的阿契美尼亚人在公元前6—前4世纪统治着犍陀罗地区，随后到来的是公元前190—前90年的巴克特里亚希腊人和印度—希腊人，这些外来文化深刻影响了当地的艺术和手工艺。此后，公元前90年—1世纪中叶抵达犍陀罗的斯基泰人和安息人为当地传统注入了新趋势。1—5世纪，贵霜人在犍陀罗艺术和建筑领域进行了更多创新。迦腻色伽统治时期被认为是犍陀罗艺术的黄金时代。值得注意的是，所有这些外来统治者不仅在犍陀罗地区建立了政治统治，而且塑造了该地区的文化价值观。

法国学者阿尔弗雷德·福彻在撰写关于犍陀罗艺术开端的文章时，支持地中海影响犍陀罗艺术发展的学说。他认为希腊无疑是影响犍陀罗艺术的最早来源，并且显著改进了犍陀罗当地艺术。约翰·马歇尔发掘了锡尔卡普（塔克西拉地区的第二座城市），证实了福彻的观点。根据塔克西拉的发掘情况，马歇尔认为犍陀罗艺术源于热衷希腊艺术的安息人文化，并在近东的外国工匠的支持下获得了独特的风格。

图 4–20　佛头，尼牟格兰佛寺，斯瓦特山谷

一些西方学者将犍陀罗艺术与罗马文化联系起来。他们没有在犍陀罗艺术起源地发现该艺术形式的发展，而是将贵霜时期犍陀罗艺术展现的成熟形式与罗马人的影响联系起来。这一理论的支持者称，罗马帝国的商业和政治权力以积极的方式影响了印度次大陆人民的生活和文化，尤其是那些通过陆路直接与巴克特里亚、西北部相联系的地区，以及通过西海岸诸港口与印度内陆相联系的地区。这些与罗马有关的联系随着时间的推移变得越发密切，并在迦腻色伽时期达到顶峰。

当然，简单地使用“影响”一词不仅不足以理解被考察的现象（犍陀罗佛教艺术所体现的众多希腊、罗马艺术元素），而且具有误导性。实际上，这既不是主流艺术对边缘艺术的“影响”，也不是一种艺术对另一种艺术的“接受”。这种表达一种文化与另一种文化之间关系的方式是单向的和单一的。描述这种关系的最有效的术语是“转型”。这里的“转型”不仅仅指媒介和思想之间的持续交流（犍陀罗文化与古地中海宗教文化之间的对话），而且更重要的是指一个动态的过程，即为了满足一个新的政治体系的需要，快速发现、选择并适应相应的主题和模式。

犍陀罗艺术“罗马—佛教”起源论的支持者往往只关注希腊或罗马的工艺。但从巴克特里亚—希腊人时代开始，犍陀罗就已存在独特的艺术风格，贵霜时期继承了这种艺术传统。有学者进一步指出，犍陀罗艺术反映了该地区在贵霜时期的艺术趋势和技术，以及那个时代该地区的品位和生活。

犍陀罗的考古环境表明它发展出了一种混合了西方和亚洲文化的组合模式。这种复杂文化背景培养出的工匠创造了这种独特的佛教艺术。佛教艺术的详细主题包括佛教基本概念的象征性表达，如佛塔崇拜、佛陀或菩萨造像等，一般都带有浓厚的当地特色。（图 4–20、图 4–21）

在犍陀罗及周边地区考古研究的基础上，可以判断犍陀罗艺术在贵霜时期达到成熟阶段。这一

图 4–21　吉汗那巴德佛像，斯瓦特山谷

图 4–22　莫赫拉莫拉杜佛塔概貌

观点由发掘塔克西拉等地的马歇尔和达尼、研究斯瓦特的意大利学者以及研究阿富汗和巴克特里亚的法国学者所详细阐发，他们在研究巴基斯坦犍陀罗艺术时提出了一个基于四个组别的分类表。第一组包括受希腊—安息影响并与美索不达米亚文化联系的雕塑；第二组包括 241 年萨珊人取代贵霜王朝入主犍陀罗后受到萨珊文化影响的艺术品；第三组显示了寄多罗王朝时期来自马图拉的影响；第四组也是最后一组再次展现了萨珊文化的影响，这种影响一直持续到白匈奴的到来。达尼建议“我们现在应重新开始研究犍陀罗雕塑的工艺方法”。因为任何外来文化影响的存在与否都无法证明犍陀罗自身的独特性。这得看犍陀罗和外来文化两者之间关系的性质如何，这种关系是纯贸易性质的，抑或其他方面的。因此，也有一些考古学家不同意犍陀罗艺术完全源于希腊人或罗马人的影响，他们认为这种艺术借鉴了东西方思想并将两者合而为一，然后向四周扩展至印度、阿富汗、中亚、中国和远东地区。这种艺术既不是西方的也不是古印度的，它源于两者，并将不同的元素与自身的形式融为一体，创造了一个新的传统，即今天人们所知的犍陀罗艺术。

佛陀的造像以及与之相关的

吉祥符号、规定的姿势等宗教和图像概念均源于印度的传统。尽管巴克特里亚、塔克西拉等地在地缘政治层面属于不同的地理单元，但它们在某些阶段的艺术或多或少都受到犍陀罗文化的影响。它们代表着不同的流派，以各自的地区命名。犍陀罗艺术受到希腊化的明显影响，引入了十几种新的外国图案。虽然犍陀罗艺术的形式是高度希腊化的，但其主题始终是地方性的，许多印度图案被原封不动地吸收进了希腊化的艺术框架。

综上所述，犍陀罗艺术受到外国文化的影响，斯瓦特的佛教艺术也受到外国人的影响，即希腊人、罗马人、安息人和中亚人等。当我们批判性地研究斯瓦特山谷遗址中发掘出的文物时，我们也会看到斯瓦特佛教艺术中的各种外来元素，从而表明，在漫长的丝绸之路的不断开拓和延展的历史中，斯瓦特山谷并非与世隔绝，它与外界有联系，并像犍陀罗地区的其他部分一样深受外来影响。（图 4–22）

（于冰清　译）

5. 全球复合体系下的龙泉窑

查普陆卡 •M. 库沙姆巴

（美国华盛顿美利坚大学人类学系教授）

提要

非洲的考古发掘和博物馆藏品为研究非洲与中国之间通过“海上丝绸之路”贸易提供了极好的证据。东非的出口产品包括龙涎香、铁杉属植物、黄金、象牙、豹皮和犀牛角等商品。那么，东非人从中国进口了哪些贸易商品？我们通过对斯瓦希里地区的曼达遗址中（700—1750）所发掘的中国瓷器和使用它们的曼达市民的生活状况进行研究后得知：非洲人对使用来自中国的陶瓷和丝绸等有着浓厚的兴趣。非洲和中国乃至亚洲产品的消费是双向的，从唐朝时期就已经开始，并一直延续到当代。

非洲直立人向亚洲大陆第一次大迁徙的时间在 240 万～ 180 万年前，并于 170 万年前到达中国，这说明很久以来非洲和中国就有着密切的联系。直立人的迁徙也开启了环印度洋地区纵横交错的贸易和交流网络，其将非洲大陆与亚洲最东端的东亚地区紧紧相连。非洲智人第二次大迁徙在 85000 ～ 80000 年前，他们经过长途跋涉先后到达了中国。与此同时，讲奥斯特罗尼西亚语的南太平洋群岛人重返非洲并在马达加斯加生活 。

人类的迁徙，导致了动植物的驯化，并在一定范畴内使得动植物得到传播，从另一方面证实了亚非大陆间的联系。例如，香蕉是在新几内亚被驯化传播到南亚，并在公元前第四千纪中叶到乌干达，公元前第一千纪中叶到达喀麦隆南部 。因此非洲和亚洲一直通过陆地和海洋交通保持着联系。

自古以来，人类即通过各种方式进行交流，如友好的礼物交换和贸易互通等。对此的直接证据包括保存至今变为文物的食品、药品和衣物等。由于这些文物的商品价值、可移动性、可交易性、可运输性以及耐受性，它们经历了时间的考验，在历史的长河中经过时间的打磨，留下了自己的印记，流传至今。近年来随着科技的进步，对食物的分布和人类的遗传多样性的研究为人类远距离迁移和联系提供了最无可辩驳的证据。由于大部分的贸易和商品流通是非官方性的且无档案可考，只有少部分保存了记录，因此，古代贸易的规模、范围和交易的频次是我们永远无法完全还原的。我们既无法完全还原当年的盛况，也无法量化当时的数量。

本文将从我们正在进行的肯尼亚曼达岛考古和生物学研究来探索非洲与亚洲间联系的证据。

中非之间的古老贸易网络

非洲的考古发掘为研究非洲与中国之间的贸易提供了极好的证据。尚待确定的是，这种贸易的方式是中国与非洲直接贸易还是通过西南亚和南亚的穆斯林、印度教商人所进行的间接贸易。东非的出口产品包括龙涎香、铁杉属植物、黄金、象牙、豹皮和犀牛角等商品。那么，东非人从中国进口了哪些贸易商品？我们将通过研究斯瓦希里地区的曼达遗址中（700—1750）所发掘的中国瓷器和使用它们的曼达市民的生活状况来回答这些问题。

曼达的考古遗址

古曼达（Manda）是拉姆群岛中所出现的十几个定居点之一，其活跃年代是600—1500年（拉姆群岛示意图，图5–1）。曼达从7世纪开始崛起，并在15世纪中叶开始衰退。虽然曼达没落后仍然有一个小社区继续生活在那里，但曼达与其更强大的邻居塔克瓦（Takwa）、拉穆（Lamu）和帕特（Pate）相比已淡出历史舞台。

图 5–1　肯尼亚拉姆群岛示意图，村镇与城市自6世纪开始在此区域发展

图 5-2　曼达岛发现的 14 世纪地层的龙泉窑瓷片，探坑 13

内维尔·奇蒂克（Neville Chittick）是第一位研究曼达的学者。而笔者在曼达的主要目标则是重新研究和评估曼达的基因遗传和文化传统，并将曼达置于地区性交流和印度洋贸易的研究背景下，重建东非融入亚非斯商业网络的过程和影响的节点，以及从这种互动中所产生的影响。根据奇蒂克（1984）的放射性碳年代检测和人类遗骸的研究报告，以及出土进口陶瓷显示，曼达的主要活跃年代为 8 世纪末—17 世纪末。此外，奇蒂克根据放射性碳的年代将曼达分为三个不同的时期：8 世纪 80 年代末—10 世纪末，13 世纪末—14 世纪末，15 世纪末—17 世纪中叶。曼达遗址是一个斯瓦希里世界复合社会的演变标本，它完美地以时间顺序展现了其细致的内部组织和兴衰过程。

曼达考古记录

奇蒂克和笔者的考古发掘都表明，古代曼达曾有强劲的国内经济，并积极参与本地、区域和国际性的贸易。大量出土的文物为曼达积极参与区域间的贸易提供了不可辩驳的证据。（图 5–2）这些文物从最小的用鸵鸟蛋壳和贝壳所制成的珠子、动物遗骸、金属制品和工具、磨珠机、岩心、纺锤和硬币，到海外舶来的个人奢侈品，包括进口的陶瓷、进口的玻璃制品、装饰砖、磨石，以及骨头和象牙的雕刻品，种类繁多，品质良莠不齐。这些文物不仅反映了当地生机勃勃的制珠业、制布业、采石业、炼铁业和锻造业，同时，也可以看到不同阶级购买力的差别。瓷器、玻璃、陶器、玻璃珠，包括金、铜和银戒指的装饰品，手镯、科尔棒等这些文物遗存为与波斯湾、印度洋和南中国海各地区的联系提供了有力的证据。（图 5–3）

进口陶器：国际贸易的联系

出土陶瓷显示曼达市民曾进口了来自西南亚（伊斯兰）、东亚（中国）和南亚（印度）地区所生产的陶瓷。东非自唐代（618—906）以来就开始进口中国陶瓷，并一直持续到当代。在东非出土的中国陶瓷片包括：

（1）湖南省长沙附近瓦渣坪铜官窑的铜官陶和四川邛崃窑的邛窑。

（2）产自福建、广东和浙江不同厂的越窑陶器制品。

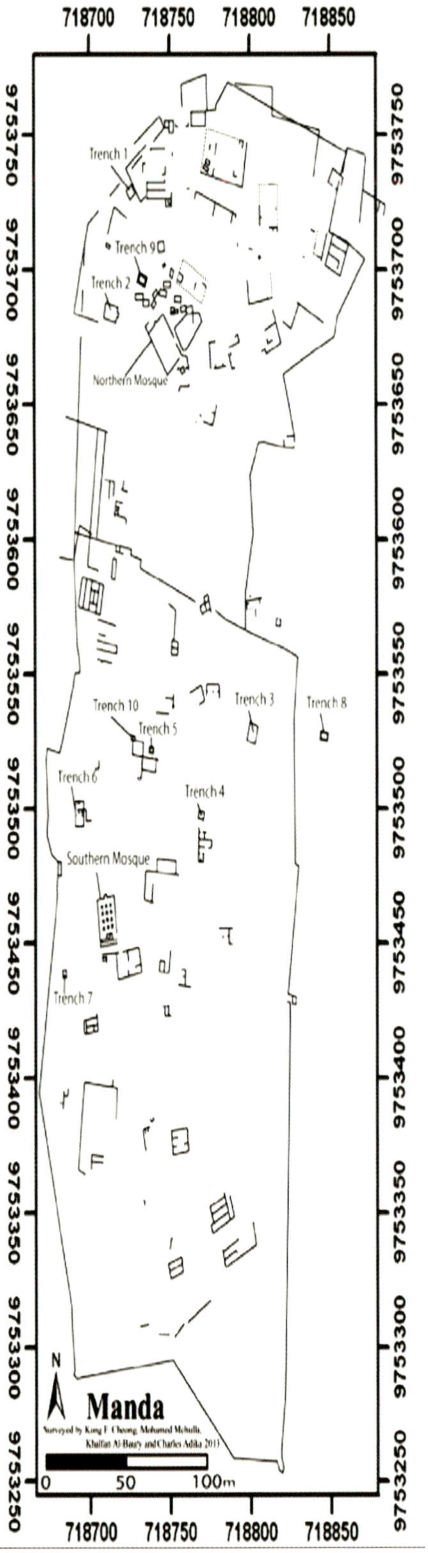

图 5–3　肯尼亚曼达岛的示意图

图 5-4　在东非考古遗址中发现的典型中国瓷器

（3）最早可追溯到 10 世纪前后的定窑。

（4）由福建、江西特别是其景德镇和德化等地区不同窑厂所生产的青白瓷，其中这些青白瓷在 850—950 年间出现在古曼达遗址，在 12—13 世纪中叶出现在尚加（Shanga）遗址。

（5）江西景德镇产的青花瓷和浙江的龙泉青瓷渐渐在元代（1206—1368）成为主要出口瓷器。

（6）从天启到康熙早期（1620—1683）所制作的明末清初瓷。

（7）在福建德化生产的通常也被称为中国白瓷的德化瓷器。

（8）清朝时期所创烧的向来有“彩瓷之冠”之称的洋彩。这些陶瓷在东非的出现见证了中非贸易网络的丰富性。（图 5-4）

龙泉青瓷

龙泉窑，又称龙泉青瓷，以坚硬著称，浅灰色的胎带有气泡，质地略带颗粒。釉料的颜色范围从绿色和灰色到纯黑色，而胎质厚度范围为 3 ～ 12 毫米。大多数龙泉器皿是单色的，并装饰有压痕、刻线或模制的形式。虽然浙江龙泉窑始于五代时期（907—960）并在宋朝（960—1279）进行了集中化生产，但是龙泉窑直到元代才开始出口海外。自此龙泉窑开始风靡海外，对龙泉窑的需求便可以与当地的伊斯兰地区、印度和非洲陶瓷相竞争。现今东非所出土的最早的龙泉窑能追溯到 11—12 世纪初。大量龙泉瓷片出现在 13 世纪末—14 世纪初的地层中，证明了当时龙泉瓷器作为出口商品的流行，并为大规模生产提供了无可争议的证据 。

在东非发现了两类龙泉器皿。第一类由白色胎体、绿色釉料和刻花的装饰图案组成；第二类相对较粗糙，具有深灰色的胎体和浅绿色的釉。粗青瓷的底足通常无釉，而其声望往往超越了实际的观赏性和实用性。对中国人来说，青瓷通常象征着纯洁，因为莲花是佛陀的宝座。而根据穆斯林阿拉伯

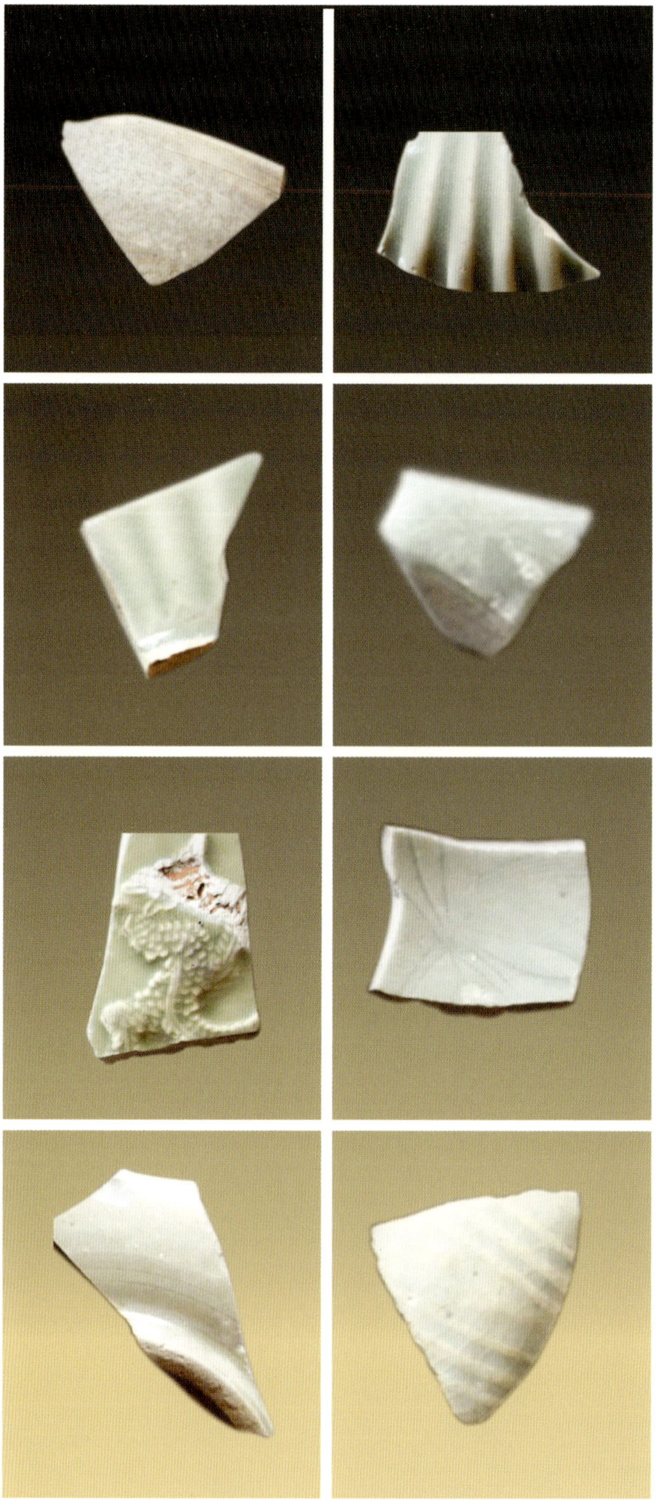

图 5-5　2017 年在曼达岛海滩上发现的龙泉窑瓷片

图 5-6　在翁加瓦纳（Ungawana）出土的龙泉青瓷瓷盘，唇沿扁平，边缘凸起

图 5-7　盖得出土的龙泉青瓷瓷盘，边缘呈莲花状

人和斯瓦希里人的传说，瓷器在与毒药接触时会分解，由于其试毒的“特性”，青瓷受到当地经济和政治等社会精英的高度重视。商政精英的社会地位和经济成就，使得他们常常有被毒杀的可能性，而龙泉青瓷正可以帮助他们试毒。例如，在盖得（Gede）发掘的中国进口瓷片中，有超过 46% 的瓷片为龙泉青瓷，这再一次证明了龙泉青瓷在当时的流行。（图 5-5 至图 5-7）

那么从东非发掘出的中国瓷器是否证明了自唐至元的东非与

中国的交流？中国与非洲的互动主要是通过波斯和阿拉伯商人间接进行的吗？唐宋元时期的中国出口商品是如何到达非洲的？为了回答这些问题，我们对从肯尼亚曼达港口出土的一组青瓷进行了 LA-ICP-MS（激光剥蚀－感应耦合电浆质谱）分析。与其他分析程序相比，这种分析具有许多优势，因为其检测限低、精度高、分析速度快并且可进行原位采样。我们将肯尼亚出土的样品与浙江龙泉青瓷和广东大埔窑仿制青瓷进行了比较。这种比较分析能够准确鉴别非洲发现的中国青瓷的种类，为研究中国外销瓷内部竞争提供证据，与此同时也为官窑和民窑的鉴定提供数据。在东非考古背景下，官窑的存在意味着中国与世界其他地区建立了外交关系 。与此同时，也可以推断出中国国内对外贸易市场已经有了一定程度的市场竞争。

笔者对从曼达出土的五个龙泉陶片 MD50、MD69、MD109、MD161、MD186 进行的微量元素分析显示，样品大体上由与中国南方所生产的青瓷相似的元素组成，即 MD69 的 REE 特征与广东大埔窑的样品相似，而其他四个样品与浙江龙泉窑的样品相似。

微量元素（特别是稀土元素）的区别表明，这五个青瓷的出处并非全部在同一窑中或从相同的黏土来源产生。而且，根据其成分，样品 MD69 可能在广东生产。该研究指出了古代曼达的龙泉青瓷来自不同的窑址，其中浙江龙泉和广东大埔窑制作的青瓷均有样品。

谁是古代斯瓦希里人？来自人类遗骸的证据

笔者对 2012—2013 年间在曼达出土的 19 具骨骼进行了详细的古代 DNA 研究，在遗骸被发掘出来之后，笔者便立即采集骨骼和牙齿样本进行 DNA 检测，以及同位素和放射性碳测年。这些遗骸的发现为研究斯瓦希里地区的基因和民族增添了新的方向。初步的研究结果表明，斯瓦希里沿岸居民的宗教认同是伊斯兰教，社会文化认同是非洲人，而在生物学上则显示是多民族混杂的。（图 5–8）

来自曼达的骨骼为研究斯瓦希里人的生物起源提供了一个独特的机会。对骨骼和牙齿的研究结果显示，肯尼亚沿海地区的人口异常复杂，环印度洋地区的人很可能在斯瓦希里语复合体出现之前就

图 5-8 发掘表明，尽管斯瓦希里地区的大多数居民是非洲人，但他们仍与来自中东和南亚的外国商人进行贸易交流，其中一些外国商人或永久地定居在斯瓦希里沿海

开始进行贸易和通婚 。曼达人的骨骼个体反映其复杂性，如人口的形态和遗传结构，同时为研究提供了斯瓦希里早期民族和起源独特的资料。

曼达个体在骨骼个体中表现了强烈的非洲形态。线粒体 DNA 分析证实了非洲血统这一点 。通过古代 DNA 分析已确认遗骸中存在部分非非洲血统，而是中东或欧洲血统。这使学者们提出了环印度洋地区通婚的可能性。

根据曼达 8 号实验表明，其中三具人体遗骸具有铲形门齿，这一遗传特征是东亚人种特有的，而非撒哈拉以南的非洲地区所有。为了得到更准确的基因遗传信息，笔者与哈佛医学中心合作，用古DNA检测进行更全面的全基因系统分析，来判定这三具遗骸是否来自东亚地区。这三具遗骸为我们提供了中国与东非曾有直接交流和联系的可能性的证据。

总体来说，曼达出土的19具人体遗骸生活在不同的时代，为9—16世纪。从基因来看，铲形门齿是东亚人种特有的生理印记，因此曼达地区的原住民并非都是非洲人，有的人甚至有可能来自大洋彼岸的中国。因此，我们推测古曼达曾有着包容的文化。一方面，作为与非洲内陆地区向外输送非洲特产的港口；另一方面，作为一个国际交流的中心，不同的文化在这里互相交流、碰撞。贸易的往来和人口的迁徙使曼达成为一个国际化的城镇。

讨论：证据告诉我们有关中国与东非之间有哪些深层次经济互动的信息

考古学家和经济史学家将这些文物遗存归因于区域间的相互联系和全球化。正在进行的东非海岸古城邦的考古调查表明，东非的工业化前城市化现象的出现，有于更广泛的区域和区域间互动领域建立联

图5-9　曼达岛发现的13—14世纪地层的龙泉窑瓷片，探坑11，地层6

图5-10　曼达岛发现的13—14世纪地层的龙泉窑瓷片，探坑11，地层7

图5-11　曼达岛发现的13世纪地层的龙泉窑瓷片，探坑11，地层9

系，以及建立联系后衰落的过程。这些联系包括了非洲腹地和更广泛的印度洋贸易网络。东非与亚洲之间的古代贸易是一个复杂的商贸网，涉及多个地区区域，并通过“海上丝绸之路”这一通道开拓了多条贸易路径。一方面，非洲为古代亚洲提供了大量的商品包括象牙、龙涎香、黄金、犀牛角、檀香；另一方面，非洲人对中国的陶瓷和丝绸、印度的珠子和布料有浓厚的兴趣。（图 5–9 至 5–11）非洲和亚洲产品的消费是双向的，并且在唐朝时期已开始，一直延续到当代。斯瓦希里语早期定居点（包括曼达）的考古证据可追溯到 5 世纪，表明中非之间的贸易可追溯到这些定居点的开始。从唐朝到元朝，由于距离的原因，东非与中国之间的贸易量比同西南亚和南亚的贸易量略低。这段时间内中非两个地区之间的贸易大部分是间接进行的。有两种主要的贸易路线：第一，通过波斯湾和印度洋穿越中亚及西南亚的陆路商队；第二，通过西印度洋沿斯里兰卡经南中国海和印度洋的直接海上航线，经由亚丁湾前往东非 。

（周牧宸　王敏　译）

6. 海上丝路将中泰联结成同一文化空间

阿玛拉·瑞苏查特

（泰国文化部艺术局高级顾问、泰国世界文化遗产委员会成员）

提要

生活在泰国的先民们很早就开始通过陆海两路与外界进行文化和商业交流。考古发现证实，泰国与中国、印度之间的海上丝绸之路始于公元前400—前300年。1世纪左右，罗马人发现并掌握了印度洋上的季风规律，极大地便利了跨洋航行。外国商人因泰国丰富的自然资源纷至沓来，泰国也因此受到了中印两国的双重影响。本文将讨论中泰之间交流的历史。根据两国的史料记载以及泰国的历史遗迹、博物馆文物等物质文化遗产，这段历史在丝绸之路以及“一带一路”中均发挥了重要作用。中泰人民之间的文化和商业交流显示了两国的重要关系。

泰国位于东南亚大陆的中心，西南濒安达曼海，东南接泰国湾。梵文 Suvarṇabhūmi / Suvarṇadvīpa 或巴利语 Suvaṇṇabhūmi / Suvaṇṇadīpa 意为金地或金子的土地，曾出现在早期佛教和印度教著作中。这个词在遥远的过去指东南亚的主要地区。然后，有时“金地”特指某一地区。据说泰国在地图上看起来像一把斧头，象征着一把金斧头。这片土地由于西、东、南三面环海，而被称为黄金半岛（泰语：Laem Thong）。

从史料记载追溯中泰关系

在 3 世纪，左思创作的《三都赋》是最早提及“金邻”一词的中国史籍，这个词可能用于描述泰国湾附近的一个地区。

在中国元代编年史对 1282 年的记载中，泰国最先被中国人称为“暹”，全称为“暹罗”。605—607 年，这个信仰佛教的国家与中国建立了外交关系。其地界包括马来西亚吉打州和泰国宋卡府的部分地区。有一幅描绘 1762 年一男一女两位暹国特使在皇宫中觐见场景的中国画与这段历史相关。画上的文字显示该国在隋唐时期被称为“赤土国”，意为红土地。

由 7 世纪学者李善作注的《扶南异物志》中载：“金邻一名金陈，去扶南可二千余里。地出银，人民多好猎大象，生得乘骑，死则取其牙齿。”

显然，后来大象及象牙成了泰国销往包括中国在内的东西方国家的重要商品之一。

泰国与中国南海毗连。“中国”一词作为国名，已被泰国人使用了几个世纪；但在此之前的几千年间，中国一直被这里的人们称为“Cīna”，

图 6–1　碑刻上的梵文铭文记录了一个向僧侣和婆罗门苦行者捐赠食品和礼物的故事

泰国南部洛坤府（Nakhon Si Thammarat）发现的玛哈永寺碑刻梵文铭文中就出现了这个词，这些铭文的历史可追溯到6世纪。玛哈永寺碑刻上的梵文铭文记录了一个向僧侣和婆罗门苦行者捐赠食品和礼物的故事。（图 6–1）故事所发生的寺庙装饰着中国胜利幢（Cīna Dhvaja），即中国经幢或中国丝质经幢。有证据表明，泰国当地人通过海上丝绸之路与中国进行丝绸贸易。

黄金半岛与中国的贸易史

多亏了去过“南海”地区的中国航海家和游记作家，从3世纪起，一些与中国有联系的黄金半岛港口、城邦或王国的名字就开始出现在中国官方记载中。有些是出现在铭文、宗教教规或著作中的印度语词汇，有些仅在中文史料中使用。几位著名学者把中国史料中的名称，以及地中海、印度、波斯和阿拉伯史料中的名称，与多地的考古发现联系起来。

除了金邻之外，我认为与当今泰国地区相关的地名还有如下几个。

（1）1世纪，Kamalī/Tāmali，巴利语名称，相当于中文名称 Jiūzhì 或 Jūlì，指3世纪位于现泰国洛坤府的一个国家和位于现泰国南部甲米府的一座西部港口。它的名字在11世纪改为 Tāmali ga，又在13世纪改为 Tāmbrali ga，在宋代赵汝适所著的《诸蕃志》（1226）中以“单马令”（Tānm líng）出现。1—3世纪，该国的西部港口可能位于甲米府空统县的 Khuan Luk Pat。中国商人可能直接或间接地与当地商人或来自西方的外国商人做生意，即地中海、中东和印度的商人。这一点在中国汉代铜镜的碎片、翡翠玄武吊坠以及用马赛克描绘的带刺猬头发型的中东人脸像中都得到了证实，它们可与中国新疆营盘发现的文物相提并论。目前，这些文物被陈列在甲米府空统县政府管理的空统县博物馆内。（图6–2）

《诸蕃志》中记载了出口到

图 6–2　马赛克描绘的带刺猬头发型的中东人脸像

中国和其他国家的当地特产和当地进口的商品：当地的产品包括蜂蜡、湖木、沉香木、乌木、樟脑、象牙和犀牛角。外国商人经营绸伞、合池绸、酒、米、盐、糖、瓷器、陶碗等粗重器皿和金银盘。

根据元代民间航海家汪大渊所著的《岛夷志略》（1349）中的记载，单马令出口的商品包括蜂蜡、樟脑、犀鸟盔突、各种沉香木、湖木、锡、龟壳，而从中国进口的商品包括棉花（可能是线型棉花）、红棉、鼓和瓷器。

黄金半岛的国家或城邦一直都从中国进口陶瓷，在这些地区发现的大量中国瓷器和中国窑制绿釉陶器证实了这一点；其中一些文物在洛坤府国家博物馆和洛坤府帕玛哈泰寺庙博物馆展出。值得注意的是，主塔的最外面使用了中国明清时期的瓷器作为装饰。（图 6–3）

图 6–3　洛坤府帕玛哈泰寺庙最外面使用了中国明清时期的瓷器作为装饰

（2）1 世纪，“Takkolla”出现在佛教典籍《大义释》和 2 世纪的《地理学指南》一书中。8—9 世纪，“Takola”在阿拉伯史料中变成了“Kalāh / Qāqullah”，而在中国史籍中对应“哥罗 / 个罗”。1060 年成书的《新唐书》中对于 785—800 年间的嘉坦（Jià-tān）历史记载告诉我们：“（哥罗）其

图 6–4　绿釉陶罐代表了从中国南部经海路出口至该国的陶瓷商品

兵有弓矢槊殳，以孔雀羽饰纛。每战，以百象为一队，一象百人，鞍若槛，四人执弓槊在中。赋率输银二铢。无蚕丝麻纻，唯古贝。畜多牛少马……凡嫁娶，纳槟榔为礼，多至二百盘。妇已嫁，从夫姓。乐有琵琶、横笛、铜钹、铁鼓、蠡。死者焚之，取烬贮金罂沉之海。”

值得一提的是，上述中文文本中提到当地传统和特产一直被沿用至今。

本文的下一个主题将讨论其中一些保存在博物馆的文物。

8 世纪末—10 世纪，塔莱塔科拉姆（Talaitakkolam）被用来称呼以现攀牙府达瓜巴县为中心的室利佛逝（Rīvijaya）王国和一座位于慕容洞高可汗（Mueang Thong Ko Kho Kha）及马来半岛西海岸的主要港口。当地发现了中东生产的玻璃瓶和珠子、印度小型雕像以及中国唐代的陶瓷，表明这里曾是东西方商品贸易的交汇点。其中，铜官窑（Tóngguān kiln，位于湖南长沙）出产的绿釉陶罐很好地代表了从中国南部经海路出口至该国的陶瓷商品，目前在普吉岛塔廊地区的国家博物馆中展出。（图 6–4）

（3）3 世纪，顿逊（Dunxun）或典逊（Dinxūn），位于泰国上半岛东部沿岸。3 世纪中叶，朱应与康泰率领中国使团出使扶南（现越南南部）等国，并写下《扶南记》，文中载：“顿逊国属扶南国，主名昆仑……疾困便发愿鸟葬，歌舞送之邑外，有鸟啄食，余骨作灰，瓮盛沉海。鸟若不食，乃蓝盛火，葬者投火，余灰函盛埋之。祭祠无年限……”

上述的葬礼传统很可能来自中国南部的民族，即云南或者广西壮族。他们在公元前4—前1世纪制作了最先用于仪式的早期平面曲腰青铜鼓。在中国使节知晓顿逊以前，顿逊人与中国南部人民的海路往来已经有几个世纪的历史，一批最古老的中国南方鼓的发现也证实了这一点。其中一面鼓发现于素叻府的苏梅岛，上面有纹饰为抽象的船图案和戴着鸟状头饰的男子形象，承载着死者的灵魂。目前它在素叻府柴也城（Chaiya）国家博物馆展出。（图6–5）这些鼓的发现说明该国与远东国家（中国）早已建立了联系，而且在印度从西方传入之前就沿用了中国的部分传统。

图6–5　曲腰青铜鼓发现于素叻府的苏梅岛，说明与远东国家（中国）早已建立了联系

8—12世纪，这个以柴也城为中心的国家，是室利佛逝王国统治时期马来半岛上五个大州之一。室利佛逝的一位国王迎娶了柴也城的公主，并在城中建造了一座

宫殿，后来这座城市成了佛教艺术和海上贸易的中心。姆·福佩昂（Laem Pho-Payang）的港口是大陆的东部港口，并通过横跨半岛交通线与位于慕容洞高可汗的西部港口相连，通过海上航线与位于印尼邦加岛卡普尔市（Kota Kapur）的南部港口相连，以便装卸本地出口货物和来自东西方的进口货物。三座港口均发现了相似的中国唐代名窑出产陶瓷，如铜官窑（长沙）、邢窑、定窑（邢窑和定窑是两个窑址）、越窑、梅县水车窑、官冲窑等，同时发现的还有中东玻璃制品和珠子。东部港口发现一些装饰有阿拉伯文字的铜官窑瓷器，它们应该是由某个阿拉伯国家订购的，这些瓷器从中国瓷窑生产出来以后，就交到了掌管室利佛逝港交易事务的当地中间商手中。

12 世纪末—13 世纪，柴也城中有一座名为Grahi的小镇，在《诸蕃志》中被称为“加罗希”，这座小镇在室利佛逝王国衰亡前一直与中国通商。柴也城国家博物馆展出了在当地调查和考古发掘中发现的完整或残缺的中国瓷器以及中东玻璃制品和珠子。

（4）3 世纪，都昆（Dūkūn），出现在《扶南记》中，位于泰国上半岛的西海岸，即攀牙府和拉廊府境内。著于 977—983 年间的中国宋代类书《太平御览》中载：都昆的农作物与金邻一样。这里的居民中有许多是白人。都昆盛产上好的沉香木和硫黄。沉香树能活 1000 年，它的树干和根系非常粗壮。斫断后树皮腐烂，但树心至坚，只有芳香的气味保留下来，用于收集制作香料。

直到 19 世纪，沉香木和硫黄一直被记录为都昆对中国和日本的重要出口商品，出口需求很大。约在 1621 年，中国的《武备志》（兵书）中有一张记载着南海诸国名称的地图，里面记录了一个从都昆发展而来的国家 / 城市，地处丹那沙林山脉，泰语称之为 Tanaosi，英语称之为 Tenassarim。

（5）4 世纪，La kā obha，7 世纪早期唐代高僧义净所著的古籍称之为“狼牙修”“狼牙须”或“浪加修”；赵汝适所著的《诸蕃志》（1226）称之为“凌牙斯加”；1330—1340 年云游南海的航海家汪大渊所著的《岛夷志略》（1349）称其为“龙牙犀角”。这个地方在 11 世纪、14 世纪和 18 世纪分别被称为 La kā obka、Lengkasuka 以及 Langkasuka。它位于现泰国北大年府和也拉府。

于7世纪成书的中国史书《梁书》中载：

“狼牙修国，去广州二万四千里，盛产沉香樟脑等物。515年，狼牙修国国王派遣使者向中国皇帝进贡。”

当时这个信仰佛教的国家就与中国建立了外交关系。《梁职贡图》（梁代画卷，539）描绘了狼牙修国使臣的完整肖像，此卷目前在北京中国国家博物馆展出。据中国高僧义净的记载（683—684），三位来自中国的僧侣——义朗、智岸和义玄，乘坐一位商人的商船前往印度朝圣；他们停靠在狼牙修国时受到了国王贵宾般的礼遇。《岛夷志略》中描述了中国和“龙牙犀角”之间的商品贸易：从“龙牙犀角”出口到中国的商品包括犀鸟盔突和多种沉香木、湖木。从中国进口到“龙牙犀角”的货物包括印花棉料和瓷器。

（6）6世纪初，盘盘国（Pán-Pán）。据《梁书》中记载，该国在529年曾派使臣来访中国，进贡了象牙和佛教宝塔（votive stūpas），并献上了沉香、檀香等数十种香。536年，又一位盘盘国特使来到中国，向梁代朝廷进贡菩提国真舍利及微型画塔，并献菩提树叶、詹糖香等。605—617年，盘盘国使者向隋朝朝廷进贡。唐代高僧义净在他的著作中称该国为“盆盆”（671—675），《诸蕃志》称其为“日罗亭”。盘盘国大概位于泰国南部东岸的宋卡府沙廷帕半岛（Sathing Phra Peninsula），在这里发现了许多从五代到清朝的瓷器，以及一尊无头的唐代观音像。这些物品在宋卡府国家博物馆展出。

宋卡在中国兵书《武备志》中被称为孙姑那，在同时期的西方地图上称作Sungora或Singora，自14世纪起指暹罗王国的宋卡府。18世纪晚期，一个来自福建厦门的中国家族定居于此并从事中泰贸易。这个家族变得富裕起来，因此暹罗国王任命其族长担任宋卡府的长官，代代相传。他们的中国传统祖坟位于宋卡府兴哈那空县，一直受家族后人祭拜。他们的遗迹之一是改良的中式建筑，已被注册为国家历史文物，并从1982年起被用作宋卡府博物馆。这家博物馆以其丰富的中国文物和家具收藏而闻名。（图6–6）

图6–6　宋卡府博物馆是改良的中式建筑

（7）6—7世纪，堕罗钵底国（Dvāravatī），在中国古籍中亦作杜和钵底、堕和罗、独和罗、堕和罗钵底。据《旧唐书》记载，堕罗钵底国使团于638年和649

图 6-7 祈愿碑上面绘有后帕拉瓦时期的佛像，背面带有梵文和汉字，这块辟邪用的祈愿碑证明了当地有一位遵循印度佛教传统的中国佛教徒

年来到唐朝宫廷，第一个前来的使团请求中国提供良马。这个王国由泰国中部、西部、东部和东北部的几个州和城镇组成。在泰国中部的碧差汶府西贴县（Si Thep）古镇中发现了一块重要的黏土制作的祈愿碑，上面绘有后帕拉瓦时期的佛像，背面带有梵文和汉字，其历史可以追溯到 8 世纪。这块辟邪用的祈愿碑证明了当地有一位遵循印度佛教传统的中国佛教徒。这块碑在华富里府的桑德·普拉那莱（Somdet Phranarai）博物馆展出。（图 6–7）

（8）13 世纪晚期，泰人在泰国南部的素可泰（Sukhothai）建立了素可泰王朝，首都是塞差那莱（Si Satchanalai）。根据泰国北部的传说，中国与素可泰之间存在正

式的海上贸易和外交关系。因此，一位中国公主被派到素可泰与国王或王子和亲。她的500位随从中，有一些是陶工，在镇上开窑烧瓷后来成了大师。来到这座小镇的中国商人和陶工们都对这里印象深刻，这里的人们采用了中国的釉陶和烧窑技术，制作出了一种著名的宋卡洛瓷器（Sangkhalok），后来成为出口海外的重要商品。小镇附近地区出土了绘有鱼与花纹饰的宋元时期龙泉青瓷和绘有花卉纹饰的景德镇青花瓷，可能曾作为某些宋卡洛瓷器的模型，目前在兰·甘亨（Ram Kamhaeng）博物馆和素可泰府（Sawanworanayok）博物馆展出。（图 6–8）很明显，景德镇青花瓷上的经典纹饰——开窗内绘动植物纹饰，给予了泰国工匠灵感，使他们创造出是塞差那莱 Nang Phaya 寺礼堂墙壁上的灰泥装饰。（图 6–9）

图 6–8　小镇附近地区出土了绘有鱼与花纹饰的宋元时期龙泉青瓷和绘有花卉纹饰的景德镇青花瓷

（9）中国《明实录》（明朝，1368—1644）中记载的八百大甸即兰纳王国，该王国以泰国北部的清迈为中心。据记载，该王国曾于1388—1497 年向中国朝廷进贡；相应地，中国朝廷会支持他们或为他们解决其与周边国家的领土冲突问题。此外兰纳王国也获得了一定的贸易特权，1403—1481 年，中

国朝廷还派遣使臣或太监为其出谋划策或赐予封赏。1404 年 11 月 5 日，中国官员在兰纳设立了一个登记处。1451 年，兰纳进贡当地特产。中国朝廷的赏赐是丝绸、瓷器和白银。有时带去兰纳的只有朝廷的命令。兰纳国王将部分中国瓷器捐赠给了几座寺庙，部分赠送或出售给卢阿族等民族。在清迈和兰纳王国主要城镇的几处寺庙遗址的发掘和调查中，人们发现了几件中国瓷器和龙泉青瓷。它们也被用作清迈省翁桂县山卢阿族墓地中珍贵的陪葬品。此外，一些卢阿族墓葬中还发现了元朝（在兰纳与中国明朝朝廷之间朝贡——贸易关系建立之前）的器皿，这表明中国瓷器不仅来自明朝给兰纳王国国王的赏赐，也通过大众陆路贸易进口。有趣的是，饰有两条鱼交织图案的中国青瓷碗，很可能是典型的兰纳王国青瓷三坎蓬（San Kamphaeng）瓷器的原型。

丝绸陆路已被中国当地商人和兰纳人沿用了几个世纪，1586 年的史料证实了这一点：云南商人把黄金、白银和麝猫等产品带到清迈。据泰国和西方商人记录，兰纳有乳香、蜂蜡、靛蓝染料、决明子、蜡烛果、植物树脂、蓝

图 6–9　景德镇青花瓷上的经典纹饰——开窗内绘动植物纹饰，给予了泰国工匠灵感，使他们创造出是塞差那莱 Nang Phaya 寺礼堂墙壁上的灰泥装饰

宝石木、鹿角、象牙等优质丛林产品，其中有一些是献给中国朝廷的。当地工匠非常擅长雕刻象牙和用象牙制作工艺品，因此部分象牙雕刻品有可能进贡给中国朝廷。有趣的是，一位富有的中国人向中国工匠订购了一台涂漆和镀金的木质轿子，并将其捐赠给了帕辛寺。这件作品现在陈列在清迈国家博物馆。（图 6–10）

（10）大城府，1350—1767 年暹罗王国或泰国人民王国的首都。两国之间的政治和朝贡——贸易关系始于大城二世时期（1370）。明朝皇帝认为中国朝廷有权任命或批准新暹罗国王的登基；派遣中国使节授予国王印章即表示批准，拒绝或不接受新任暹罗国王派遣的使节或送来的贡品则表示反对。这种外交和贸易关系在 1370—1504 年都有记录。1371 年，暹罗国王派遣使者进贡驯服的大象、六脚乌龟和其他特产。明朝皇帝下令赐给暹罗国王锦缎和上等丝绸，并按照使臣的等级赐予不同的丝绸。

明朝实行朝贡制度，对暹罗国和兰纳国都给予贸易优惠和赏赐。然而，1447 年发生了一次贸易谈判，暹罗使节向朝廷提出他们进贡的 1380 斤“碗石”不是暹罗本土产品，很难获得。他要求中国朝廷按照先例以每斤 250 券

图 6–10　一位富有的中国人向中国工匠订购了一台涂漆和镀金的木质轿子

图 6–11　祭品有中国狮子形状的金匣子和中国工匠用宝石镶嵌而成的金龙

纸币支付。“碗石”是素可泰王朝的宋卡洛瓷器。两国之间的政治问题可能导致了该物品的暗中供应。据记载，暹罗从中国朝廷得到的主要是丝绸，而中国朝廷从暹罗得到的香料达 17 万斤。

1408—1410 年，在中国船队海上远航期间，郑和等人作为使节被派往暹罗。明朝朝廷与大城府之间的交流推动大城府西南护城河附近的华人社区的建立。在那附近的三宝公古寺里供奉着巨大的铜镀金“三宝公”像，这一中文名称来源于郑和的原名——马三宝。

大城府的华人社区主要由商人和工匠组成。他们中的一些人为王室服务，享有精英般的特权。例如，在 1424 年，暹罗国王允许中国人将祭品存放在玛哈泰寺和拉嘉布拉那寺的皇家墓穴中。这些祭品有中国狮子形状的金匣子和中国工匠用宝石镶嵌而成的金龙，现陈列在泰国大城府昭萨帕拉雅国家博物馆。（图 6–11）墓中还发现了刻有坐佛像、背面是中文铭文的碑。其中一条铭文可以翻译为“伟大的明朝。信徒杨惠泉叩首捐赠这一碑以积功德。（希望）佛像带来保护和好运”。这件文物现陈列在泰国猜纳府的猜纳姆尼国家博物馆。（图 6–12）

此外，国王命令皇家工匠在拉差布拉那寺的地窖墙壁上作画。中国工匠也参与了这项工作，因此南墙和西墙上都刻画着中国汉人长相的守护者和中国富人。

华人社区是大城府最大的外国社区之一。17 世纪晚期的泰国史籍中有对中国人的生活方式的描述，特别是对一条叫“三匹马”的街道的描述。在这条街上，中国工匠自己开店铺，生产各种各样木质或铁质的工具、器皿和家具。遗留下来的中国木质雕刻文物现陈列在泰国大城府昭萨帕拉雅国家博物馆，曼谷国家博物馆陈列着一块带有中国典型门神形象的门板。（图 6–13）

中国商人还建立了一个作坊，制作中国干草或蜜饯，这些是大城府人的最爱。在大城市场上和在中国商店里销售的中国商品包括瓷器、琉璃制品、丝绸缎布、铁质工具等。

在大城府的辉煌时期，泰国人民采纳了堡垒建造、瞭望塔、军械库等西方技术，而在航海方

图 6–12　刻有坐佛像、背面是中文铭文的碑

图 6–13　带有中国典型门神形象的门板

图 6–14　一艘欧洲船只与一艘载有水手和商人的中国帆船

面，他们沿用了中国的航海技术，即用中国帆船进行海上贸易。大城府的皇家帆船也可以在中国其他港口从事贸易，在那里他们支付与中国私营贸易商相同的停泊费和进出口关税。大城府图稿（国家图书馆收藏）中的一页绘制了一艘欧洲船只与一艘载有水手和商人的中国帆船，证明了大城府是东西方海上贸易路线上的国际枢纽。（图 6–14）

大城府仅向印度一个国家出口活象，但中国商人对来自大城府的象牙、犀牛角和鹿角等可入药的材料需求很高。因此，大城府又从印度回购这类药材。

大量的中国瓷器被进口到大城府，供朝廷、精英和富人使用，并用于出口。有趣的是，暹罗皇室定制了一批专供暹罗的景德镇瓷器，并印上特殊标志。在大城府皇宫发现的青花瓷就是例证，这些青花瓷现在陈列在大城府的洽她拉卡散国家博物馆内。（图 6–15）

此外，根据暹罗国王的要求，泰国皇室艺术家设计了釉上彩瓷器的样式和颜色，然后将设计送给景德镇的瓷窑生产；底部加上标记的成品直接进口到暹罗王国，直到 20 世纪；这有特别标记的器皿称为 Bencharong，字面意思是五种颜色。（图 6–16）

（11）曼谷（Krung Thep），自 1782 年以来暹罗王国（后来的泰王国）的首都中文的名称为“曼谷”，来源于它的英文名称 Bangkok。曼谷王朝早期（1782—1851），富有的中国人进入当地上流社会，有些嫁给了皇室。曼谷王朝的第一任国王（拉玛一世）和第二任国王（拉玛二世）对中国文学有着极大的兴趣，因此他们要求学者翻译中国文学著作《三国演义》和《封神演义》。中国文学是艺术创作灵感的源泉，当地有一座典型的中国建筑很好地诠释了这一点。这段建筑墙面上的唯一一幅壁画描绘了《封神演义》里的场景。这座建筑很可能是

图 6–15　暹罗皇室定制了一批专供暹罗的景德镇瓷器，并印上特殊标志。在大城府皇宫发现的青花瓷就是例证

图 6–16　泰国皇室艺术家设计了釉上彩瓷器的样式和颜色，然后将设计送给景德镇的瓷窑生产；底部加上标记的成品直接进口到暹罗王国

图 6–17　壁画描绘了《封神演义》里的场景

1864—1865 年前宫中的祭祖祠堂。它现在陈列在曼谷国家博物馆。（图 6–17）

拥有中国祖先（来自福建）的皇室家族在印度传统艺术的基础上，吸收了中国艺术并将其融入泰国艺术。前宫是 1782—1865 年国王的总督或第二任国王的住所，宫内的部分装饰属于印泰汉混合风格，例如主屋的漆镀金木门板上绘制了印度苦行僧飞在半空中与树上结的女人形状果实交配的场景，树的下方还绘着两只中国

狮子。（图 6–18）

在南克拉奥（Nangklao）国王统治时期（拉玛三世，1824—1851）所建的曼谷龙船寺被用作主要的集会大厅，其最显著的特点是船形结构。国王下令建造了这艘 40 多米长、由混凝土制成的中国帆船复制品，作为对中国帆船的纪念。因为中国帆船被大量用于对华贸易，给王国带来了繁荣。在拉玛三世统治后期，中国帆船被蒸汽船所取代。20 世纪初，一名中国工匠制作了一个螺钿经文盒，上面绘有中国帆船和蒸汽船从中国来到泰国的虚构场景。这个经文盒被认为是最杰出的螺钿艺术品，目前藏于曼谷国家博物馆。（图 6–19）

中国广东省工匠非常熟练地掌握了玻璃反画这一欧洲中世纪技术，他们的画作非常精美，因此蒙库特（Mongkut）国王（拉玛四世，1851—1868）向其中一家作坊订购了绘制中国佛像的此类画作，然后送给几座泰国寺庙。其中的一件样品目前陈列在曼谷的国家博物馆。（图 6–20）

通过赠予佛教僧侣最优质的礼物来积功德的传统在泰国非常普遍。泰国的国王和皇室总是把重大活动用的扇子赠送给僧侣，

图 6–18　镀金木门板上绘制了印度苦行僧飞在半空中与树上结的女人形状果实交配的场景，树的下方还绘着两只中国狮子

图 6–19　一名中国工匠制作了一个螺钿经文盒，上面绘有中国帆船和蒸汽船从中国来到泰国的虚构场景

图 6–20　蒙库特国王向其中一家作坊订购了绘制中国佛像的此类画作，然后送给几座泰国寺庙

图 6–21　曼谷的中国丝绸作坊曾奉命制作一种特殊的扇子

尤其是为特殊场合制作的扇子。曼谷的中国丝绸作坊曾奉命制作一种特殊的扇子。例如，1873年，在朱拉隆功国王（拉玛五世，1868—1910）的加冕典礼和其统治时期的其他庆典上，国王将典礼使用的刺绣丝绸扇子赠送给一位地位很高的僧侣。这件物品现陈列于曼谷国家博物馆。（图6–21）

结论

泰国的一些有形遗产，比如遗址、古迹和其中发现的艺术品，以及博物馆中那些在中泰历史典籍中有迹可循的艺术品，见证了中国和泰国早期历史以及这两个国家从3世纪开始的通过陆地和海上丝绸之路进行的贸易和文化交往的黄金时期。这些都揭示了中泰关系在不同时代、不同方面的悠久历史。中国宫廷和民间商人与泰国宫廷和民间组织都有过贸易往来。中国人从泰国的进口产品中获益，尤其是象牙、犀牛角和蓝宝石木等可入药的丛林产品。泰国人得到了像瓷器和丝绸这样的名贵物品，供当地使用，并出口到其他国家，因此从16世纪至18世纪，泰国成了该地区的国际市场。

自从华人社区在泰国境内建立以来，华商在泰国的社会经济发展过程中发挥了重要作用。泰国工匠在制作自己的艺术品时采用不同时期的中国艺术风格。在泰国境内发现的各种艺术作品体现了印度、欧洲、中国和泰国不同的传统和艺术风格的融合，反映了跨文化的影响、启示和创新，而这些都得益于丝绸之路的纽带作用，如今它已演变为了“一带一路”。

（姚函丽　译）

7. 日本陶瓷中来自龙泉青瓷的深远影响

森达也

（日本冲绳县立艺术大学教授）

提要

历史上，输入日本的中国青瓷对日本陶瓷有着怎样的影响呢？4世纪末、5世纪初，被日本称为“须惠器”的硬陶烧制技术起源于中国江南地区的印纹硬陶烧制技术。11世纪末—12世纪初，龙泉窑青瓷传入日本，作为当时对华贸易据点的九州博多和首都京都等地都出土了少量龙泉窑青瓷。12世纪末开始，龙泉窑青瓷碗、碟则被大量运送至日本。到了13、14世纪，被大量运至日本的中国陶瓷有龙泉窑青瓷，景德镇窑青白瓷，福建青瓷、白瓷、黑釉瓷等。而元代至明代初期所生产的龙泉窑青瓷，由日本的“天龙寺船”运到日本，因此被称为“天龙寺青瓷”。进入17世纪，被运送到日本的中国陶瓷大多为景德镇窑青花瓷器以及福建漳州窑的青花瓷器和五彩瓷器。到了18、19世纪，以京都为中心的关西地区开始产出上乘的青瓷，由此也可清晰看出明代的龙泉窑青瓷对江户时代日本青瓷的影响。

8 世纪以后，中国陶瓷开始频繁地进口到日本，在贵族、僧侣以及武士等族群之间，被视为高级日用器具而受到喜爱。被运到日本的中国陶瓷有唐三彩、青瓷、白瓷、黑釉瓷、褐釉瓷、青花瓷器、五彩瓷器等各式各样的种类，而其中还数越窑青瓷、龙泉窑青瓷、福建青瓷等的数量最多，甚至要说最受日本人喜爱的中国陶瓷器就是青瓷也不过分。另外，大量进口到日本的中国青瓷，也对于在同时代生产的日本陶瓷产生了强烈的影响。本文旨在对日本陶瓷简史、输入日本的中国青瓷情况以及龙泉窑等中国青瓷对日本陶瓷产生的影响进行归纳论述。

原始古代：奈良时代、平安时代

日本，从绳文时代（前 14500—前 1000）起，历经弥生时代（前 1000 年—3 世纪中期）直至古坟时代前期（3 世纪后半期—4 世纪）的约 15000 年间只制作无釉陶（在日本被称为“土器”绳文陶器）。日本的无釉陶是通过露天烧（不用窑，而是覆以柴草烧成的方法）在 700℃至 900℃的温度下烧制而成的。

在 4 世纪末、5 世纪初期（古坟时代），从朝鲜半岛南部东渡到日本的陶工带来了烧制灰色硬陶的技术，使用原始的龙窑（日本称之为“窖窑”）在 1100℃左右的温度下烧制而成，于是日本终于正式开始了烧窑业。这种硬陶烧制技术起源于中国江南地区的印纹硬陶烧制技术，经由朝鲜半岛传到了日本。

这一时期的硬陶在日本被称为“须惠器”。须惠器的产地最初以大阪南部和九州北部为中心，在之后的大约100年间，其产地遍布于自日本东北地区到南部九州地区的大面积区域。早期的须惠器与朝鲜半岛南部的硬陶（在韩国称之为“硬质土器”）在品种和器形上极其类似。但自7世纪前后，须惠器中模仿自中国和朝鲜半岛进口的响铜（用辘轳车加工的、其器壁被切削甚薄的青铜器）器形的产品增多，这些日本独特的产品有异于朝鲜半岛的产品，从而成了主流。

在日本，陶瓷器的施釉始于7世纪末（飞鸟时代），从朝鲜半岛传入的低温烧成铅釉技术带动了日本绿釉陶的生产。到了8世纪奈良时代（710—794），在当时的都城——平城京（今奈良）周边，有模仿唐三彩烧制的三彩陶瓷，被称为奈良三彩。长崎县壹岐（壹岐岛）双六古坟出土的6世纪中后期的北朝白釉绿彩连珠纹碗（弓场纪知.壹岐双六古坟出土的白釉绿彩圆文碗——在那个年代和中国陶瓷史上的定位.《双六古坟》长崎县壹岐市教育委员会，2006）和奈良石上神社出土的绿釉连珠纹碗被认为是日本出土的中国陶瓷中年代最为古老的。其后，在日本各地的寺院和古墓中相继发掘出土了7世纪末期—8世纪前期的唐三彩。从日本施釉陶器在产生之初绿釉和三彩陶瓷就得以生产这一点来看，应该能够反映该阶段传入日本的中国陶瓷中多以铅釉陶器为主（也有青瓷的传入，传世品中有奈良法隆寺的隋末唐初的青瓷盘口双耳壶，由此可以得知在当时已有青瓷传入日本）。

奈良三彩采用了绿釉、褐釉、白釉（透明釉）三种颜色的釉料，其生产一直持续到8世纪末，到了9世纪（平安时代），褐釉已不见踪迹，绿釉陶器的生产成为主流。9世纪以后的绿釉陶瓷产地迁移到山口、京都及其周边、爱知县北部（包括岐阜东南部）三个地区，其中爱知县的猿投窑作为绿釉陶器的生产中心而不断发展。在猿投窑开始生产铅釉绿陶器的同时，还开始生产灰釉陶器——施有以植物灰烬为主要原料的灰釉，而后在1200℃左右高温下烧制而成。虽然该类产品在日本被称为“陶器”，但其烧成温度和施釉的情况与中国的原始青瓷相似，从与中国陶瓷的比较来看，猿投窑的灰釉陶器也可以被认为是日本瓷器的起源（学界普遍认为日本的瓷器起源于17世纪初在有田开始

图 7–1　青瓷玉璧底碗越窑，唐，9 世纪，故宫博物院藏

图 7–2　灰釉玉璧底碗，猿投窑，9 世纪，爱知县陶瓷美术馆藏

图 7–3　青瓷支执壶越窑，唐，9 世纪，故宫博物院藏

图 7–4　灰釉把手瓶，猿投窑，9 世纪，爱知县陶瓷美术馆藏

生产的白瓷和青花瓷）。

9、10 世纪猿投窑所生产的绿釉陶器的器形和品种被广泛认为是受到了越窑青瓷的影响。这一时期猿投窑生产了很多模仿越窑青瓷的玉璧底碗（图 7–1、图 7–2）、托、香炉、盒、查斗（唾壶）、划花纹碗、执壶（水注）（图 7–3、图 7–4）、有盖双耳壶、四足壶等产品。其生产的灰釉陶器中也有不少模仿越窑青瓷的玉璧底碗、执壶（水注）、四足壶等产品。

在 9、10 世纪，越窑青瓷、邢窑白瓷、长沙窑陶瓷、巩义窑白瓷、唐三彩和福建怀安窑的粗制青瓷等产品，在当时日本九州北部的博多（今福冈市）大宰府（当时掌管日本与中国及朝鲜外交与贸易的机构所在地）、京都（当时的都城平安京）以及各地的寺院和官府遗址中都有出土。这些出土的中国陶瓷中，数量最多的就是越窑青瓷，此时期对日本陶瓷影响最大的也是越窑青瓷。

猿投窑生产的仿越窑青瓷绿釉和灰釉陶器，是当时日本最上乘的陶瓷器，其上供至日本中央政府之后，再被作为官用品分配至全国各地的官府、寺院。

猿投窑的绿釉陶器生产于 11 世纪前后结束，而 12 世纪主要生

图 7–5　柿目纹青瓷碗，福建，12 世纪后期，爱知县陶瓷美术馆藏

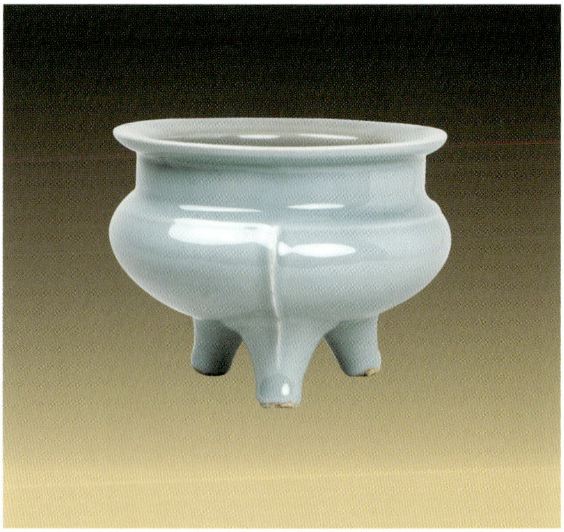

图 7–6　青瓷鬲式炉，龙泉窑，南宋，13 世纪，出光美术馆藏

图 7–7　灰釉三足香炉，濑户窑，14 世纪，爱知县陶瓷美术馆藏

图 7–8　青瓷尊式瓶龙泉窑，南宋，13 世纪，东京国立博物馆藏

产灰釉陶器，其中有不少模仿当时大量传入日本的福建白瓷碗和青瓷碗、碟等器形的产品。12 世纪后半期被运至日本的福建产柿目纹青瓷（图 7–5），由于为室町时代茶师村田珠光所珍藏，因此被称为“珠光青瓷”。龙泉窑青

图 7–9　灰釉尊形花瓶，濑户窑，15 世纪，爱知县陶瓷美术馆藏

图 7–10　青瓷有盖罐，龙泉窑，元，14 世纪，出光美术馆藏

图 7–11　灰釉酒会壶，濑户窑，14 世纪，大阪市立东洋陶瓷美术馆藏

瓷传入日本也在该时期，而且在当时作为对华贸易据点的九州博多和首都京都等地都出土了少量 11 世纪末—12 世纪初的龙泉窑青瓷。12 世纪末开始，龙泉窑青瓷碗、碟则被大量运送至日本。

镰仓时代到桃山时代

12 世纪末，继承了猿投窑灰釉技术的濑户窑在爱知县濑户地区开窑，之后历经镰仓时代（1192—1333）、室町时代（1336—1573）和安土桃山时代（1573—1603），逐渐繁荣并发展成为日本最上乘陶瓷的产地。

濑户窑仿造生产了龙泉窑青瓷、景德镇窑青白瓷、福建青瓷和白瓷、建盏（建窑的黑釉茶碗）以及江西赣州窑小壶（茶叶罐）等产品。虽然当时濑户窑已仿照龙泉窑青瓷的式样生产制作出了鬲式炉（袴腰香炉）（图 7–6、图 7–7）、尊形瓶（图 7–8、图 7–9）、酒会壶（盖罐）（图 7–10、图 7–11）、盘、鱼纹盆、花瓶（图 7–12、图 7–13）等器物，但凭借当时的灰釉陶（原始青瓷）技术尚无法做出完美的仿造品，因此当时濑户窑的工匠们在器形和纹样上独辟蹊径，从而造就了与龙泉窑青瓷有着相当迥异质感和风格的产品。

濑户窑的产品从镰仓时代到室町时代，作为日本产的最上乘陶瓷器，在当时被赋予仅次于中国陶瓷的地位。这一时期的濑户窑陶瓷，除了在镰仓时代的政治中心——镰仓大量出土以外，在日本全境的武士的大型房子遗址、古城遗址、寺院遗址等地相继被发现，从而可以判断出它受到了当时的武士和僧侣们的喜爱并在当时的日本全国流通。（图 7–14）

13、14 世纪，被大量运至日本的中国陶瓷（包括龙泉窑青瓷，景德镇窑青白瓷，福建青瓷、白瓷、黑釉瓷）以龙泉窑青瓷的数

图 7–12　青瓷环耳瓶，龙泉窑，南宋，13 世纪，出光美术馆藏

图 7–13　铁釉环耳花瓶，濑户窑，14 世纪，爱知县陶瓷美术馆藏

图 7–14　日本镰仓今小路西遗址出土龙泉青瓷，13 世纪后期，镰仓市教育委员会所藏

图 7–15　砧青瓷凤凰耳花瓶，龙泉窑，13 世纪，日本重要文化遗产大阪市立东洋陶瓷美术馆藏

量最多，特别是南宋后期龙泉窑所生产的高档粉青瓷在日本尤为珍贵，在室町时代后期到桃山时代深受茶师们喜爱。到了江户时代（1603—1868），这类高档龙泉青瓷被称为“砧青瓷”。（图 7–15）砧是用来把布变柔软的木质工具，其形状很像一类龙泉窑青瓷瓶，因而产生了“砧青瓷”的叫法。还有一种说法是，在茶道上大有成就的千利休所拥有的一件青瓷花瓶出现了裂纹，“裂纹”一词和砧木敲击时发出的响声在日语中的发音几乎是一致的，因

图 7–16　青釉刻花松竹梅纹盘，龙泉窑官器，那霸市渡地遗址出土，冲绳县埋藏文化遗产中心藏

而由这种谐音诞生了“砧青瓷”的叫法。在日本有大量南宋砧青瓷名品流传至今，被各寺院、官府、大名家以及茶师们的后人一直传用。而元代至明代初期所生产的龙泉窑青瓷，由被称作“天龙寺船”的日本贸易船运到日本，因此被称为“天龙寺青瓷”。在这个龙泉窑青瓷传入日本的全盛时期，濑户窑对龙泉窑青瓷的仿造也达到了顶峰。

14 世纪后半期—15 世纪，传入日本的中国陶瓷仍以龙泉窑青瓷为主，同时还有景德镇窑的白瓷、青花瓷以及福建的白瓷、黑釉瓷（天目瓷）等，但由于受到明朝海禁政策的影响，被带到日本的中国陶瓷总体数量较之前减少了。与明王朝结成册封关系的琉球王国（今冲绳），在该时期进口了数量庞大的龙泉窑青瓷、景德镇窑青白瓷和福建陶瓷，通过转运贸易再销往日本、东南亚、朝鲜半岛。通过考古发掘，在冲绳本岛的今归仁古城、首里城和渡地村遗址（那霸港口遗址）出土了少量的明代龙泉窑官器，这些官器应该是明朝皇帝赐给琉球王的赏赐品。（图 7–16）

这一时期，虽然濑户窑仍在

图 7–17　灰釉碟，濑户窑，15 世纪，爱知县陶瓷美术馆藏

继续仿造以龙泉窑青瓷为代表的中国陶瓷，但多用朴素的印花纹和铁釉（黑釉、褐釉）等做装饰，同时增强其独特的色彩感，产品风貌与中国的青瓷、白瓷在质感上的差距也越来越大。

时至战国时代（1493—1573），濑户窑和濑户附近的美浓窑继续仿造以碗、碟等小型器物为主的中国青瓷，而且以施微黄色厚重灰釉的产品居多。（图 7–17）

到了 16 世纪，进入日本的中国陶瓷变为以景德镇青花瓷为主流，青瓷则以 16 世纪初期为分界点数量锐减。日本进口的青瓷中也几乎不再是龙泉窑青瓷，而是以景德镇窑青瓷占据主体地位。16 世纪末—17 世纪前半叶，被带到日本的青瓷被称为“七官青瓷”

（图 7–18），其中一部分被认为是与“古染付”（青花）等一起由日本向中国订购的。虽然“七官青瓷”以往多被视为龙泉窑青瓷，但笔者认为，实际上很可能多数都是在景德镇窑生产的仿龙泉窑青瓷。

图 7–18　七官青瓷鱼耳花瓶，16—17 世纪，爱知县美术馆 / 木村定三藏

江户时代

进入 17 世纪，被运送到日本的中国陶瓷大多为景德镇窑青花瓷器以及福建漳州窑的青花瓷器和五彩瓷器，青瓷仅能看到前述被称为七官青瓷的景德镇窑仿龙泉窑青瓷和漳州窑青瓷。

图 7–19　青瓷琮形瓶，龙泉窑，13 世纪，山口县美术馆，浦山纪念馆藏

图 7–20　褐釉琮形花瓶，17 世纪，爱知县陶瓷美术馆藏

图 7-21　青瓷刻花叶纹盘，有田，17 世纪，爱知县陶瓷美术馆藏

图 7-22　青瓷刻花叶纹盘，有田，17 世纪，爱知县陶瓷美术馆藏

图 7-23　青瓷盘，锅岛藩窑，18 世纪，爱知县陶瓷美术馆藏

江户时代早期，濑户窑和美浓窑还生产仿龙泉青瓷的陶瓷器（图 7-19、图 7-20）。17 世纪初，随着来自朝鲜半岛的陶瓷烧造技术的传播，日本真正开始烧造瓷器的历史，在九州有田窑及其邻近的波佐见窑中，模仿烧造明代龙泉窑青瓷盘及碗逐渐得以实现。有田窑和波佐见窑的主要产品是仿景德镇窑的青花瓷器，但在 17 世纪也有不少青瓷产品（图 7-21、图 7-22）。佐贺县的锅岛藩开创了被称为日本官窑的锅岛藩窑，在生产上等青花瓷器和五彩瓷器的同时，还生产出了优质青瓷（锅岛青瓷）（图 7-23），且备受喜爱。

江户时代中期到后期，诞生于九州的日本瓷器技术传播到以京都、濑户为代表的日本各地，并在生产青花和五彩瓷的同时，逐渐开始生产青瓷。

在京都，青木木米（1767—1833）和钦古堂龟祐（1765—1837）以青瓷名家而闻名，特别是钦古堂龟祐，他除了向在兵库地区进行高档青瓷生产的三田窑传授青瓷技术外，还向兵库地区的王地山窑及和歌山地区的男山窑等日本西部地区推广青瓷生产

图 7–24 青瓷鸭形盒，三田窑，钦古堂龟祐，19 世纪，爱知县陶瓷美术馆藏

技术。（图 7–24、图 7–25）从江户时代中期到后期，以京都为中心的关西地区所生产的青瓷以模仿明代龙泉窑青瓷釉色的产品居多，即主要生产“梅子青”釉青瓷。

结论

日本正式的青瓷生产始于 17 世纪，在此之前的 9—16 世纪末，通过铅釉陶和灰釉技术模仿来自中国的越窑青瓷、龙泉窑青瓷、福建产青瓷的器形和纹样。由于当时日本仿造高档中国青瓷的技术并不成熟，因此其质感与中国陶瓷有着很大的差异，但是通过独特的器形设计与纹饰运用，其风格与作为标榜的中国陶瓷相比极为迥异，从而开创了日本仿造青瓷的新境界。

17 世纪以后，日本首先在九州的有田窑和波佐见窑开始生产青瓷，到了 18、19 世纪，以京都为中心的关西地区开始生产出上乘的青瓷，由此也可清晰地看出明代的龙泉窑青瓷对江户时代日本青瓷的影响。

明治维新（1868）以后，原

图 7–25　青瓷重盒，三田窑，19 世纪，爱知县陶瓷美术馆藏

来贵族、高级武士、寺庙和豪商等秘藏的宋代高档龙泉青瓷开始流传出来，一般人民也可在博物馆和古董市场里看到传世宋代龙泉青瓷。由此在明治时代（1868—1912）和大正时代（1912—1925）宋代龙泉青瓷又开始影响日本瓷器。当时的许多著名陶艺家，如诹访素山（1851—1922）和板谷波山（1872—1963）等，开始模仿宋代龙泉青瓷。

（**胡一超　译**）

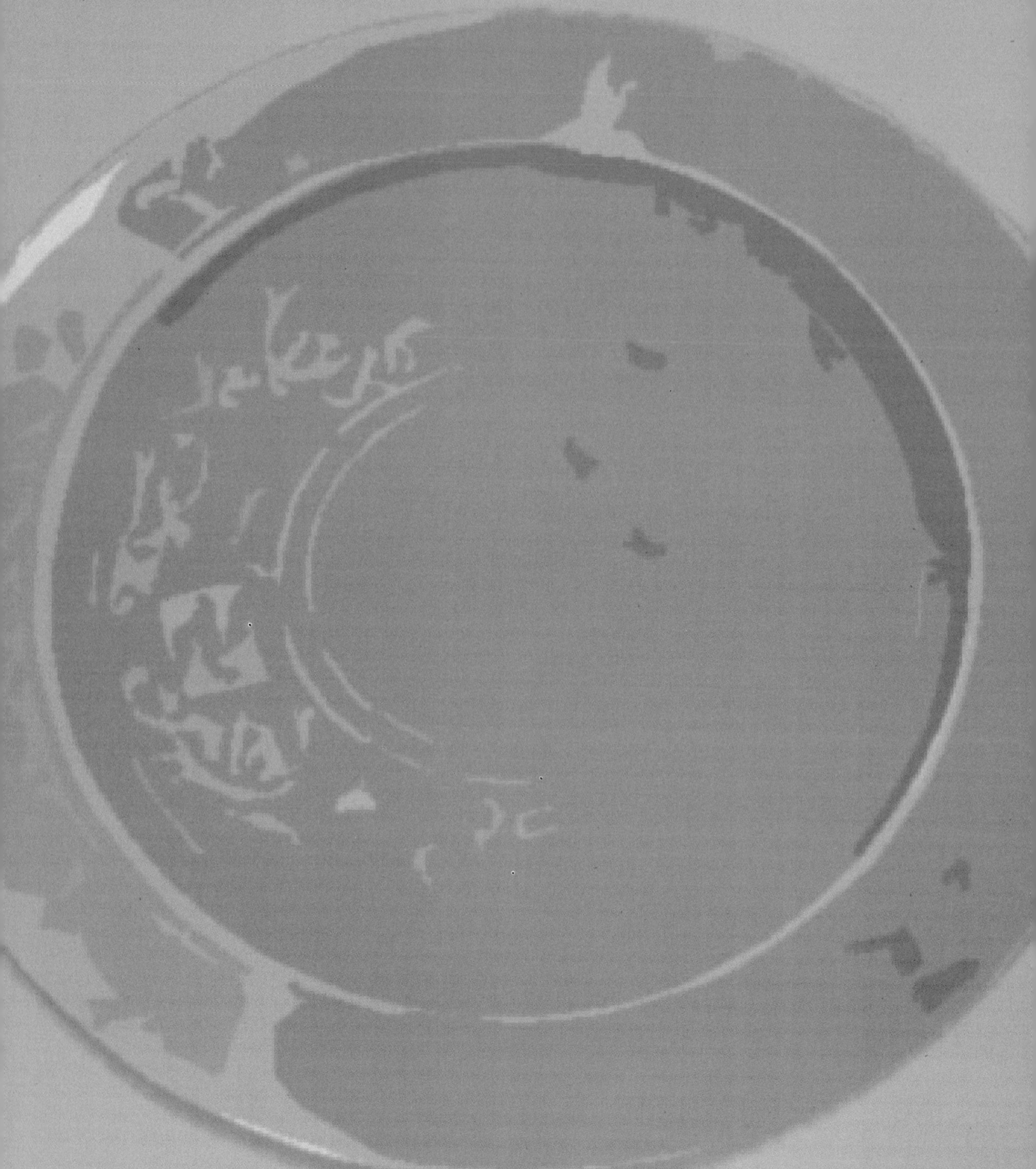

8. 从铜镜看中国与周边游牧民族的交流

阿依特古·哈米特

（哈萨克斯坦共和国中央国家博物馆考古中心主任）

提要

本文基于哈萨克斯坦中央国家博物馆中的藏品和资料，深入探究丝绸之路沿线欧亚大草原游牧民族间的文化、经济与政治关系，特别是从馆藏的众多铜镜装饰品中，可以窥见当年“丝绸之路”上的繁盛景象。虽然它们只是文明交流互鉴的一个小小例证，但完全可以看出，地处亚欧大陆中心、多个文明的交汇地，又吸收、借鉴了多种文化和世界观，哈萨克斯坦理所当然地成为一座促进丝绸之路沿线各国间友谊与合作的桥梁。

丝绸之路是一个贯穿古代和中世纪贸易的路线体系，它将东西方国家连接了起来。关于丝绸之路的研究多集中于探究其起源、功能及不同时期所运输的商品的特点，并强调了各区域中心在贸易往来中的重要性。实际上，丝绸之路是一种特殊的东西方交流形式，当然，它也是历史发展的必然产物，更是世界文明中各种成果的交流之路，在古欧亚大陆人民的生活中发挥重要的融合作用。这条路线始于大西洋沿岸，跨越亚、欧两大洲，直通太平洋沿岸，是东西方文明的桥梁。

伟大的丝绸之路穿越了今天哈萨克斯坦的领土。中国、日本、韩国等商人，通过塔拉兹、讹答剌、白水城和托希尔等主要贸易中心城市，络绎不绝地前往伊朗、塞柱尔等中亚国家和地区。基于哈萨克斯坦中央国家博物馆中的藏品和资料，深入探究丝绸之路沿线欧亚大草原游牧民族间的文化、经济与政治关系，是一件很有意义的事。

古丝绸之路对文明发展具有重要作用

丝绸之路这一历史交通网络的鼎盛期大约始于公元前2世纪末。当时，中国使节前往中亚大陆，直到14世纪蒙古人穿越亚欧大草原，建立北道。沿线商人出售各类商品：马匹、宝石制品、玻璃、象牙、棉花、羊毛、亚麻、香料、熏香、茶叶。然而，到了19世纪这一路线才被称为“丝绸之路”。

值得注意的是，早在古代丝绸之路形成前，中亚和东方国家就有了用于战争的通道。大规模军队和小型部队沿着这些路线袭击附近的聚居地，爆发了一场场血腥的战争；而在和平时期，这些道路则成了人们政治、商业和文化生活的纽带，正是这种纽带作用一直被各族人民所重视。最古老的路线之一——“青金之路”形成于公元前4000—前2000年。它起于帕米尔高原，途经伊朗，直到西亚和埃及。帕米尔高原阿姆河上游地区（巴达赫尚）开采出的青金石（lapis lazuli），被古代苏美尔（德沃夏耶）和埃及等地的东方珠宝商人高度重视。我们在发掘的坟墓内发现了来自巴达赫尚周边地区的物品。另一条古老的路线是阿契美尼德人的“御道”，形成于公元前6—前4世纪，将以弗所和撒狄这些地中海沿岸鲜为人知的城市与伊朗和苏萨联系在一起。这条路线从伊朗出发，经过巴克特里亚、粟特、塔什干地区和哈萨克斯坦，最后到达阿尔泰。

到公元前2000年，中国的养蚕业已经发展得非常成熟，并最终形成了世界性的垄断。中国家庭的成员，尤其是妇女，熟练地照料桑树，用嫩桑叶喂蚕，严守着生产丝绸的技艺。这也许就是为什么希腊人和罗马人无从得知丝绸的制造方法。罗马博物学家老普林尼在70年前后甚至写道，制作丝绸的生丝是从树叶上长出来的。罗马帝国花费了大量的真金白银购买丝绸，普林尼估计这些花费高达每年1亿塞斯特，十分惊人。公元前1世纪，丝绸是如此昂贵和稀有，即使是富有的罗马人也只买得起一小块，然后把它缝在亚麻或羊毛的衣服上作为珍贵的胸饰。

中国出售的丝绸数量从1世纪开始增长，当时除了陆路，中国和西方之间的海上航线也开通了。令人惊讶的是，即便如此，中国依然保持着对丝绸的垄断，西方国家直到6世纪才发现丝绸生产的秘密。

自公元前500年后的2000年里，欧亚大陆上形成了中国、印度、西亚和欧洲四大文明中心。这2000多年来，丝绸之路一直是亚欧之间知识和物质交流的主要渠道。它沟通融合了各地区和各民族的物质与精神文化，极大地促进了民族和国家的统一。可以说，丝绸之路对人类文明的发展起到了决定性的作用。

在时代之交，人们已经通过中东和近东商人的贸易实践，获得了在西方古代文明的杰出代表与中亚、东南亚的各民族之间进行文化和经济合作的大量经验。

然而探究丝绸之路的起源应当将中国和远东地区整个交通网络的形成考虑进来。

这一交通网络的形成相当漫长，起源于古代中国与蒙古和周边广袤的游牧地区的联系，包括各游牧民族（月氏、乌孙，以及后来征服它们的匈奴）之间的交流。汉初（前 202），东亚和中亚地区实际上只有一个单一的交通网络。这个网络以中国北部为起点，通往阿穆尔河、贝加尔湖、米诺辛斯克盆地、阿尔泰、天山、帕米尔和西藏，覆盖了广阔的区域。到公元前 2 世纪，因中华帝国跨越费尔干纳和塔拉斯山谷，与中亚各国建立直接的政治、贸易和文化交流，它才终于与被山脉阻隔的中亚东西部交通网络实现“对接”。

到 1 世纪，欧亚大陆文明之间建立了系统的贸易关系，形成了一种多极的宏观共同体，基础交通道路不断开辟。后来这些道路虽常因军事扩张而受破坏，但一直保持着活力。它们不仅促进了经济发展，还改变了参与跨大陆贸易的民族的意识形态，极大地影响了游牧部落的生活方式。贸易带来的额外收入使得农耕社会和畜牧社会之间的往来达到了新的高度。欧亚大草原上的游牧民族是贸易和交换活动的积极参与者，几个世纪以来他们一直都需要农产品。他们占据着欧亚大陆的中心地带，与从中国到中欧的各大文明中心都建立了往来。

1—2 世纪，历史上首次出现了宏观的政治体系，它包含了整个旧大陆的文明地带。罗马帝国、安息帝国、贵霜帝国（包括中亚大部分地区、阿富汗和印度）和中国四大帝国逐步形成，彼此间进行着复杂的政治、经济和文化交流，影响了跨大陆交通的发展。罗马与帕提亚帝国的战争阻断了地中海国家与远东和中亚之间的直接联系，迫使人们重新开辟不受伊朗控制的路线。从哈萨克斯坦共和国中央国家博物馆中的文物中足以看出丝绸之路在人类社会生活方方面面起到的作用。

哈萨克斯坦共和国中央国家文化博物馆馆藏中最丰富的是装饰品和实用工艺品，这些藏品代表了 6—13 世纪中亚地区各文化艺术间的相互作用，反映了当地人民的世界观、神话、史诗和宗教信仰。在众多金属浮雕藏品中有一组铜镜，展现了中亚地区用以象征权力的符号。金属浮雕（Torevtika）是中亚游牧民族权力

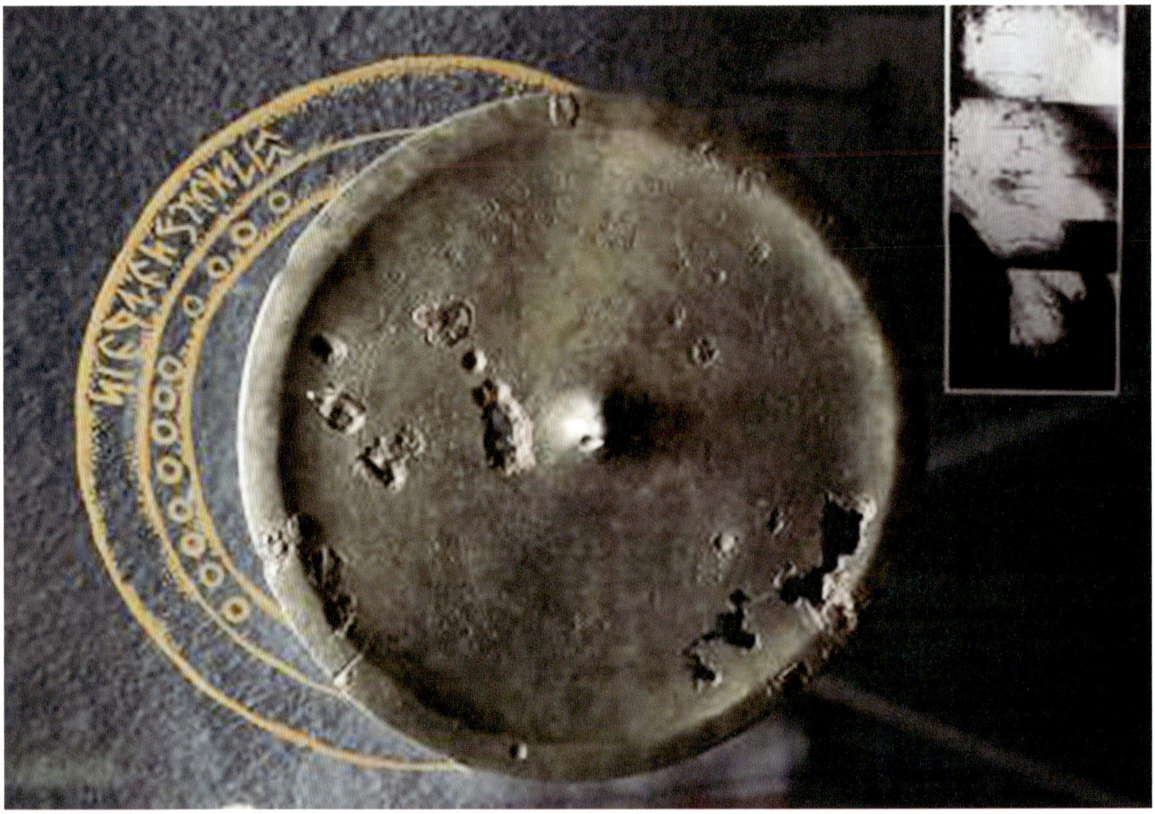

图 8–1　这面铜镜呈圆盘形，镜面平整光滑，镜背中心有一圆纽，圆纽上有孔可以穿绳

与精神生活的一种象征，其中一个特殊的类别是金属镜。（图 8–1）

在出版物中提到的金属浮雕（源自希腊语“toreuo-cut”，意为铸造物）包括带有压花和雕刻图案的金属装饰艺术品（包括盘子、匾额、珠宝等）。这个术语也指艺术铸造和锻造。一些学者认为，金属浮雕的概念使用很广泛，有许多特点，除基本含义外，金属浮雕还指一种特殊的装饰与应用艺术，包括雕刻、镶嵌、掐丝、造粒以及其他与金、银和铜加工有关的技术工艺，具有装饰和应用价值。

考古材料使我们能够专注于欧亚与中国各民族间的文化交流过程中最重要的阶段。在分析文物时，我们可能会发现相似的文物，它们可能与历史上已知的民族的某种文化表现相关联。

中亚的工匠们成功地将中国的工艺特征和装饰图案移植到贵族或统治精英的服装（特别是丝绸）、银盘、碗、水壶等物品的制作中，体现了中国对西方文化的影响。B. 吉伦斯沃德对中国银器装饰及其在 8—9 世纪的发展史进行了深入研究。B.I. 马沙克吸取他的研究成果以及中亚和南西伯利亚古迹的考古发现，收集了关于西方金属浮雕借鉴中国艺术的重要证据。

在中亚、南西伯利亚、蒙古和中国的古遗址发现了大量通过丝绸之路自中国进口的物品，证实了中国对西方和北方联盟国家及独立国家的历史影响。国内外科研成果使我们能够找出中亚历史上与中华文明相互作用的层面。

从铜镜装饰看文明交流互鉴

古代和中世纪的镜子标志着不同的历史时期和民族文化，展示了传统和原始合金生产工艺的特点。镜子上的图案也是重要的研究材料。镜子被反复仿制的过程，促进了装饰图案及寓意的同化和发展，丰富了当地艺术。

在哈萨克斯坦境内发现的铜镜表明，中亚地区与中国保持着相当密切的贸易和外交联系。长期的贸易往来关系需要用各种证物来保障。其中一种就是通过同一面镜子的碎片缔结的契约：通过将碎片拼成一面完整镜子的形式保证契约的真实性。这种合同显然有口头和书面的条约支持，但拥有的某面镜子的碎片代表着参与某项交易的资格。在哈萨克斯坦各地都发现过大量的镜子，有整面的，也有碎片。这些镜子是进口的，或根据进口的样品在当地作坊生产的。

镜子自古以来就是欧亚游牧民族生活中必不可少的物品之一。他们在腰带上佩戴用特殊皮革或布套包裹的镜子。这些镜子是使用不同的方法，以青铜、金银或一种特殊的轻合金（加上锡）铸造的。镜子的形状通常是圆形，但也有边缘不规则的。镜子本身经过抛光，有时表面覆盖化合物，以增加光泽和提高反射率。最有趣的是镜子的背面，上面有各种各样的装饰。

在对哈萨克斯坦共和国中央国家博物馆铜镜藏品的研究中发现，镜子是特别有趣的，它们可以勾画出哈萨克斯坦中世纪人们的对外关系。馆藏的铜镜有几个类型：中央连接了一个圆环的盘形镜和带柄铜镜。镜背也有不同的装饰：动物图案、铭文或阿拉伯图形和植物。在收藏品中，有 7 面具有动物形态装饰的镜子。其中一面是在东哈萨克斯坦偶然发现的圆形镜（图 8–2），镜缘有凸起的细沿，在分别以斜纹和断线组成的两个同心纹带之间，有两条游动的鱼，头尾相接。鱼鳃和鳞片用浮雕的线条表现。青铜制造，采用铸造和冲压工艺。尺寸：直径 9 厘米，厚度 0.2 厘米。年代为 8—9 世纪。在哈萨克斯坦西部的希德

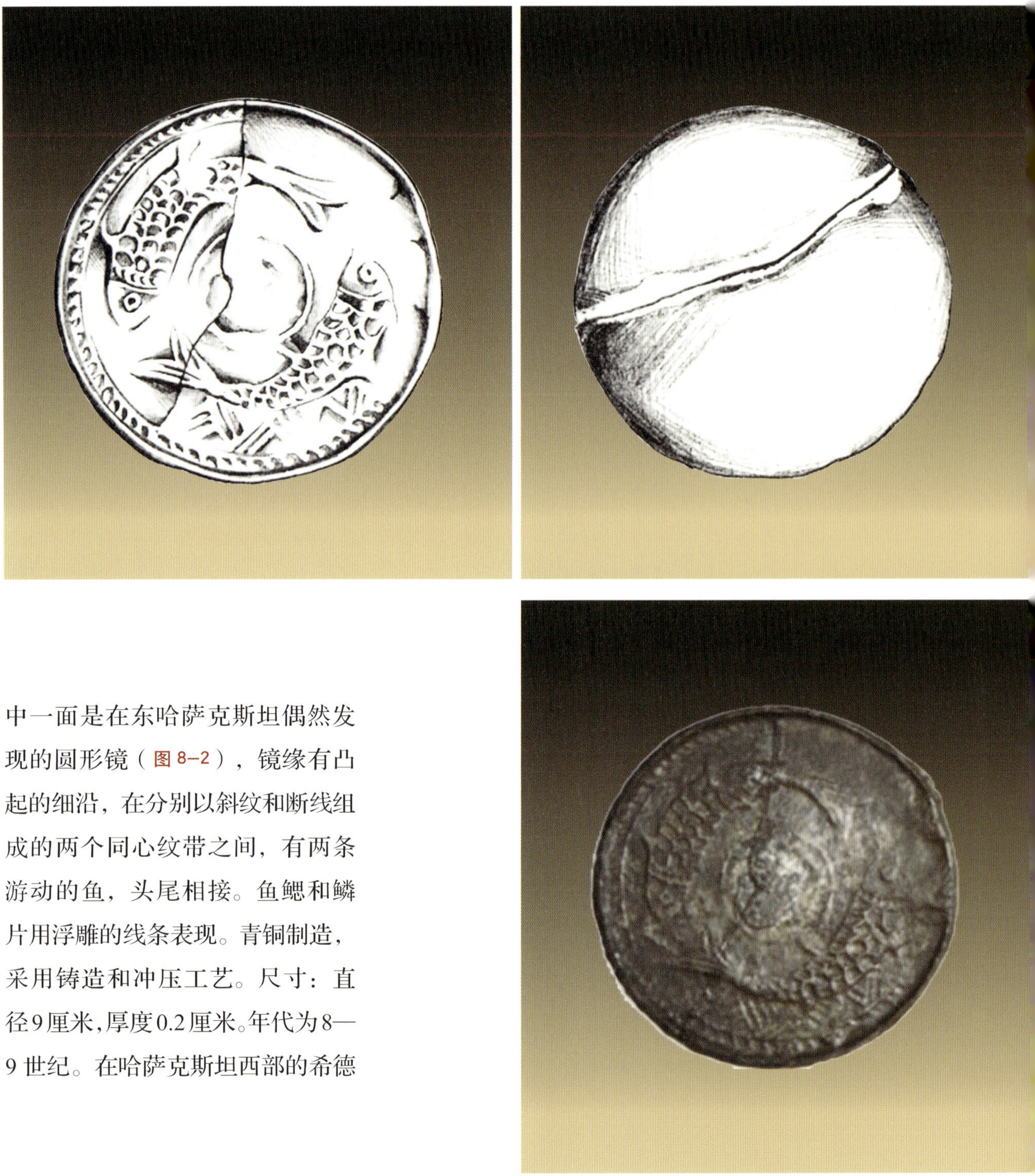

图 8–2　在东哈萨克斯坦发现的圆形镜

图 8–3　在哈萨克斯坦西部的希德（Shed）发现的镜子碎片，呈圆盘状，镜缘有一条三角形齿纹外缘

（Shed）发现的镜子碎片（图 8–3），呈圆盘状，镜缘有一条三角形齿纹外缘。镜子的纹饰分为几个区域：边沿以斜纹装饰，第二个区域采用花卉纹，第三个区域为鱼形浮雕，最中心有一个圆圈。青铜制造，采用铸造工艺。尺寸：直径 8.2 厘米，厚度 0.4 厘米。年代为 13—14 世纪。

鱼的形象是镜子上最常见的动物形象。它象征着永恒的运动和无尽的后代，在中世纪的东方广泛流传。这一形象出现在 13 世纪的保加利亚硬币和 14 世纪的希德硬币上，以及在伊朗和印度的艺术作品中。在乌拉尔南部地区的墓葬中也发现了类似的图案。这类饰有鱼形的器物也出现在 14 世纪的奥特拉尔哈卡斯 – 米努辛斯克盆地。

具有鱼形象的镜子有相当多的构图方式。也许这一形象的寓意已经为这类镜子的制造商和消费者所熟知，比如在游牧民族的遗迹中发现了中国镜子的复制品，上面逼真地描绘了溪流中的鱼。不过在游牧民族的文物中，饰有带鱼的图案一般是采用当地的原始工艺制作的。中国镜子上两条鱼的形象（鲤鱼）出现在汉代（206—220），象征着在学习上更上一层楼的希望 。鱼被描绘成阴阳的象征，它们仿佛在互相追赶——一条鱼的头连着另一条鱼的尾巴。后来，这样的形象在中国北部（10—12 世纪）广为流传，并开始象征着无数的后代。高加索地区的一些民族（部分格鲁吉亚人、亚美尼亚人）过去对鱼持尊重态度。他们流传着鱼妈妈的传说，鱼妈妈会说人类的语言。人们认为，鲑鱼的肉可以被用作药物治病。伊朗人认为鱼是一种有利于人类的单纯生物，中国人和印度人则认为鱼是长寿、多子多福和智慧的象征。双鱼座来自影响基督教形成的亚洲宗教，反映了后世人们对鱼的崇敬。

在阿克铁列克 7 号坟堆中发现的一面镜子上（阿拉木图地区，考古发掘者阿特库尔·H.A.，图 8–4），通过艺术性的诠释和独立元素的表现力，逼真地呈现了鲤鱼图案。镜子呈圆盘状，有一个扁平柄，镜缘有高起的边沿，镜上饰有两条长有翅膀的鱼龙。一条在水上飞，另一条在云中。由青铜制成，采用铸造和深浮雕工艺。

图 8–4　7 号坟堆中的铜镜，逼真地呈现了鲤鱼图案

关于一种被称为“泰”的神圣之鱼（鲤鱼）的象征意义，研究员皮特涅夫格（Petenevgg）给出了几个版本。第一个版本来自鲤鱼在自然环境中的行为特点。鲤鱼是一种非常顽强的鱼，在觅食和繁衍过程中，它可以克服遥远的距离和巨大的阻碍。最广为流传的神话“鲤鱼跃龙门”很恰当地诠释了鲤鱼的这些突出特征，在这个神话中，鲤鱼坚持不懈地逆流而上，克服了黄河

的湍流和瀑布的阻力，到达了“龙门”。它强大的毅力和坚定的决心，促使它跃过龙门，化成龙升上了天空。在重生的过程中，这条鲤鱼变成了龙头鱼身（这就是阿克铁列克墓葬中出土的镜子上的图像）。因此，鲤鱼既象征着为实现目标坚持不懈、不屈不挠、克服万难，又象征着成功、战胜环境、坚忍和军功。在中国人的观念中，人的一生需要历经许多里程碑或被称作“关”的关键点。然而一条普通的鱼变成一种强大而令人敬畏的动物的神话故事最贴近人们渴望获得更高社会地位，从而实现特定目标甚至野心的心理。在中国，严格的官员等级制度最初分为九级，隋朝到清朝末期之间出现了科举考试制度，为普通人进入中国官僚系统提供了可能。

镜子上的纹饰不仅仅有鱼和波浪的图像。在古代中国人看来，生命的起源是天和地这两种对立力量的统一。雨是天地结合的具体表现。波浪、云彩和螺旋是雷电的象征，漂浮在海浪里或云层和火焰中的龙，是雨神的象征。作为一种自然现象的云，瞬息万变，象征某种预兆。云纹在汉代非常流行，并成为最重要的装饰图案。在唐朝，有一种浮云的图案广为流传，它来自一个带有螭龙和鸟类图像的古老装饰品。还有一种“云和花”的图案，突出表现为呈云状的花草（叶）纹饰，这种图案的寓意取自“云”和“运”的谐音，因此，云已成为幸福和好运的象征。后来又有了更复杂多样的云纹——“流云”“盘云”“团云”等，反映了自然界中云的丰富多样性。水纹在中国艺术中也很受欢迎。水是生命之源，水纹寓意着神圣和纯洁。根据其状态，水纹也有不同类型。水可能会飞溅、泛滥、平静，或奔流不息，因此水纹也会发生各种变化，并具有各种含义 。

收藏品中还有一面刻着小鸟图像的铜镜。该铜镜见于托所赛（Toshusai）定居地（Totusi 村西部，阿拉木图地区，图 8–5），是 1996 年哈萨克斯坦—美国考古探险工

图 8–5　铜镜

作的成果，可追溯到13—15世纪（拉迪奥时期，1275—1410）。由青铜制成，采用铸造工艺。尺寸：直径1.3厘米，高0.7厘米，孔径0.3厘米。镜面经过抛光，平整光滑，中心略微凸起。镜背有一个顶部平整的半球形小手柄，和七条不同花纹的同心圆环饰带。在手柄的一端有两个浅槽。手柄的底座是一个中心凸起的圆形，表面平滑，直径为2厘米，第二个圆环内有八束涡旋纹，与中心的圆共同组成类似发光的太阳的图案。第三个圆环是一个平滑的高浮雕圆环。第四个圆环是一个用向左侧倾斜的平行浮雕线填充的凹槽。第五个圆环是这面镜子最主要的纹饰。对角上有四个汉字铭文“家常富贵”。铭文考古学家S.松加泰（S.Sungatay）和卢博–列斯尼琴科（E.Lubo-lesnichenko）将其解读为“让这个家庭永远富有高贵”。

根据美国汉学家V.迈尔（V.Mayer）的看法，这些象形文字应译为“让你的家人永远优秀而健康”。在象形文字之间绘有成对的小鸟，相邻的鸟朝向相反，即头部均朝向象形文字。每只鸟的图像都是相同的：它们头上有“V”形毛，尾部是向上的封闭圆环。喙、眼睛、带羽毛的翅膀以及中间的两条短腿都非常明显——在平整的圆形底面上以浮雕单线表现，与镜柄的微雕相似。第六个圆环的纹饰与第四个类似。第七个圆环是平滑的外框，宽度为1厘米，高度为0.3～0.4厘米。

类似的镜子广泛分布在西伯利亚南部（米努辛斯克盆地），目前已发现有9面此类镜子。中世纪的绘有对立的鸟和象形文字的铜镜是西汉（前2—1世纪）铜镜早期制品。这种仿制的技术在晚唐时期（9世纪）在中国得到了发展，并一直持续到10—15世纪。托西切（Tossiche）镜子指用米努辛斯克（Minusinsk）铸造工艺制作的镜子，可追溯到13—15世纪。

莫斯科国家历史博物馆以及芬兰国家博物馆也有类似的铜镜。

描绘动物狩猎场景，即所谓的“野兽争鸣”铜镜，在历史上占有特殊地位。本区展品包括三件复制品：一面完整的铜镜和两块铜镜残片。铜镜（ЦМК КП26974/2，图8–6）发现于讹答剌（哈萨克斯坦南部）。该铜镜为圆盘形，边缘一圈高于其他部分。正面外圈中绘有“野兽争鸣”图样，内圈有花卉纹饰。年代：11—13世纪，圆面直径：13.4厘米。

图 8–6　铜镜

铜镜（残片）发现于哈萨克斯坦西部的希德地区。镜子的边缘高于内部，可见奔跑中的动物图饰，但难以辨认。年代：13—14世纪，由青铜制造，采用铸件工艺。尺寸：直径约 12 厘米。

动物纹是许多伊朗、外高加索和中亚地区金属艺术品的典型纹饰，“野兽争鸣”的图案周边刻有阿拉伯语吉祥语，寓意“力量”“繁荣”“财富”“和平”“幸福”“祝福”。在古塔尔加尔遗址中也发现了同样的铜镜（图 8–7）。

“野兽争鸣”图案在 11—13 世纪初孔雀王朝时期的金属浮雕工艺品中尤为常见。图案中常见狗、兔、猎豹、狐狸，极少数带有母鹿。到 12 世纪，中东地区实用艺术的盛行，激发了人们对于装饰的欲望和对装饰图案的粗略解读，这慢慢取代了装饰图样在视觉或语义方面的寓意。这种趋势尤其体现在金属浮雕作品中。在古代中东及周边地区，“野兽争鸣”图样以及其他狩猎场景，尤其是捕食者狩猎鸟类或者食草动物的场景，通常与各种宇宙观相关联，并体现为带有动物奔走图样的雕带，其中的动物首尾相接，形成循环。在中世纪，这种图案描绘了精美的异域场景，用一种形象的装饰手法予以呈现。装饰中运用了更多的植物装饰图案和蕴含独特意义的动物图案，同时又与其他图案完美地融为一体。用民间故事重新诠释普通工艺品中的装饰，是中世纪民间艺术的典型特征之一。古代装饰图案的演变体现在其构成元素的变化。早期的图案，都是以大型食肉动物（狮子、老虎）以及大型食草动物（野

图 8–7　古塔尔加尔遗址中发现的铜镜，图案周边刻有阿拉伯语吉祥语

图 8–8　铜镜

牛、鹿）为主，但现在则主要是驯养的小型肉食动物、家犬、野兔、小鹿、狐狸等。

这面铜镜（图 8–8）有意思的地方在于它是无意间被发现的，具体的出土地点无从得知。尺寸：直径 15.6 厘米。圆盘形，镜背中心有凸起的大圆纽，装饰区域被一个双线圈分为内外两个部分。中心圆纽周围有 8 个汉字，汉字之间有 8 个球形小凸起。外圈中对称分布形似拉丁字母“TLV”的图案。此外，装饰区域中还有一些被螺旋纹环绕的神秘动物图案（如青龙、白虎、玉兔、玄武、狮鹫、犀牛和其他怪物），以及一些形似象形文字的四边形图案。这种四边形图案也可能是铜镜制作工匠的印章。铜镜边缘的纹饰和铭文已磨损，但此类铜镜的刻文通常相当统一，寓意也相同；底座也大体相同，细节部分稍有不同。根据铜镜尺寸，标识可能是全拼或者简写。镜身是一种特殊的形状，经过硬化处理和正面抛光处理。此类铜镜在中国古代西汉时期（前 2—前 1 世纪）曾被广泛使用，并在 1—2 世纪或者中世纪时传入中国新疆。

铜镜上铭文出现于汉朝早期，

到西汉末期广为流传。这些文字显示了铜镜的神奇属性，即帮助所有者祛除邪魔鬼怪。古代中国汉朝时期，人们普遍相信这一点。研究员 S. 卡曼（S. Kamann）证实，形似拉丁字母“T、L、V”的图案与古代中国的宇宙观有关，这些图案象征全世界的国家、四方边界和地之尽头。此类铜镜在中国文学作品中被称为“规矩镜”。

“V”形纹路，为“规”，即圆规。“L”形纹路，为角尺，即画图工具，可以用来画象征天地的几何图形：圆形和方形。“T”形纹路，象征高山，山是大地的一部分。四个半圆形凸起和一个中心圆纽，象征五大方位（东、西、南、北、中）。每个方位都与一年中特定的时节和某种神圣的动物有关。中国神话中的动物都寓意吉祥、幸福。

例如，麒麟象征和平、祥瑞，通常预示着圣贤的降生；虎，是山中统治者，一般被当作守护神，几乎所有的法师形象都骑着虎，虎的额头上通常画着“王”字；龟象征着长寿、力量和耐性；玉兔代表着希望铜镜主人能长命百岁。

克拉斯诺亚尔文学博物馆、莫斯科国立大学历史系的人种学博物馆中都有类似的铜镜藏品。米努辛斯克盆地中也曾出土这类铜镜，伦敦大英博物馆馆藏品中有类似展品。

奥伦堡档案研究的考古发掘中，在阿克秋宾斯克地区（哈萨克斯坦西部）伊列克河山谷中发现了刻有北欧字的铜镜（Castanet，1908）。（图 8–9）1930 年，哈萨克斯坦中央国家博物馆收录了奥伦堡博物馆的藏品。这面铜镜呈圆盘形，镜面平整光滑，镜背中心有一圆纽，圆纽上有孔可以穿绳。镜背装饰有三个同心圆环；第一个圆环为点状装饰；第二个

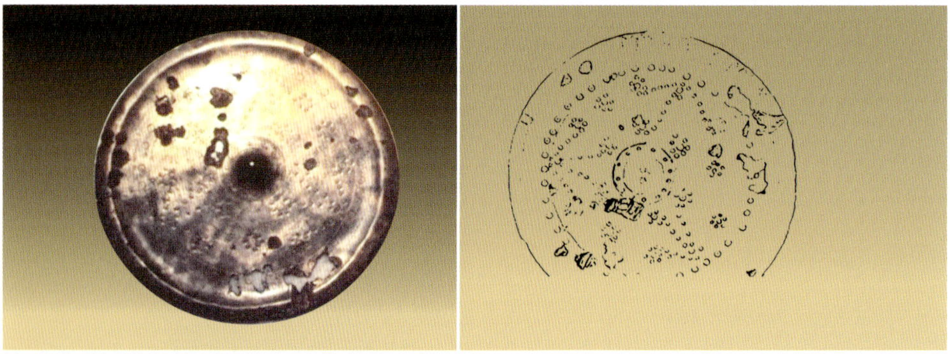

图 8–9　刻有北欧字的铜镜

图 8-10　萨莱赤卡遗址铜镜

图 8-11　古塔尔加尔遗址

图 8-12　铜镜

圆环为点状玫瑰花装饰，花朵为6～7瓣，三组射线各延伸出四朵朝向中心的花。最中间的圆环同样为点状装饰。铜镜边缘刻有7个如尼文字。年代：8—9世纪，由青铜制造，采用铸件工艺。尺寸：直径17厘米，厚1.7厘米。刻有古突厥语文字，突厥语专家A.S.阿马扬佐洛夫（A.S.Amanzholov）将内容翻译为“Taštegrekteg（e）jeg ese——像石圈一样安全无恙”。

这面带有花卉纹饰和阿拉伯图形的铜镜（图 8–10），被发现于萨莱赤卡遗址（哈萨克斯坦西部）。年代：13—14世纪，由青铜制造，采用铸件工艺。尺寸：直径9厘米。

古塔尔加尔遗址（哈萨克斯坦东南部）中也发现了类似的铜镜。半圆铜镜碎片，直径11.1厘米。（图 8–11）背面平整，装饰有带叶藤蔓状花卉图案。此装饰图案不仅在伊朗发现的文物上出现，也出现在七河流域的瓷器上，尤其常见于库兰遗址（8—9世纪）的雕刻品中。

哈萨克斯坦中央国家博物馆展品中有三件饰有花卉图案的铜镜复制品。铜镜（图 8–12），呈圆形，镜面中心有凸起圆纽，周围有八片艺术化的花瓣。装饰区域有螺旋纹、艺术化花瓣及牡丹花纹饰。铜镜边

图 8–13　铜镜

缘有拱形图案，高于其他部分。尺寸：直径 11.8 厘米。此铜镜为辽代（907—1125）广泛使用的铜镜的复刻品，属于晋朝（1115—1234）时期文物。此类铜镜在元朝（1206—1368）蒙古族统治时期，由中国北部引入各地。尽管 13—14 世纪中国的铜镜产量下降，但此类铜镜的仿制品在中国、中亚、西伯利亚等地依然使用广泛；展现了金帐汗国时期的蒙古居民与中原地区居民的文化传统和知识。此铜镜的发现地点、来源尚不明确，但参照与其类似的铜镜，它应该也是在哈萨克斯坦东部地区或者河谷中被发现的。

此铜镜残片（图 8–13）发现于哈萨克斯坦西部的萨莱赤卡遗址（Saraychik），由青铜制造，采用铸件工艺。年代：13—14 世纪。尺寸：直径 7 厘米。呈圆盘形，带有成圈的八瓣花朵纹饰，边缘较低，纹饰已磨损。

背面有圆纽的圆形铜镜成了中国铜镜的主要形式。这种流行趋势的出现可以在中国古代宇宙观中找到解释。中国古代人民认为镜子就是天的缩影，因为天是圆的，镜子也是圆的。镜纽象征着世界的“轴”，代表天地交会之处。数量“八”代表着八方：南、北、东、西、西北、东北、东南、西南。花朵就以这八个方位排布。

此铜镜装饰有八色牡丹花，属于辽代的风格。对于装饰图案的象征意义，我必须说花在东方艺术中象征着富贵和完美。家具上的植物图案装饰可以起到辟邪的作用。从古时起，每种花都有其神圣的寓意。博物馆中刻有牡丹花的铜镜通常是元朝和金帐汗国时期的作品，上面还常刻有荷花、康乃馨、郁金香、百合、菊花等其他植物。中国学者认为人们对牡丹花的喜好开始于2200多年前的汉朝时期。牡丹花的优势在于其花朵颜色丰富、抗寒能力强，而且可以入药。其历史可以追溯到希腊、中国、日本和其他国家的神话传说和艺术作品中。我们可以在这面铜镜上看到牡丹花图案，花朵为单枝，叶子很大，还带有叶状的芽。东干族人认为，牡丹象征着卓越和富有。很显然，这面铜镜也为辟邪之物，同时还带有富饶的寓意。

此类铜镜来自克拉斯诺亚尔斯克地区（Krasnoyarsk），有些发现于伊尔库茨克州斯辛斯卡湾（Sicinska Gulf）克拉斯诺亚尔斯克水库，有些是在克拉斯诺亚尔斯克境内偶然发现的。这表明在蒙古时期，铜镜已经流传到北方地区。12—15世纪铜镜在克拉斯诺亚尔斯克和阿钦斯克地区广受欢迎。

铜镜被反复仿制的过程，促进了装饰图案及寓意的同化和发展，丰富了当地艺术。

结论

铜镜装饰只是文明交流互鉴的一个小小例证。在浩如烟海的历史长河中，类似的例子举不胜举。长期稳定且多样化的联系促进了跨大陆文化交流网络中所有民族的发展。这些联系主要是指使节往来和贸易关系。毫无疑问，西方地区的许多国家，特别是中亚，都通过与中国成为军事和政治盟友获取了利益。与中国、罗马帝国以及拜占廷的贸易，为中亚绿洲地区的国家带来了巨大的财政收益，也增强了中国在西方的声望。即使是长期持续的战争，也因导致个人及整个民族的迁徙而促进了异国文化元素的传播。这尤其体现在与游牧民族相关的历史事件中。地处亚欧大陆中心、多个文明的交汇地，又吸收、借鉴了多种文化和世界观，哈萨克斯坦理所当然地成为一座促进丝绸之路沿线各国间友谊与合作的桥梁。

（姚函丽　译）

9. 莲花图案：从中国、伊朗传到印度苏丹国

伊夫斯·波特

（法国艾克斯－马赛大学教授）

提要

莲花，这种来自中国的装饰元素出现在伊尔汗国时期伊朗的艺术品上，一些装饰中国物品的图形也被伊朗社会采用。中式莲花以及标志性的荷叶图案，通过丝绸之路的庞大交通网络，在14世纪晚期经不同的方式引进，这在进入东部的伊斯兰皇宫中的中国各类奢侈品上可以发现。陶瓷等分量较重的商品通常采用海运路线，而丝绸和纺织品等较轻的物品一般都是由丝绸之路上的车队运输。本文考察了蒙古时期的中国元代和伊朗的伊尔汗国，再到15世纪前印度苏丹国的书籍和建筑装饰对莲花的运用，以及对潘杜阿的阿迪纳清真寺建筑装饰的详细论述，表明进口的中国物品对当地的艺术品创意产生着重要的影响。

中国的重要装饰元素——莲花，在伊尔汗国时期（13 世纪下半叶—14 世纪初），开始出现在伊朗的艺术品上。它们在各类物品上都能被发现，比如书稿彩饰、陶瓷（如苏丹纳巴德瓷器），甚至金属制品的硬壳。在莫卧儿王朝之前的印度（1526 年之前），中式莲花的出现还非常有限。事实上，在德里苏丹国时期（13—14 世纪），大多数的莲花装饰图案都来自本地的印度艺术。（图 9–1）

图 9–1　印度的花卉图案中让人联想起莲花的元素，花儿都呈现出一种极简、抽象的设计

中式莲花以及标志性的莲叶图案，可能是在14世纪晚期通过两种不同的方式引进的：第一种可能是直接来自中国的陶瓷及其他诸如丝绸之类的商品进口，其中最有代表性的是在菲鲁兹沙城堡的宫殿废墟发现的，确定属于1398年之前的72件瓷器；第二种是更间接的方式，通过伊朗或叙利亚—埃及马穆鲁克王朝的艺术品（特别是书稿彩饰）上的装饰图案传到印度。然而，一方面，从著名的《瓜廖尔古兰经》（阿伽汗博物馆收藏，年份为1394年，图9–2）可见，莲花占据了大多数的卷首插图；另一方面，在15世纪之前的印度建筑装饰中，却很少看到中式莲花的出现，但位于孟加拉苏丹国（1338—1576）曾经的首都潘杜阿市（Pandua）的阿迪纳清真寺（1374—1375，西孟加拉邦）是一个例外。该寺是莲花在印度次大陆传播的一个里程碑，非常罕见却引人入胜。

在第一部分，我们将对莲花在中国的起源和形态进行考察，特别是元朝之前的几个朝代，然后考察蒙古时期，包括中国元代和伊朗的伊尔汗国，再到15世纪前印度苏丹国的书籍和建筑装饰。第二部分将更详细地论述潘杜阿

图9–2　中式莲花以及标志性的荷叶图案，通过伊朗或叙利亚—埃及马穆鲁克王朝的艺术品（特别是书稿彩饰）上的装饰图案传到印度

的阿迪纳清真寺的建筑装饰，其重要意义在于装饰上的莲花图案，虽然莲花图案在该建筑中的本地化演绎确实非常有限。

莲花装饰图案的起源

中式莲花图案

当然，追溯中国艺术中莲花图案的起源并非易事。事实上，至少从 5 世纪开始，或多或少地已经出现了一些可辨认的花卉图案，特别是在佛教建筑中。又过了几百年，10—13 世纪，这些图案（或从中衍生的其他图案）开始出现在物品和工艺品上。例如，我们在陶瓷上发现了一些莲花，这些类型物品的流传范围远不止中国境内。但这些莲花有的时候是完全可辨认的，而很多时候是绘制成一种简略图，这时的莲花也可以看成是牡丹。还有一些情况，在白色釉面下带有模压装饰的定瓷碗上，能看到一个以池塘为背景的图案——精心绘制的带着修长荷茎的叶子中间绽放的荷花。

正如约兰德•克洛维（Yolande Crowe）所展示的，莲花第一次进入伊斯兰世界可能是通过宋代的纺织品。这类材料最有说服力的例子是来自福建泉州的一位早逝新娘的嫁妆，她被葬于 1243 年，陪葬物品中有几百种纺织品（包括衣服和织物）。应该记住的是，在这个时候还没有青花瓷的生产。随着这种陶瓷的出现（可追溯到 1325 年之前），突然之间生产了大量采用莲花图案装饰的器皿。这些器皿中很重要的一部分被出口到了中东。此外，在这段时期（从宋末至 14 世纪初），富商和穆斯林皇宫的上层阶级继续大量进口中国的纺织品。因此，自 13 世纪下半叶以来，伊斯兰教的装饰艺术就被“中式”莲花所浸染了，途径主要有两个：一是通过丝绸之路运来的纺织品，二是通过海运进口的陶瓷。纺织品上的图案往往比 14 世纪青花瓷上的图案更加简略；事实上，这种表现手法经常采用一种自然主义的典型风格，如鸳鸯莲花池之类的主题。而瓷器上的绘画精致入微地刻画了各种花瓣和叶子的细节，经常呈现各种细微的蓝色色调，而同时画在边缘和边框上的花则很难辨认其植物种类。

伊朗伊尔汗国的中式莲花图案

在伊朗，“中式”莲花的第一次演绎可能出现在塔赫特-

埃·索利曼（Takht-e Soleymân，位于阿塞拜疆省，约1275）。很快，我们就可以观察到伊尔汗国的莲花也没有对植物物种进行任何描绘，这个时期可被称为“第一阶段”或“第一形式”。不过，它已经反映了最初形态的简化，去除了“自然”倾向并过渡到简略化处理，形成这种过渡的媒介很可能就是纺织品。事实上，即使在中国，各种装饰图案的演绎当时也都存在一种过于简单化的趋势。它主要是在釉面砖上，即所谓的低温拉吉维迪娜（Lajvardina，即青金石蓝质地，意为有钴蓝釉装饰的陶器效果），以及那些装饰有金属光泽的瓷砖上，莲花既出现在边缘，也出现在中心位置。14世纪初，在纪念性祭坛的外部饰带上仍然只在边缘部分展示莲花图案。就纺织品而言，保存在维罗纳老城堡的坎格兰德一世墓穴中的收藏品，展示了一些14世纪的锦缎碎片，可能来自伊尔汗国的作坊。在金属制品中，有一个由铜合金制成的枝形吊灯（708—1308），上面有一些镶嵌着银色六瓣莲花的垂饰。伊朗第一阶段莲花的出现同时伴随着中国皇家动物造型的大规模进入，其代表是龙凤。在中国的象征体系中，龙凤这对奇幻生物代表的是帝王夫妇，而在伊朗世界中，它们显然有其他的含义。

第二阶段（或第二形式），可能出现在晚些时候（14世纪开头的25年），莲花开始有了莲叶相伴。在“苏丹纳巴德”陶瓷上的几个例子可能是这种形式的第一批伊朗版作品，但最重要的是在花刺子模生产的釉下彩绘瓷砖上，可以看到小舟状的叶子，通常带有四五个精致凹痕的叶片；第一个例子可能是位于今乌兹别克斯坦的基发（Khiva）的赛义德•阿拉丁（Seyyed ‘Alâ al-Din，约1305）陵墓中的双纪念碑；与之相呼应的是位于土库曼斯坦的库尼亚－乌尔根奇的库布拉墓（Najm al-din Kobr，约1330）的瓷砖镶板。

在伊尔汗国的书籍装帧艺术中，最早的“中式”莲花可能要追溯到13世纪末—14世纪初。然而，一些里程碑式的作品无疑已经不可挽回地丢失了。1299年（Marzubân-nâme）在巴格达复制的一张手稿插图上展示了一种“莲花丛”的图案。同样，来自伊朗或安纳托利亚的一本60卷的《古兰经》中的一卷（1280—1320），以其鲜明色彩手工装饰的卡通画也呈现了这种“莲花丛”。706—1306年，在巴格达复制了伊尔汗王朝乌尔贾伊图时期的《古兰经》，在其卷首插图上呈现了一些以莲花点缀的植物涡卷装饰。在14世纪30年代的窗帘上，以及目前流传的*Great Mongol Shâh-nâme*手稿插图中描绘的其他一些物体上，我们都能看到许多莲花盛开的图案。1336年之后的实例描绘了一些植物枝干，其中有一些能看出来是莲花，同时还有一片非常简化的叶子；有些花的轮廓实在太简略，把它们当作莲花有点牵强了。

印度本地的莲花装饰图案

很明显，莲花在印度次大陆的艺术和传统形象中起着举足轻重的作用。在佛教的背景下，莲花占据了中心位置；在印度教众神（如吉祥天女，Lakshmi）的特征形象的描绘上，莲花（梵语称莲花为“padma”）的应用也非常普遍。因此，当德里苏丹（1206—1526）的第一位缔造者在确定一座建筑的装饰设计时，比如库瓦特（Quvvat）伊斯兰清真寺（德里市，13世纪初）的祈祷厅前面的屏风墙，会很自然地把它雕刻成像玫瑰一样盛开的莲花，同时带有莲蕾的花边。（图9–3）13世纪初的建筑装饰图案主要来自本地；当然，

图9–3　库瓦特伊斯兰清真寺，伊勒图特米什的屏风墙，德里

图 9-4　贝古姆普里清真寺的石头或绿松石釉面砖上，主入口经常能看到乡土风格的莲花形象，德里

阿拉伯铭文是一个显著的例外。在卡尔吉王朝（1290—1320）治下，花卉方面的词汇在经过一些完善之后也固定下来了，比如 1305 年的“Alâ’ i Darwâza”。在随后的图格拉克王朝（1320—1414），经常能看到乡土风格的莲花形象，比如在贝古姆普里（Begumpuri）清真寺（约 1345）的石头或绿松石釉面砖上。（图 9-4）这一简短的考察证明，远东艺术所启发的装饰元素在德里苏丹建筑的装饰中几乎是不存在的，至少在 15 世纪之前是如此。因此就引发了这些问

题：《瓜廖尔古兰经》手稿上的多幅卷首插图上的莲花和荷叶到底来自哪里？这些花卉装饰图案是通过伊尔汗国（或马穆鲁克王朝）的书籍装帧艺术传播过来的，还是直接来自从中国进口的艺术品中的元素？除了德里苏丹之外，中式莲花也是印度其他苏丹国的装饰的组成部分吗？

中国和印度

中国和印度之间的关系历史悠久，在佛教传播方面尤为如此。在艺术领域，早在 1964 年，巴兹尔・格雷（Basil Gray）就特别注意到中国向印度次大陆出口瓷器的证据，他指出："遗留下来的瓷器只能代表中国出口瓷器流入印度的一小部分，特别是 14—15 世纪初。" 1961 年，在菲鲁兹沙城堡的花园里发现了 72 件中国瓷器，大大增加了德里苏丹进口中国瓷器的样本。艾伦・斯马特（Ellen Smart）对这些发现进行了简短而密集的研究，试图以菲鲁兹・沙・图格拉克的宫殿为背景重新解读这些瓷器。

此外，研究人员对印度考古调查相关的年报进行了一次系统性的考察。这次考察不仅使中国陶瓷的发现量增加了很多，而且不只涉及沿海地区，还涉及整个印度次大陆的大量内陆城市，也很可能在德里苏丹国建立之前就已经开始了，只是到莫卧儿王朝（1526—1857），它们的重要性才显著上升。

关于这些商品的贸易方式，沈丹森（Tansen Sen）教授写道："随着穆斯林在 13—14 世纪征服印度北部和东部，中国瓷器的国际消费和贸易也见证了快速增长。在孟加拉苏丹国期间，中国陶瓷开始通过索纳尔冈和萨德冈这两个港口大量进入印度。经由孟加拉苏丹国，中国产品通过陆地运输到德里苏丹国。在孟加拉国沿海以及远在内陆的西格里城遗址都发现了中国瓷器碎片，这反映了印度伊斯兰帝国建立之后对中国商品日益增长的需求。"事实上，恒河三角洲地区是远东地区通过海上航线开展贸易的门户：达卡（孟加拉国）南部的索纳尔冈港，以及豪拉（位于加尔各答北部几英里）的萨德冈港，无疑在这一航线中发挥了重要的作用。

这些进口物品对印度苏丹国的艺术创作究竟有什么影响呢？在陶瓷领域，来自中国的产品确实催生了当地的仿制品；此外，印度考古调查机构展示了从古城尚庞发掘出的"中国瓷器"，其中几块碎片无疑是当地生产的。书籍装帧设计中所采用图案或建筑装饰图案的直接传播则更难指认，更别说在书籍装帧设计和建筑方面的艺术表达的影响了。

不管怎么说，莲花与莲叶被手稿彩饰的典型风格所采用，并因此频繁出现在《古兰经》中，但在 1400 年以前，在其他媒介上使用莲花图案的情况很少出现。另一方面，应该强调的是，尽管或多或少还是采用了植物装饰图案，但根据我们对印度苏丹国艺术制作的了解，其他的设计（主要是奇幻类动物，如龙、凤凰、麒麟）似乎完全没有出现。这些动物可能不会出现在莫卧儿王朝时期之前，当时的装饰图案应该是深受中亚帖木儿王朝风格的影响。

瓜廖尔手稿中出现大量的莲花，既有交叉状花瓣，也有辐射状花瓣，还有与之相伴的大量莲叶，都非常令人惊讶。从年代来看，这种莲花的异常大量出现使这份手稿显得非常独特。

阿迪纳清真寺中的中式莲花图案

中式莲花在 15 世纪之前极少出现在建筑装饰中，因此，它们出现在潘杜阿的阿迪纳清真寺中就非常令人惊讶。（图 9–5）

阿迪纳清真寺位于潘杜阿城市边缘的一个中心位置。从 14 世纪中叶至 1437 年，这里一直是孟加拉苏丹国（1336—1576）的首都。1437 年，孟加拉苏丹国迁都至往南几英里的高尔（Gawr）。清真寺的奠基铭文位于主祭坛的后面和朝拜墙的外部，完全面向西方；铭文上注明了建立者的名字（斯坎达尔 • 沙，“Sikandar Shah”，1358—1390）和日期（Rajab 776/12—1 月，1374—1375），这通常被认为是建筑工程的开始。石碑通过一对青绿色和黄色的釉面砖进行三边装框，这可能是孟加拉国现存最古老的釉面砖实例。

阿迪纳清真寺的规模是相当大的，它是一个长边（南北向）为 157 米、东西宽为 95 米的巨大长方形，除了尺寸突出使它成为孟加拉国最大的清真寺（相比之下，德里的贝古姆普里清真寺只是一个边长大约为 95 米的正方形），它的建筑方案同样令人印象深刻。祈祷大厅正中间的主体轴心式拱门（拱形部分现已完全倒塌）在宽度上非常与众不同。在轴心式正厅的两侧，五排坚固的柱子形

图 9–5　中式荷花在 15 世纪之前极少出现在建筑装饰中。因此，它们在潘杜阿的阿迪纳清真寺的现身令人惊讶

图 9–6　阿迪纳清真寺，主祭坛上的祭坛边框的上方是一条书法饰带，上面是一排莲花图案

成了 18 条倚靠着朝拜墙的过道，每一条都有自己的祭坛。二级祭坛上都有赤陶土为材料的装饰物，每一个都有不同的装饰图案和式样，构图中都显示了不同寻常的变化。轴心式正厅通向一个最重要的祭坛，由一块颗粒非常精细的黑色玄武岩打造，雕刻非常精美。（图 9–6）祭坛边框的上方是一条很大的书写整洁的书法饰带。铭文的顶部有一个雕刻的装饰，能让人联想起彩饰手稿扉页上的装饰物。不过我们观察到，在铭文顶部的彩带装饰下，风格的完整性，连同其文化（和宗教）参照，可能都被来自伊斯兰之前的某座寺庙的再利用元素有意打破了。这里的石碑雕刻都非常精细，而且都是水平放置，形成一个连续的彩带，同时以一种奇异的方式对铭文提供支撑。

在祭坛的右边是一个讲经坛，它也是由同样的材料（黑石）制成的，这块石头上的一些雕刻的元素显然来自老旧建筑物，在这些被再利用的石块中，有一些带有巧妙的雕刻，被用来填充讲经坛阶梯的凸起部分。虽然现场没有任何之前建筑的遗迹，但很可能在当时附近有几座印度教（或佛教）的寺庙。

莲花凉廊

阿迪纳清真寺的另一个建筑特色是集会讲台（或凉廊）。它位于轴心式正厅的北面，只有从建筑的外部，穿过朝拜墙中的一对门才能进入。一条弯曲的斜坡从建筑外部的街道一直向上通向集会讲台，它的入口是一个有四根柱子的前厅，显得非常重要，然后是两扇小门，其中一扇装饰得特别华丽，上面有一条雕刻精美的蛇形花纹，是用玄武岩材料雕刻而成的。通过这两扇门之后才到集会讲台（图 9–7），这个地方有时也被称为泽纳纳（zenâna，专供女士使用的空间），但也有“皇家凉廊”的功能。事实上，这个讲经坛没有直接进入主祈

图 9–7　阿迪纳清真寺集会讲台入口

图 9–8　通向凉廊的带雕刻图案的门道

图 9-9　凉廊上的莲花图案

祷大厅的入口，并且被一些石质屏风四面封闭，确实是两个功能都具备的，但另一方面，除了带有主祭坛的轴心式正厅之外，这个地方毫无疑问也表现了对装饰性的考量。（图 9–8）

凉廊上的朝拜墙装饰着三个精雕细刻的玄武岩祭坛。两侧的祭坛是向内凹进去的，开口是一扇带有五个叶片的拱门，这些祭坛的内部都以几何交错的图案展开。除了惯用的带有精美书写的《古兰经》名句的铭文边框，两侧的祭坛都覆盖了膜。（图 9–9）构成其底座的诱人装饰图案在当时无疑是独一无二的，一系列中式灵感启发的莲花花茎及荷叶从中央小太阳图案的底部倾泻而出，把这些拱门的所有剩余部分全部覆盖了。两个拱门的雕刻非常精致，装饰图案以线性方式绘制，在平坦的底座上只有微微凸起的浮雕，它们的结构很相似，主体部分是各种各样排列和形状的、带有多处凹痕的裂片花瓣和叶子的梗柄，只在细节上略有不同。这些图案看上去是用尖凿凿出来的，它们能让人联想起伊斯坦布尔的“萨拉伊画册”（Saray albums）中用黑色印度墨水小心翼翼而又坚定地勾勒出的彩饰或刺绣图案的墨

图 9-10　比德尔宫（15 世纪）的建筑遗迹也展现了一些包含大量莲花盛开的地毯状墙裙

水草图。

阿迪纳清真寺的集会讲台（凉廊）上出现的“中式”莲花与莲叶是最令人惊讶的，因为这种装饰图案虽然在伊朗伊尔汗国的艺术中经常能看到，但在 1400 年之前的印度苏丹国，这种装饰几乎是闻所未闻的。毫无疑问，这个皇家凉廊展示了一种非常丰富的装饰风格。远东莲花造型的构思很可能是从中国丝绸中获得的，但这种灵感也可能来自手稿彩饰，尤其是沙姆萨（Shamsa）的形式，似乎就是来自这个领域。不幸的是，我们对当时在孟加拉苏丹制作或阅读的手稿一无所知。此外，铭文的品质，以及主祭坛和皇家凉廊中的装饰图案和彩饰手稿非常接近，可以理解为对业已消失且至今完全不为人所知的孟加拉手稿的一种见证。

阿迪纳清真寺是一座壮观的建筑，它的象征意义可能至今仍然很受重视。它相当大的尺寸，连同其大胆的建筑设计，可能意在表达一种肯定的意愿，甚至反映了伊利亚斯•沙阿王朝统治者相对于德里苏丹的优越性。因此，阿迪纳清真寺装饰上的奢华，包括皇家凉廊上雕刻的莲花，都是创造性力量的表现，以及体现王朝权柄的独特性需要。事实上，这座清真寺是中东、远东，以及印度本地等各种不同文化的结晶，汇合在一处呈现出多样性和丰富性。

在拉贾•迦内什（Rajah Ganesh）家族的统治（1414—1436）覆灭之后，伊利亚斯•沙阿王朝（1433—1477）决定迁都至古老的拉克纳瓦蒂（Lakhnawati）附近的高尔（Gawr），伴随这次迁都的是大型而密集的建筑活动。然而，重建之后的首都失去了潘杜阿所体现的一些雄心壮志的成分。阿迪纳清真寺使用的都是高雅书画、精致的装饰或高贵的材料，这种设计灵感在高尔却只产生了不那么大胆的建筑，无论是在尺寸上还是在建筑特征上都是如此，这些建筑同样也装饰着奇特多彩的釉面砖。从那以后，我们在印度的花卉图案中总是能找到一些让人联想起莲花的元素，不过它们已经不再是“中式”的形状了，也不再伴随那些带有精致凹痕的叶子，相反，这些花儿都呈现一种极简、抽象的设计。孟加拉国通过新首都的建筑发现了自身艺术个性的实现道路，不再被霸权意志撕裂，这也导致了对伊朗、中国和印度本地之间艺术元素共生关系的研究，甚至导致它们之间的对抗。同样，在像德干高原这类印度次大陆的其他地方，比德尔宫（15 世纪）的建筑遗迹也展现了一些包含大量莲花盛开的地毯状墙裙。（图 9–10）

（**彭国泉　译**）

10. 粟特语书写的丝绸之路美丽篇章

格尔鲁克·拉克马托娃

（乌兹别克斯坦撒马尔罕国家博物馆保护区首席专家）

提要

粟特（也称索格底亚那）在历史上地处中亚。粟特人在丝绸之路的历史中扮演着关键角色。伴随着贸易往来，粟特文化对包括游牧民族在内的其他国家文化的影响也不断增强。有证据表明，粟特人曾在丝绸之路的海上路段开展贸易活动，这个路段从阿拉伯半岛通向印度，再延伸到中国。粟特语成为中亚商路上的主要语言。在文化交融的过程中，粟特族和游牧民族的人口都因此增长。他们不仅是商人，也是该民族文化、语言和文字的载体。随着贸易往来，粟特在早期就与远东建立起了精神纽带。粟特人对佛教在中国的传播发挥了重要作用。

乌兹别克斯坦撒马尔罕是中亚最古老的城市之一，也是丝绸之路上重要的枢纽城市。撒马尔罕国家博物馆保护区是中亚最古老的博物馆之一。该博物馆约有 235000 件展品，其中馆藏量最大的类别之一是考古类馆藏，数量超过 4700 件。（图 10–1）

2015 年，在联合国教科文组织的资助下，《世界遗产名录》项目在乌兹别克斯坦共和国展开。博物馆、图书馆和其他收藏中的一些非物质文化遗产项目经确认后被纳入这一世界名录。撒马尔罕国家博物馆保护区于是决定展出带有粟特铭文的藏品。

图 10–1　德曼 – 特佩遗址 7 世纪纳骨瓮，乌兹别克斯坦

粟特人东迁定居对丝路形成起到重要作用

粟特（也称索格底亚那）在历史上地处中亚。“粟特”（Sogd）这个名字最早出现在琐罗亚斯德教圣书《阿维斯陀》（*Avesta*）中。索格底亚那（Sogdiana）作为地名，用于指代粟特地区，即阿契美尼德帝国的一个省份，在记录大流士大帝战绩的贝希斯敦岩刻铭文中排第 19 位。

粟特人逐渐向东迁徙定居，对丝绸之路的形成起到了重要作用。粟特人的东迁可以追溯到公元前 1—1 世纪，当时丝绸之路上开始出现频繁的贸易、政治和文化往来，仅产自中国的丝绸也通过丝绸之路进行交易。由此，粟特人沿丝绸之路东段自东亚到中国长安的路线建立了许多商栈，到 6 世纪末期，这类港口也许已经延伸到了日本。

另外，粟特商人马涅亚（Maniah）绕过里海，横渡黑海，最后到达君士坦丁堡（今伊斯坦布尔），由此开辟了第一条丝绸贸易路线——“高加索丝路”。有证据表明粟特人曾在丝绸之路的海上路段开展贸易活动，这个路段从阿拉伯半岛通向印度，再延伸到中国。粟特和其他地方的商人们在其他国家建立贸易港口和殖民地的同时，也将他们独特的语言、文字和文化带到了当地。

粟特的语言和文字在中亚历史乃至世界历史上都发挥了重要作用。粟特人是波斯文化从突厥斯坦到东部地区的主要传播者。然而直到中国新疆地区及其内部边境有了考古发现，这段尘封的历史才被揭开。

中国敦煌边界的一座长城塔楼中发现了一些 1 世纪的商务文书。有关专家在中亚史专家巴托尔德（V. V. Barthold）的研究基础上，与卑露尼（Biruni）对粟特语的记录进行对比后发现，这些文书所使用的语言是粟特语。粟特语字母从通过波斯传入中亚的东闪米特语字母或“阿拉米”字母发展而来。人们在洛布诺拉（Lob Nora）地区也发现了粟特语的商务文书。再往西的吐鲁番地区，在宗教书籍遗迹中发现了用粟特语写的佛教、摩尼教和基督教书籍。这些遗迹通常被认为属于 7 世纪及之后的时期。其次重要的证据是一批来自慕格山的文书，其中包括 97 份粟特语文书以及其他同时发现的土耳其语、阿拉伯

语和中文文书。考古发掘出的只有部分档案的残页。这些档案中，在数量和重要性方面排在第一位的要数彭吉肯特的迪赫坎（粟特的贵族或领主被称为“Dikhkan”，即迪赫坎）迪瓦什梯奇（708—722）的档案。同批文件证明他担任粟特国王至少两年。排在第二位的是粟特大贵族帕曼达尔（Parmandar）的档案，这个家族是粟特贵族的代表，但其身份还未得到确认。其余的档案多为单一文件，属于哈萨尔贵族（Hahsa）和克什图德贵族（Kshtutaidr）。这些来自慕格山的文书类型种类繁多，包括各迪赫坎与其人民之间、与阿拉伯人之间的往来信件、商务文件（账目、收据、报告、订单），以及法律文件（卖契、租赁合同、婚约）。那时的档案文书受 8 世纪前 25 年的契约规则限制，通常时效性较短。

粟特语为东西方丝路上的文化和贸易做出了巨大贡献

粟特语属于东欧语系。用来书写粟特语的文字共有三种——粟特体、摩尼体和叙利亚体。7 世纪初—8 世纪，粟特人认为他们的字母表（粟特体）包含 23 个字母（前 22 个字母衍生自阿拉米文，并按照阿拉米语字母顺序排列，第 23 个字母是早期阿拉米语中第 12 个字母的重复）。然而，自 6 世纪中叶起，粟特人在书写中只使用 17 个字母。（图 10–2）

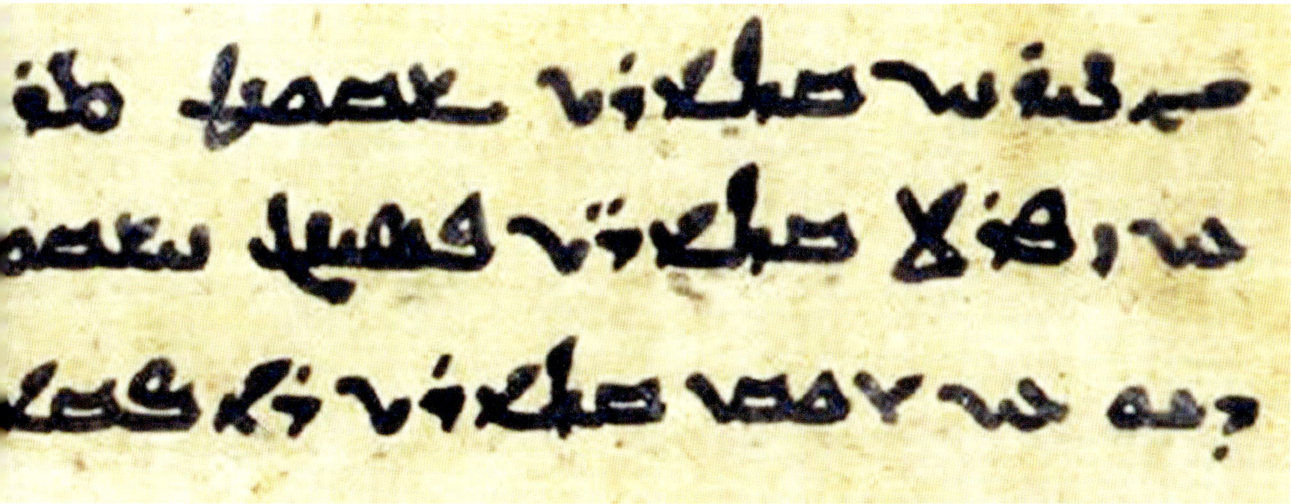

图 10–2　粟特文样本

在这里，我们想对我们博物馆中与这种文字相关的展品稍做介绍。本博物馆藏有数件带有粟特书写文字的展品，包括一份写在木棍上的收据（图 10–3）、一份写在皮革上的文书（图 10–4）、一只银碗（图 10–5）和多幅壁画。

图 10–3　带有粟特语铭文的木棍

图 10–4　一片带有粟特文字的皮革

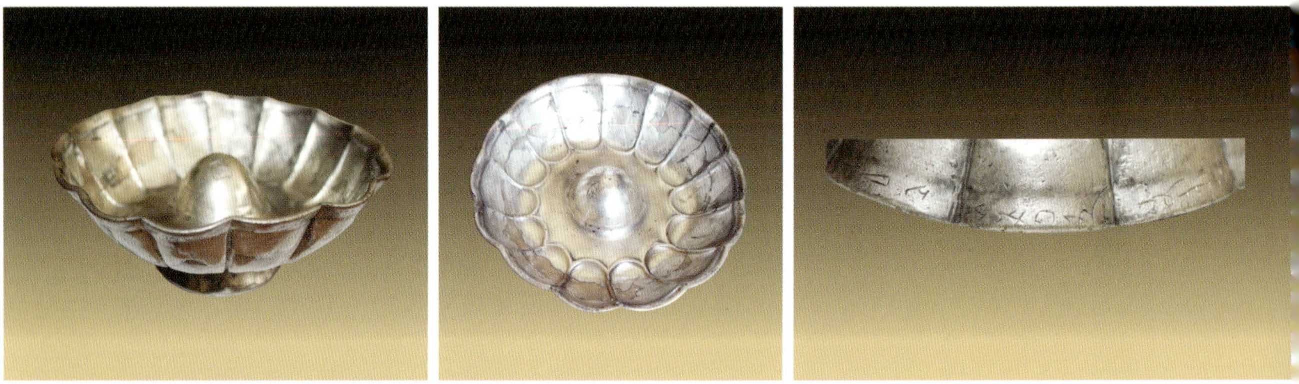

图 10–5　带有粟特语铭文的银碗

木棍上所刻铭文是一份用粟特语斜体书写的法律文书。

这件物品是在阿夫拉西阿卜古城（撒马尔罕）遗址的挖掘过程中发现的（发现于阿夫拉西阿卜城外围防护墙上）。

译文：

在阿尔特米夫，斯潘达特，亚姆克，旺奇的见证下，卡夫如是说："（上述的人）到了 Parote 的……本人欠帕赫帕鲁或沙尔加钱，根据欠款，本人给了沙尔加不超过 150 斯塔特银币……"

这根木棍上的铭文说明粟特当时已经具备了发达的商品——货币体系。这份法律文书注明了当时的见证人和所涉金额，而且是由专业抄写员记录的。

下面一份带有粟特文字的展品是一封写在皮革上的信。

这份文书也是用斜体粟特语书写的，研究人员认为它属于 7—8 世纪。

译文：

上帝，亲爱的、敬爱的主卡片，来自他的仆人阿夫沙尔，罗瑟哈的君主……（F. Grene）

据最先公布这份文书的研究人员格雷纳和基里洛娃猜测，这份文书来自穆格山遗址，应该纳入粟特文书藏品。

下一个重要的发现是 1961 年在撒马尔罕切莱克村发现的一只银碗。

银碗的边沿处也有斜体的粟特铭文。研究人员认为它属于 5 世纪。

译文：

这个容器是群落首领的财产吗？重量略小于 20 斯塔特。（V.A. Livshits）

这只碗是四只珍宝碗中的一只。考古学家在它的发现地还发现了一些 5—6 世纪古建筑的遗迹。

下一份展品是一个用于称重的吊秤砝码。它是一块圆形的石

头，重560打兰，相当于2.5千克。（图 10–6）

最后是1965年在阿夫拉西阿卜遗址的壁画上发现的铭文。（图 10–7）

当着尤那什氏族的国王瓦尔呼曼

使节走到他的跟前

使节开口说道：“我是石汗那的大臣，名叫普卡尔·扎特。”

我来自石汗那的吐鲁特什

我来到撒马尔罕是为向国王

表达我的敬意

现在我满怀敬意地站在国王您面前

请国王您不要对我有任何怀疑

我熟知

撒马尔罕的神灵

以及撒马尔罕文字

我绝不会作恶

撒马尔罕国王

噢，国王，祝您健康快乐

尤那什国王瓦尔呼曼将他释放

接着，来自恰其斯基的特使开口说话了（V.A. Livshits）

粟特信件的竖向书写方式常

图 10–6　用粟特语刻明重量的石头砝码

图 10–7　阿夫拉西阿卜壁画，铭文残片

见于6世纪末。这类信件的各行文字按照从右到左的顺序排列。很多墙上或岩石上的粟特铭文也都是竖向书写的。这片16行的铭文写在7世纪下半叶的阿夫拉西阿卜古壁画上一个人物的袍子上。

正如这些材料所示，在粟特地区的人们改用阿拉伯语前的很长一段时间里，粟特语广为流传，这再次证实了粟特拥有发达的精神和物质文化，粟特语也作为通用语，为东西方长期的文化和贸易交流做出了巨大贡献。

粟特人：丝路历史上的关键角色

粟特和其中心大都市撒马尔罕在它们所在的各个历史时期起到了联结东西的关键作用。其中最重要的原因是撒马尔罕（古马拉坎达）位于自北向南和自西向东的商路交界处，占据了有利的地理位置。这使得撒马尔罕成了核心区域，积淀并传播着古代与中世纪各伟大文明的文化成就。据古中国史料记载，撒马尔罕被描述为大型贸易城市，这里的居民（男性）都擅长贸易，男性到了20岁就开始四处奔走做生意。同时，粟特人又将其文明成果继续向西传到了欧洲，向东传到了日本。这些都得益于一条横贯大陆的大道的开辟，科学界称这条大道为“丝绸之路”。

粟特人在丝绸之路的历史中扮演着关键角色。他们不仅是商人，也是该民族文化、语言和文字的载体。随着贸易往来，粟特在早期就与远东建立起了精神纽带。粟特人对佛教在中国的传播发挥了重要作用。中国的文字资料记载了四位粟特佛教僧徒，根据他们的绰号（戛纳）判断，他们来自撒马尔罕。其中最著名的一位是康僧会（280年去世）。他的父母从粟特搬到印度，然后又搬到康居，而这位名僧就是在这里出生的。父亲去世后，他摒弃了世俗的生活，成了一名僧人。247年，他移居南京，在那里建立了寺庙和佛教学校。康僧会是中国南方的第一位佛教传教士。他促使吴末帝孙皓皈依佛教，建造了许多寺庙和佛塔，并将许多佛教著作和评注翻译成汉语。

商栈沿着贸易路线建立，并在6—8世纪迅速繁荣起来。随着贸易往来，粟特文化对包括游牧民族在内的其他国家文化的影响也不断增强。粟特语成为中亚商路上

图 10-8　壁画

的主要语言。当时出现了一个文化交融的过程，粟特族和游牧民族的人口都因此增长。最后游牧民族在城市中定居，翠谷（Chui Valley）一带也形成了许多长期聚居地。1907 年，斯坦因（A. Stein）发现的粟特人的《旧信》证明了这一点。其中一封名为“纳奈瓦登达克（Nanayvandak）调查报告”，收信人是撒马尔罕的商人领袖纳奈达瓦（Nanaidvar）。信中的内容囊括很多方面，谈及了粟特地方人民的生活细节，

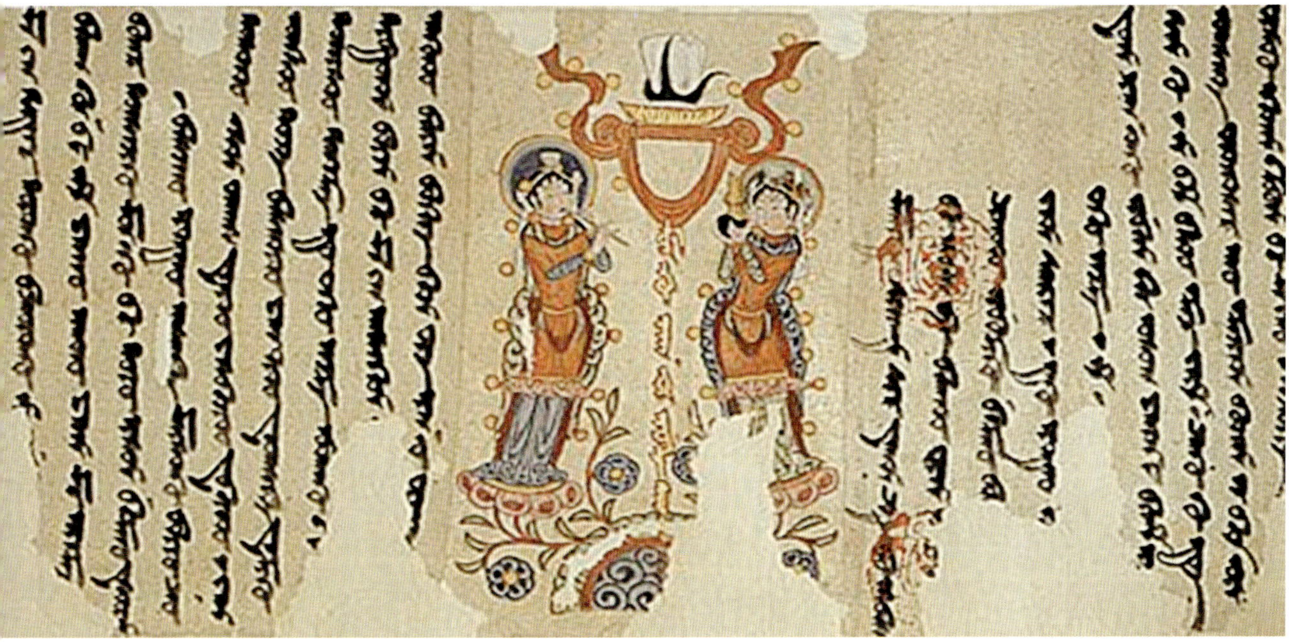

图 10–9　阿夫拉西阿卜壁画，铭文残片

以及他们因匈奴侵略而陷入的巨大骚乱和苦难，还包含丝绸、织物、胡椒、香料、银制品买卖的贸易业务的相关记录。（图 10–8、图 10–9）

此外，撒马尔罕的大商人为在当地开展贸易业务的粟特人提供贷款，并代理贸易交易。有非常可靠的资料表明，粟特人的《旧信》可追溯到 4 世纪初（V. Henning），是中国境内最早的粟特文书遗迹。

另一个重要证据是货币。唐朝初期，中国开始统一使用一种新的青铜货币，上面刻有“开元通宝”字样，意思是“可流通的开元钱币”。众所周知，这种新货币在中国本土以外所有与中国有经济往来的地区都得到了极为广泛的使用。它流通到中亚后，粟特人开始在那里直接制造这种钱币，完全复刻了原始的唐朝货币。

在中亚发现的这种伪币虽然不多，但几乎随处可见。截至1964年，仅在彭吉肯特聚居地就发现了四枚这样的钱币。它们与唐朝本土钱币的唯一不同之处在于它的装饰更粗糙（表面凹凸不平，象形文字也很模糊）。这种伪币的发行地点无法确定。后来（我们无法判断具体时间），布哈拉文字作为标志性元素出现在光滑背面上，再后来刻的是粟特文字和一个类似中国汉字“刀”的符号。

王莽执政时期的中国钱币就是刀形的，而中亚正是在这个时期第一次与中国建立起联系。不过它也可能是一种象征钥匙的撒马尔罕符号。这个符号的旁边是半草书的粟特铭文“上帝”和“帝王”。这两个词在粟特文里的意思分别是至高无上的可汗和中国皇帝。这几组粟特—中文双语钱币的发现非常罕见，说明它们的产量很低。根据它们出土的地方，第一组钱币应该来自布哈拉，第二组来自撒马尔罕。受远东货币市场影响，撒马尔罕统治者没有选择银币，而是选用中国版的青铜币，他们模仿中国在货币上刻上他们的标志，如政府的座右铭、统治者们的头衔和名字。

中国瓷器的流行对当地风格形成的影响

撒马尔罕国家博物馆保护区的馆藏是最大的中亚民族遗产收藏之一。这里收藏数量庞大的不同历史时期中亚人民的稀世珍品，代表着中亚人民珍贵而独特的历史文化遗产。考古藏品中有少量陶瓷制品，其中包括中国陶器的碎片。（图 10–10）

在乌兹别克斯坦共和国，陶瓷艺术在传统和现代陶艺的发展史上占有重要地位。当地陶器的历史可以追溯到新石器时代。根据科学研究发现，乌兹别克斯坦境内的仿制陶瓷只出现在 8 世纪中期—9 世纪初期。从 9—13 世纪初的陶瓷来看，当地陶瓷餐具上的装饰可以被系统地分为三个阶段：首先是粟特元素（动物图像）

图 10-10　瓷碗碎片，中国，15 世纪

的延续，其次是伊斯兰工艺和传统设计（书法）的变形，最后是所谓的“地毯式”装饰风格。

陶瓷艺术的一个重要高潮出现在帖木儿帝国时期（14—15 世纪晚期）。撒马尔罕是帖木儿帝国的首都，是陶器的主要产地。从陶瓷家具和餐具可以看出，陶瓷生产的品种类型被保留了下来，但生产材料和设计风格发生了变化。帖木儿贵族圈对瓷器的推崇，以及后来中国瓷器的流行都是导致这些变化出现的重要因素。

当地没有陶瓷原料的工匠改用卡辛（kashin）来制作瓷器。这是一种接近彩陶的硅酸盐成分，在 12 世纪的当地生产实践中被人们所了解。当地工匠试图模仿中国明朝时期（1368—1644）那些极为华丽、昂贵的陶瓷作品。这种材料覆上白色底釉，用钴料绘上纹饰，再罩上透亮的铅釉后，与中国青花瓷非常相似。工匠们临摹中国绘画，仿制中国艺术家的落款，创作出畅销于西欧和中东市场的赝品。9—13 世纪初期，艺术化的动物图案开始取代书法和“地毯式”装饰，逼真的花鸟画成为中国瓷器的典

图 10–11　牡丹图案餐具，撒马尔罕，15 世纪

图 10–12　灌木图案餐具，撒马尔罕，15 世纪

型特征。（图 10–11）

瓷器的颜色也发生了变化：从红白、深棕和橄榄黄绿的组合变成白蓝色和黑蓝色组合。有趣的是，尽管白蓝色调被认为是对中国瓷器的模仿，但中国人自己在绘制餐具时并不局限于这种颜色组合。中国的青花瓷出现于元朝统治时期。（图 10–12）

总的来说，乌兹别克斯坦的仿制陶瓷具有百年的实践经验，其形式、风格、装饰图案和色彩搭配都非常丰富。它在过去大规模文化交流发展的背景下发展起来，首先发端于丝绸之路贸易，而后在帖木儿帝国时代陶瓷艺术的鼎盛时期，受到伊斯兰传统艺术影响。到 19 世纪，陶瓷艺术集中在乌兹别克斯坦相对封闭的当地学校内。这种相对封闭性也有积极的一面，因为它

促使工匠激发他们自己的创造潜力。中世纪晚期的陶瓷学校和制陶中心的独特性成为现代工匠们的起点，让他们走上这条古代工艺的复兴之路。

联合国教科文组织乌兹别克斯坦办事处和国内外基金会都在复兴传统陶器方面给予了我们大力协助。所以在2006年，乌斯托•肖吉德（Usto Shogird）陶瓷学院成立了。这是在乌兹别克斯坦本地的陶瓷中心开展的一项大型项目，旨在促进陶艺发展，通过现代教育形式培训来自全国各地的学生，让他们不忘前人技艺。

在阿夫拉西阿卜博物馆里，我们还可以看到壁画和石头砝码，这些壁画实现了数字化，并被转换成3D形式。在撒马尔罕乌兹别克斯坦人民文化历史国立博物馆的乌兹别克斯坦书写史专项展览中，还可以看到上述刻在木棍上的收据和刻在皮革上的铭文。而最重要的是，在撒马尔罕国家博物馆，我们可以从众多而独特的文物藏品中了解那个遥远的丝绸之路时代。

（姚函丽　译）

11. 信众与修行：多元传统下的丝路佛教艺术

丹尼斯·帕特里·莱迪

（美国耶鲁大学艺术馆亚洲艺术部主任、策展人）

提要

佛教起源于印度，在沿着丝绸之路传播时，佛教的信仰、图像和修行遇到了多种文化和视觉传统。丝绸之路分为陆上和海上路线，陆上路线主要由塔克拉玛干沙漠两侧的两条通行的干线和它们之间的无数南北向要道组成；海上路线连接起广阔的欧亚大陆的东西两端。佛教思想和图像更多的是随着当地的文化传统和信众不断变化的兴趣而兴衰。在跌宕起伏的政治环境中，汉朝、唐朝和其他政权对丝路沿线绿洲王国的交替控制、这些王国之间复杂而难解的关系、北方草原上的游牧民族政权都会影响佛教修行及其视觉传统的传播。

早期遗迹与多元传统，1—3 世纪

迄今为止，最早的人像佛陀出现在 1978 年“黄金之丘”（Tillya Tepe）遗址出土的金币（图 11–1）上。这枚金币，或许是护身符，金币正面人像穿着希腊式短斗篷，戴着古希腊式宽檐帽。这个人像被判断为佛陀的一个依据是他在推或转动一个轮子。转动轮子寓意传授，尤其是佛法。佛陀初次说法通常被称为初转法轮。金币顶部的印度佉卢文铭文写道“他转动法轮”。另一个依据是背面的狮子，铭文意思是他像狮子一样驱除恐惧。狮子在西亚和南亚最初是皇权的象征，在亚洲几乎所有的传统中狮子都和佛陀有联系。

图 11–1　佛陀图像金币
出土于阿富汗斯坦的黄金之丘 4 号墓葬
约前 50 年
金质
阿富汗国家博物馆藏

“黄金之丘”遗址出土的金币上佛陀身穿希腊式服装显示在北部阿富汗（古代称为巴克特里亚），后来在犍陀罗早期成为佛教图像的一个重要组成部分。这个地区采用希腊化的图像可以追溯到亚历山大大帝（前356—前323）公元前4世纪晚期对这里的征服。

1世纪的金质舍利容器（图11–2）的正面表现了行走姿态的佛陀，从佛陀轻柔的衣褶与衣服下身体的有机结合及容器表面八个拱形龛，都可见古希腊艺术传统。龛之间张开翅膀的鹰是宙斯的象征，这也源于希腊传统。佛陀肩部披着长方形的披肩，这种长袍后来成为亚洲僧侣的传统服装——袈裟。披肩垂至或可能盖住脚面。系于腰间的短纱笼式袍服也成为标准的僧侣服装。舍利容器另一侧面是三尊像和其他两个在三尊像之间的双手合十的立像（图11–3）。

图11–2　有佛陀、菩萨、梵天和帝释天图像的舍利容器
毕马兰（Bimaran）2号佛塔出土
阿富汗斯坦，贵霜时期，约60年
金镶嵌宝石
高6.7厘米
大英博物馆藏

图11–3　图11–2的补充，舍利容器的另一面

石质舍利容器19世纪早期出土于阿富汗毕马兰（Bimaran）的2号佛塔基础，容器内还盛装有30件其他如金币、铜盘和半宝石等供养物品。这座佛塔是遗址中的五座佛塔之一，虽然至今无存，但是从考古发掘报告中保留的线图可见其形制（图11–4）。这座佛

图11–4　毕马兰2号佛塔的绘画，查尔斯·马森（Charles Masson）绘

塔的圆形塔身和覆钵顶都属于典型的早期佛塔形制，这种最早的佛教纪念性建筑起源于印度，后来出现在阿富汗和巴基斯坦。

毕马兰的佛塔和其他阿富汗和巴基斯坦的佛塔都是在贵霜（前1—3世纪）赞助者的资助下修建的，他们征服了阿富汗和印度次大陆的早期印度—斯基泰统治者并在那里建立了自己的王国。贵霜源于汉语文献，指月氏的一支。贵霜帝国的第三任国王迦腻色伽（1世纪晚期—2世纪早期）在位时期以广泛的商业活动、增长的财富、宽容的宗教和繁荣的城市生活及视觉艺术而著称。贵霜帝国内修建的许多佛塔、佛殿、寺院部分是佛教和商业阶层长期存在的紧密联系的自然结果。这些贵霜帝国和丝路沿线的佛教寺院在商业活动中扮演关键的角色，是旅行者安稳的休憩、聚会场所和银行或金库。

贵霜帝国时期也以制作大量的石质和金属质佛像及菩萨像而著称。这个时期出现了两种风格的雕塑作品。马图拉佛像遵循既往的印度传统，而犍陀罗和相关的阿富汗佛像融合了希腊、罗马、印度和游牧民族趣味。阿富汗的派特瓦（Paitava），靠近贝格拉姆（Begram）出土的片岩佛像（图11–5）穿着和毕马兰舍利容器上佛像同样的佛衣，但是躯干比例缩小，头部浑圆。佛陀头上风格化的鬈发，以及更加图式化的衣褶，使用珍珠纹区别不同内容反映了与波斯或如帕提亚的游

图11–5　佛陀释迦牟尼 / 舍卫城神变故事像
阿富汗斯坦，派特瓦（Paitava）出土，贵霜时期，2—3世纪
有镀金痕迹的片岩
高81厘米
吉美亚洲艺术博物馆藏

图 11–6　释迦牟尼与弟子
米兰 3 号佛寺遗址出土，3—4 世纪
中国新疆维吾尔自治区
石膏和黏土上颜料
长 100.2 厘米
中亚文物博物馆藏，新德里

牧民族风格传统的关系。另一方面，佛像下部边缘的格里芬源于希腊罗马图像。

3—4 世纪之前，丝路沿线几乎未留下佛教修行活动的视觉证据，除了鄯善（或楼兰）的米兰遗址发现的佛教壁画。米兰 3 号寺院遗址由一座寺院、多座佛塔和其他一些建筑组成。壁画描绘了佛陀和六个比丘在森林中行走（图 11–6）。佛陀卷曲并有些松软的头发、有胡须的面庞都类似保存在阿富汗和巴基斯坦的希腊传统，还有一个比丘手中所持棕榈树叶和所有比丘的剃发头部也显示了这种传统。

一尊3—4世纪的中国金铜佛像（图11–7）也出现了胡须这种少见的佛陀面貌特征，可能是从中亚传入中国的。虽然关于这尊佛像的制作地存在中国、巴克特里亚或犍陀罗几种推测，最近检测发现这尊佛像用了中国青铜时代发展起来并广泛应用的陶瓷片模具技术，因此可以明确推断这尊佛像制作于中国 。

这尊佛像是少数几件证明5世纪早期之前中国已经开始制作佛教雕像的资料之一，虽然缺乏视觉图像、文献资料，尤其是佛经翻译证明汉代中国对佛教的认知和兴趣，但很可能在1—3世纪之间宫廷中有佛教活动。这个时期大多数佛教由外国僧侣，或是中外僧侣组成的团队传授。大多数外国僧侣从更远的西方来到中国。安世高（约148—180）出生于今伊拉克，支娄迦谶 （147— 189） 来自中亚，多产的鸠摩罗什（344—413）出生于丝路北道西部边缘的库车，他们都是致力于将早期佛教传入中国的著名高僧。

图 11–7　佛坐像
中国，十六国时期，3—4世纪
铜鎏金，高12.6厘米
哈佛大学艺术博物馆，阿瑟•姆•塞克勒博物馆

石窟寺与商队

4—6 世纪出现了建筑在石崖面的大型寺院复合体，这种通常被称作石窟寺的佛教建筑为这一时期佛教从中亚到中国（再从中国到朝鲜半岛和日本）的发展和传播提供了有力的视觉资料。人工建造的石窟寺的规模从单室到大型寺院复合体，由法堂、讲堂、僧房、客房，以及图书室和厨房等附属建筑组成。4—8 世纪，丝绸之路上的绿洲王国库车的统治者修建诸如克孜尔石窟（约 200 窟）、库木吐拉石窟（约 100 窟）和克孜尔尕哈石窟（约 46 窟）等 300 多处石窟。前文提到这里是佛教修行中心，也是在中国早期佛教中扮演重要角色的僧侣们的诞生地。

与许多其他 4 世纪兴起的石窟寺一样，克孜尔石窟修建在偏远地区，主要用于个人进行苦修。像许多主要的石窟寺遗址，克孜尔石窟包括生活和管理空间、听讲和传授空间、用于冥想的小型洞窟、曾经安置纪念像的大型洞窟和由甬道连接前后室的中心柱窟（图 11–8）。这些中心柱窟的中心柱被认为是代替之前曾经在印度、巴基斯坦和阿富汗显著而突出存在的佛塔。中心

图 11–8　克孜尔第 38 窟内景
中国新疆维吾尔自治区，库车王国，5—6 世纪

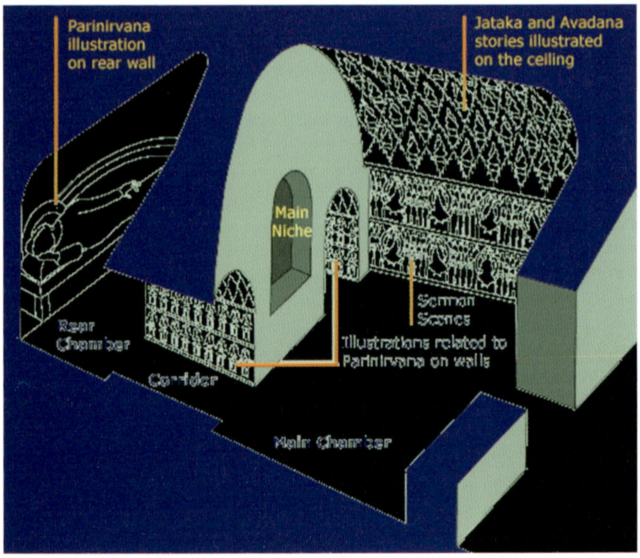

图 11–9　克孜尔中心柱窟结构图

柱两侧的甬道（图 11–9）经常画佛塔装饰带，这些佛塔中是坐佛或舍利容器。后室装饰壁画和雕塑，经常在台座上塑造以大型卧佛表现的涅槃像。

第 38 窟和其他克孜尔石窟的壁画用干壁画技法绘制，石质壁面首先涂抹一层泥土混合了稻草或其他物品的基底，再于其上制作石膏或高岭土等有机质层，最后用矿物质颜料绘画，使用青金石或孔雀石这些昂贵的矿物质颜料说明库车王国的富有。丝路沿线的石窟壁画，包括莫高窟壁画都采用同样的制作方法，但使用的颜料将它们区别开来。

图 11–10　细部，表现佛陀释迦牟尼前世，克孜尔第 38 窟
中国新疆维吾尔自治区，库车王国，5—6 世纪石膏和黏土上颜料

许多克孜尔石窟主室上部的壁画描绘佛陀在累世生命的不同时段通过苦行而积累善业，背景是不清晰但遥远的山峦。例如，第 38 窟表现历史上的佛陀前世是一个名叫须阇提的苦修者（图 11–10），中心柱窟形制的第 219 窟甬道两侧门上的坐姿僧侣双肩升起火焰使得他们像在飘起（图 11–11），克孜尔石窟的其他壁画描绘僧侣可能通过这样的苦修而获得的奇迹和超能力。类似的，位于丝路北道东段的 6 世纪吐峪沟石窟壁画中僧侣示现奇迹、苦修内容也占据重要地位。这些充分说明，通过苦修而同时获

图 11–11　冥想的僧侣喷水和火的细部，克孜尔第 219 窟
中国新疆维吾尔自治区，库车王国，5—6 世纪石膏和黏土上颜料
柏林亚洲艺术博物馆藏

图 11–12　菩萨（可能是弥勒），克孜尔第 224 窟
中国新疆维吾尔自治区，库车王国，5—6 世纪
石膏和黏土上颜料
长 261 厘米
印度艺术博物馆，柏林

得精神上的成就和神奇的能力的信仰是 4—6 世纪丝路沿线的佛教的重要内容。

克孜尔中心柱窟门上半月形空间画有弥勒菩萨（图 11–12）及胁侍，他们都交脚而坐，高座覆盖着有图案的织物，身穿源于印度服装的纱笼式上衣，佩戴短披肩、项链、臂钏、腕钏和腰带，头戴装饰珍珠的优雅的三角形宝冠，飘带垂至脑后。这种源于波斯原型的宝冠经常出现在中亚和中国的早期佛教艺术中，也见于波斯萨珊帝国（224—651）的图像中，萨珊帝国也控制着临近的伊朗和阿富汗部分地区。用孔雀石绿和青金石蓝画出弥勒和胁侍的服装阴影的技法普遍流行于库车艺术。深深的衣褶和飘带式平衣纹的交替存在表明混合了 4—5 世纪沿着丝路传来的早期印度和巴基斯坦艺术传统。

同样的衣纹处理方法也见于甘肃省敦煌莫高窟第 254 窟的交脚而坐的主佛像（图 11–13）。有 492 个洞窟的敦煌莫高窟是丝路东段的重要佛教遗址。当中原王朝的势力扩展到丝路沿线的大部分地区时，公元前 111 年敦煌是一座军事重镇。像克孜尔石窟那样，最早的敦煌莫高窟开凿于 366 年，为那些不愿为朝廷和都市中心工作的人提供个人苦修的场所。5—14 世纪，敦煌莫高窟的开凿持续进行。

克孜尔石窟和其他丝路沿线

图 11–13　莫高窟第 254 窟内景
中国甘肃省敦煌，北魏，5 世纪晚期

的佛教遗址的图像，以及敦煌的图像中保存着引人注目的证据。这些证据表明 6 世纪前后佛教修行活动发生的变化，然而不见于同时期的印度佛教视觉传统。通常在克孜尔石窟连接主室和中央室的甬道侧壁描绘面向跪拜的信众走来的大型佛像，背景是飘落的莲花和珠宝。（图 11–14）这些佛的背光中表现出了很多小型坐佛，身躯上满布其他形象和符号，代表对天上卢舍那佛的首次视觉表现。

图 11–14　卢舍那佛，克孜尔第 5 窟
中国新疆维吾尔自治区，库车王国，5—6 世纪
170 厘米 × 110 厘米
石膏和黏土上颜料
印度艺术博物馆，柏林

体现宇宙的卢舍那佛图像也发现于丝路南道的和田遗址、莫高窟第248窟以及同时期公元6世纪的中国雕塑。（图11–15、图11–16）

佛教与奢侈商品

莫高窟第254窟壁画中所绘尸毗王故事画面中的小型人物束腰袍服、裤子和靴子的穿着也见于波斯世界的高等级人物、克孜尔石窟的供养人、4—8世纪丝路上最重要的商人——粟特商人，他们以今乌兹别克斯坦和塔吉克斯坦为根基。克孜尔石窟第8窟甬道侧壁壁画中表现了四个袍服上束金属腰带的红发、带头光的供养人，这幅壁画现藏于柏林博物馆。（图11–17）这四个供养人持剑和匕首，站立在台阶上，模糊的背景中飘落白色莲花，类似前文所述卢舍那佛的背景。两人穿红色裤子，两人穿白色裤子，他们的领子和衣服边缘与袍服形成反差，可见使用了4—6世纪丝绸之路沿线的贵重织物和样式。画面左侧供养人的衣服边缘和他旁边供养人所穿的蓝色袍服上装饰的连珠纹圆圈广泛流行于西至伊朗、东至中国和日本的地区。

库车苏巴什佛寺出土的彩绘木质舍利容器上所绘伎乐手也穿

图11–15　卢舍那佛
多莫科出土，6世纪
木板上颜料
37.8厘米 × 18.5厘米
大英博物馆

图11–16　卢舍那佛，莫高窟第284窟
北周，6世纪

图 11–17　供养人，克孜尔第 8 窟
中国新疆维吾尔自治区，库车王国，5—6 世纪
石膏和黏土上颜料
长 170 厘米
印度艺术博物馆，柏林

图 11–18　舍利容器
中国新疆维吾尔自治区，库车，苏巴什地区，5—6 世纪
木质彩绘
直径 38 厘米
东京国立博物馆

着同样的服装（图 11–18），舍利容器的形制与克孜尔石窟壁画中所绘舍利容器一致。容器盖上的连珠纹内跪着一个基于希腊—罗马传统的丘比特的有翼儿童。容器盖子和底部也装饰着圆形和其他形状的连珠纹。有的伎乐手戴着鹰和猴子的面具沿着底部行进。他们演奏的一系列乐器，许多发现于库车，包括竖琴、鼓、木琴和一个来自游牧民族乐器的长角形乐器。

库车及中亚西部的相关地区以它们的音乐传统闻名，可能舍利容器表现的是一个真实的表演场面，可能是佛教或印度教情节，因为有的伎乐手戴着动物面具，进行萨满式的低吟。库车将鲁特琴（古琵琶）及其他乐器传入中国并对那里的乐舞传统产生显著影响。来自中亚的乐手在中国享有盛誉，一种叫作粟特旋转的舞蹈——胡旋舞是表现音乐会的标准形象，莫高窟的唐代洞窟所画佛教集会中演奏许多中亚乐器。

葡萄的栽培和饮用。葡萄酒经常伴随着希腊酒神狄奥尼索斯，从地中海地区传入阿富汗斯坦及整个中亚地区，在以葡萄和葡萄干闻名的吐鲁番地区尤为重要。饮用葡萄酒是这些地区宗教和世俗表演的一部分，并传入中国。墓葬石榻上表现了一个男子和他的妻子举着的高脚杯和这个画面底部左侧的一只胡瓶可能都是饮用葡萄酒的器皿。（图 11–19）中亚西部的胡瓶通常用玻璃或金属制作，唐代中国出现陶质胡瓶。

历史记载包括著名的中国求法僧玄奘（602—664）的著作记录阿富汗的巴米扬石窟的大型佛像面部有面具，装饰着金属牌匾，袍子上覆盖着珍珠圆盘。两尊大型立佛像，一尊高 38 米，另一尊高 55 米（图 11–20），于 2001 年被塔利班破坏，以及一尊长期遗失的涅槃佛像曾是这个遗址的中心，是萨希王（Sahi）赞助一个土耳其人从波斯萨珊那里占领这个

图 11–19　墓葬石椁的一块
中国，北朝—隋代，6 世纪晚期—7 世纪早期
大理石上彩绘，贴金
112.3 厘米 × 53.4 厘米
美秀博物馆，日本

图 11–20　佛陀
阿富汗斯坦，巴米扬石窟，6—7 世纪石像
高 55 米

曾归入贵霜帝国版图的地区。

新图像，新修行：7—8 世纪

焉耆的舒尔楚克遗址出土的彩绘泥塑佛像（图 11–21）展示了 7 世纪晚期—9 世纪丝路中心一种居于主导地位的改进的佛像风格。佛陀低垂的左手握披肩边缘，现在佚失的右手施无畏印，佛陀坐在以连珠纹装饰边框的正方形台座上，佛座内装饰圆圈内是有翼神兽图案。以早期连珠纹为基础的圆圈和有翼神兽都延续了早期发展于波斯，传播至巴克特里亚和粟特的图像。

图 11–21　佛陀
舒尔楚克，麒麟窟，7—8 世纪
泥塑彩绘
高 102 厘米
印度艺术博物馆，柏林

舒尔楚克出土的佛像风格源于同时期更大的克什米尔地区产生的佛教艺术。这种结合了印度和巴基斯坦、阿富汗传统的独特图像长期被关注。大克什米尔地区是 7 世纪早期—11 世纪早期南亚的四个最重要的经济和文化中心之一。在卡科塔（Karkota）王朝（约 615—约 1003）统治下，这个地区持续保留着与阿富汗中心及丝路南道上的中国喀什、和田，以及和中国内地的联系，特别是从 7 世纪中期开始，在短命的印度王朝卡瑙杰（Kannauj）（606—647）领袖哈沙瓦达纳（Harshavardhana）死后，在 9 世纪早期以今比哈尔邦和孟加拉为基础建立的波罗（Pala）王朝（约8—12世纪）之前，克什米尔是一个丝绸之路上佛教图像和思想传播的重要节点。

7世纪晚期—8世纪早期的金铜佛像（图11–22）与以上探讨的黏土佛像的体形一致。佛陀的胁侍有两个菩萨立像和四个跪姿形象，以及狮子、鹿坐在点缀着花形圆圈的垫子上，与舒尔楚克出土佛像的台座图案一致。圆盘是连珠纹中国化形式，证明织物图案随着新的佛教图像风格和新形式的佛教修行沿着丝路传播。

如前述佛教艺术中出现天上的佛和菩萨表明佛教新的修行，通常被称为大乘佛教和金刚乘。木佛龛（图11–23）由中央佛龛和两侧的可经常开合的小门组成，龛内集中了当时最常见的佛教图像，可能用于在旅途中礼拜。

和田绿洲城市丹丹乌里克出土的木版佛画（图11–24）表明，这里曾有许多佛教建筑。这件木版佛画与其他一些木版佛画出土于遗址D，这个小房间曾是一座中央佛座上有泥塑佛像的大型佛教建筑的一部分，散落在地板上的木版佛画被认为是各种供养人还愿的供奉品，很多两面都有画，表明它们被用于不同仪式。随着佛教的发展变化，

图11–22　释迦牟尼佛或阿閦佛
印度克什米尔地区，675—725年
青铜有铜和银镶嵌
高33.7厘米
诺顿西蒙（Norton Simon）基金会

图11–23　八大菩萨曼陀罗佛龛
中国新疆维吾尔自治区，可能是吐鲁番地区，8—9世纪
木质有颜料痕迹
高30厘米
尼尔森·阿特金斯（Nelson Atkins）美术馆

图11–24　画有马赫什瓦拉Maheshvara的奉献板
丹丹乌里克出土（居址4）
中国新疆维吾尔自治区，和田王国，7世纪
木板上颜料
33.0厘米×20.2厘米
大英博物馆

在和田的其他四件佛画中还发现湿婆的其他如马赫什瓦拉的呈现，像其他护法神一样扮演日益重要的角色。与它们在丝路沿线出现的同时，密教在印度东部和中国西藏兴起。

中亚东部的地域传统，9—10 世纪

柏孜克里克石窟的 20 号寺院（图 11–25）相比于石窟寺，更是一座独立建筑，是这个也有石窟寺的遗址中规模更大、更复杂的建筑，原来有雕塑、浓缩了中亚东部及中国东北部的复杂图像和修行的绘画。寺院的佛像有以斜体笈多字体书写的梵文铭文，然而，15 个之中只有 5 个可以辨识，这些铭文可能是表述过去佛预测一个人未来将会成佛的半历史性时刻。他们都被小菩萨像、保护神和佛弟子包围着，还有戴圆锥形帽子的粟特人，他们带着丝路上最主要的驮畜骆驼和驴子。右侧戴着高布帽的是和田人，戴着包头巾的白胡子崇拜者和左侧穿蓝色衣服的人还未辨识出来。（图 11–26）

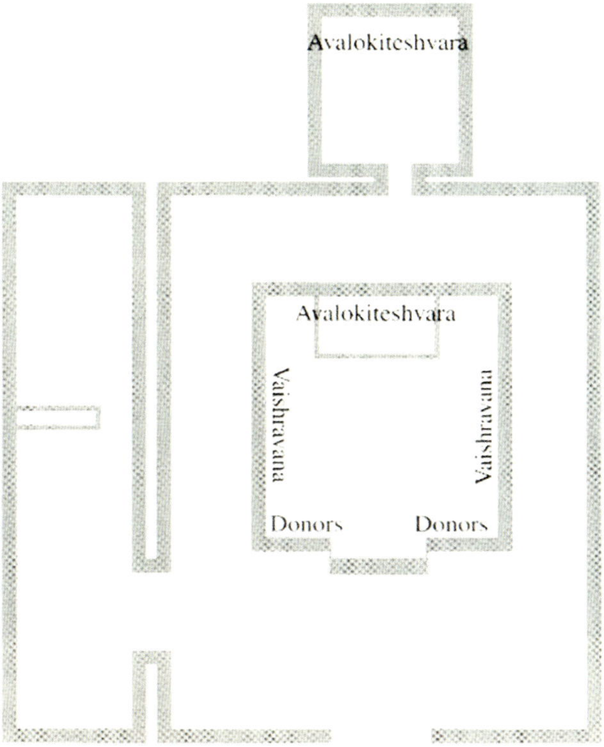

图 11–25　柏孜克里克第 20 号寺院平面图，11 世纪，作者绘制

图 11–26　佛陀，柏孜克里克第 20 号寺院
中国，西州回纥时期，11 世纪
石膏和黏土上颜料

紧密的经济、政治和婚姻纽带以及共同的佛教修行和图像将和田的统治者——西州回纥和甘肃省的曹氏家族联系起来。（图 11–27）曹氏家族从 10 世纪早期—11 世纪早期控制着中国西北的敦煌地区。在 9—11 世纪的莫高窟的壁画中经常出现作为供养人的和田统治者和其他人的画像。例如，莫高窟第 61 窟东壁下部画的 48 名女性供养人像中一位是嫁入强大的曹氏家族的和田国王的女儿。她高耸的装饰玉饰的精致发髻、硕大的项链将她与其他女性供养人鲜明地区别开来。壁画上部的蕨叶形装饰板也见于前文探讨过的柏孜克里克的立佛，这是沿着丝绸之路传入敦煌的希腊—罗马图像。

第 61 窟是敦煌最大的石窟之一，入口外原来曾有木结构，一个长甬道通向 13 米 ×14 米、高 6 米的主室。主室中央的台座上、华盖下的站立胁侍壁画背景前原来应安置一尊现已遗失的泥塑像。据历史记载这尊泥塑像是文殊菩萨像，是佛教智慧的象征，像观音菩萨一样，文殊菩萨是敦煌地区 9—11 世纪最重要和被崇拜的天上菩萨。此外，莫高窟第 61 窟的文殊菩萨像是 10 世纪前后敦煌和相关佛教中心出现的新样文殊的一个例子。这种新样文殊图像敦煌出土的木版印刷佛画

图 11–27　空行母，柏孜克里克第 20 号寺院
中国，西州回纥时期，11 世纪
石膏和黏土上颜料
艾伯特 · 冯 · 勒 · 科克 · 乔乔，柏林

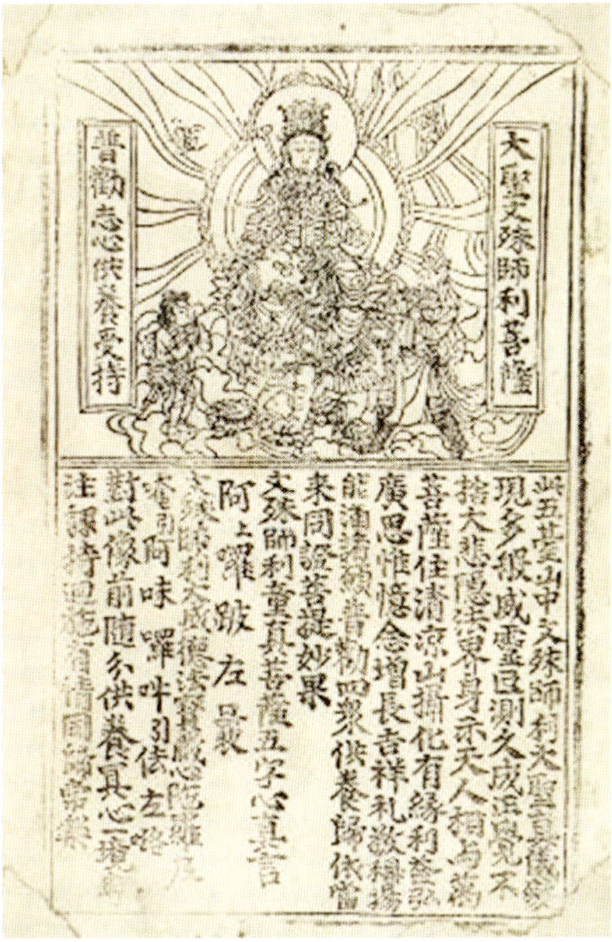

图 11–28　文殊菩萨及胁侍
莫高窟第 17 窟出土
中国，五代时期，10 世纪
纸上墨画
高 27.9 厘米
大英博物馆

（图 11–28），可能在当时通过这种便携和低成本的形式进行传播。

来自乌兹别克斯坦的富有影响力的高僧不空（705—770）促进了五台山成为整个亚洲僧侣朝圣的佛教中心，莫高窟第 61 窟背面墙壁上的五台山图展示了五台山的这种中心地位。不空是众多外来僧侣之一，这些来自印度、阿富汗、和田和朝鲜半岛的僧侣在中国工作，经常服务于朝廷，在国家赞助的翻译机构尽职。这些僧侣和中国神职人员促成了密教传统的发展和传播，包括向佛、菩萨、护法神的强大显现的敬拜，以及曼陀罗的仪轨。

虽然这些发展起来的佛教修行仍然不能被理解，但是通过丝路沿线佛教中心的视觉证据，包括对苦修者和其他佛弟子的表现兴趣、天上佛大日如来的最早图像、曼陀罗的最早视觉证据和将印度教湿婆吸纳为佛教的护法神大黑天等，得以了解丝路上诸多互相交织的中心促进佛教修行和图像的发展及其在亚洲的传播的诸多途径。

（杨效俊　译）

12. 霍尔木兹岛所见中国瓷器及中伊贸易盛景

法赫里·唐内希普·帕尔瓦尔

（伊朗德黑兰大学原考古系主任、教授）

提要

本文分为四个独立部分，力图根据所发现的古文物来展现“丝绸之路”上的伊朗和中国——霍尔木兹岛（Hormuz）和那个遥远偏僻的亚洲国家，在古代是如何进行经济和贸易交往的。不同的部分提供了相应重要的信息内容，霍尔木兹岛及其地理位置、历史概况，伊朗—中国间的文化、艺术联系，这都将是讨论的对象。随后探讨中国瓷器的重要性、艺术简史及制作工艺，以及它的扩散方式。以一件商品为例，它如何去了霍尔木兹岛、其他岛屿和伊朗别的区域。最后，由来自霍尔木兹岛的瓷器而得出这样的结论：伊朗和中国在明代（等同于伊朗帖木儿和萨法维时代）有直接的贸易往来。

伊朗和中国自古以来就有文化、贸易、政治、艺术和宗教上的联系。各种中国和伊朗的资料显示，从中国的汉代、伊朗的帕提亚王朝开始，这种联系就变得稳固且得到发展。根据考古资料和已有的研究，中国和西亚之间的文化联系应该更早于帕提亚王朝时代和汉代。我们从文物考古挖掘中得出结论，从帕提亚王朝到后世，通过陆上丝绸之路和海上丝绸之路与中国建立了颇为广泛的政治、贸易和艺术交流，这也成为思想文化传播的有效方式。（图 12–1）

伊朗和中国的丝路交往

雄才大略的汉武帝为了和中国西域的国家建立联系、开拓相关的道

图 12–1　具有中国风格的伊朗瓷盘

路，派遣大使张骞和其他使者出使西域，调查和报告这些地方的情况。

张骞的报告中也包含了伊朗的帕提亚王朝。那些关于中亚人民，如印度河、费尔干纳、帕克特里亚以及受伊朗文化影响的周边地区的资料也被收集起来。张骞的报告很齐全，特别是关于帕提亚王朝的详细资料也载入其中，这使得汉武帝对启动建立东西方交通道路更为坚决。因此，从帕提亚密特里达特斯二世和汉武帝签订第一个贸易条约后，丝绸之路就繁荣起来了。特别是，在要道上的帕提亚王朝伊朗人控制着这条通道，并从需要经过这里运往西方的商品中攫取了大量利益。实际上，帕提亚王朝人充当着中国和古罗马的贸易中间人的角色。

在唐朝——相当于伊朗萨珊王朝末33年，到前几个独立的王朝——伊朗和中国间的政治、贸易联系进一步拓展。由于海上丝绸之路的延伸和连接，希拉夫港口（塔赫里）也加入了贸易阵营，并能在连接伊朗、波斯湾周边国家、印度和中国贸易上发挥重要作用。在中国的广东港口和扬州港区，云集着各国商人。在广东港口所获得的萨珊硬币及在希拉夫港口所获得的中国硬币，确证了中国和伊朗之间的陆上及海上的联系。

希拉夫港口荒芜之后，基什岛取代了其地位。随后，老霍尔木兹无意中成为贸易开路者，并从伊斯兰历8世纪初期（14世纪），霍尔木兹岛成为世界上著名的贸易地。在元朝时，伊朗和中国间的联系加深。蒙古统治者的目标之一就是通过东西方之路来实现经济的成功，因此蒙古人在那段时间极力争取维护这条国际路线的运行和安宁。

在蒙古人统治中国和伊朗两国时期，波斯文化成功地打开了中国之门。值得一提的是，忽必烈可汗将部分中国一些区域的事务管理和穆斯林的事宜委托给伊朗人。在很长一段时间内，商业互通在两个国家间进行着，除了丝织品，中国瓷器的出口也占有特殊地位。

明朝，即伊朗的帖木儿和萨法维时代，除却帖木儿晚期，总体说来，伊朗和中国之间的关系很友善。这一时期，进口的商品中，瓷器，特别是驰名的青花瓷，在伊朗的某些特殊地方得以观赏到。（图12–2）霍尔木兹岛便成了中国瓷器的重要贸易中心。

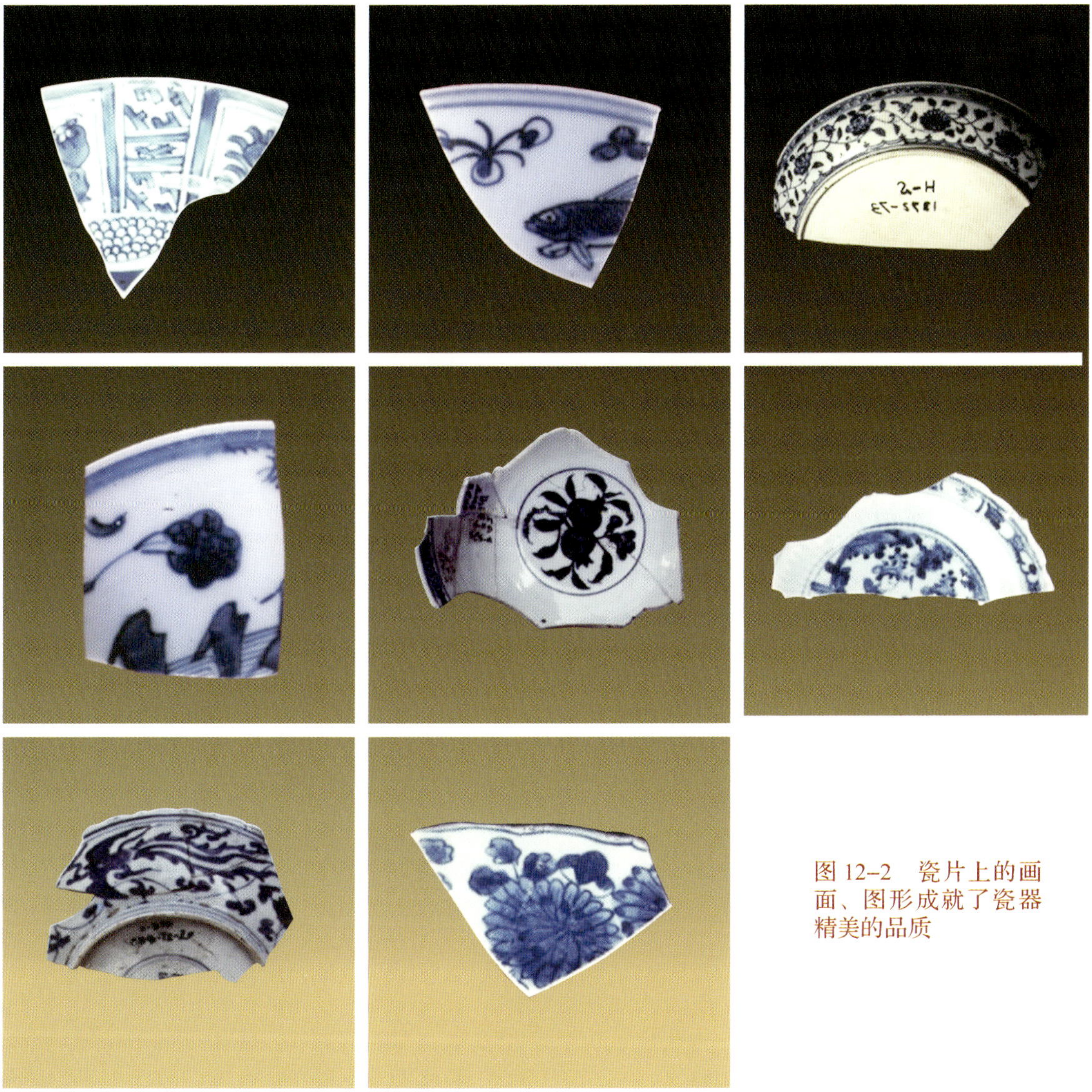

图 12–2　瓷片上的画面、图形成就了瓷器精美的品质

霍尔木兹岛的瓷器碎片

霍尔木兹岛面积 41.9 平方千米，是波斯湾和阿曼湾的咽喉之地，也有着重要的贸易和经济地位。该岛面积小，但是环境优美，由于富含赭石矿物，在太阳光照射下，一些黑色的微粒受化学凝结作用变为块状，所以样貌呈玫

图 12–3　青花瓷碎片源自小碗足部，图像标记是小鸟站在岩石上。这些碎片被故意打碎且几乎都是圆形的。可能是因为当时被用来作为装饰墙面的东西，或是小孩为了扔掷玩耍

瑰红色，每一个观赏者都为它所眷恋。难怪英国诗人弥尔顿（John Milton）在他的诗集《失乐园》中也描述了霍尔木兹。在东部百姓中一直流传着这样的传说："如果这个世界是一枚戒指，那么霍尔木兹就是戒指上的宝石。"老霍尔木兹曾经是一个重要的商业中心，地处伊朗、阿拉伯、印度海岸中间，中国的货物通过印度进入伊朗的港口。

霍尔木兹岛是研究伊朗和中国瓷器最古老的中心之一。考古学家在古代遗址和山丘中发现了各种各样的中国进口瓷器样品，表明了这种重要的贸易物品当年曾在伊朗广泛流通。不同种类和图形的瓷器碎片散布在霍尔木兹岛的角落和周围。（图 12–3）

考古发掘表明，在 14、15、16 世纪，伊朗和中国有直接的贸易往来。发掘有完整的瓷器，但

图 12–4　瓷片上有丰富的有价值的信息

大部分是碎片，现在正在被修补起来，图案值得研究（图 12–4），其中绘画、图形、商标、汉字、波斯语、阿拉伯语等都给我们提供了有价值的贸易、艺术和宗教信息。

伊斯兰历（太阳历）1355—1356 年，考古中心的考古学家们的第一镐是在霍尔木兹岛的几个古山丘上，随后对表层的瓷器和陶器进行收集、调查，这些由侯赛因•拜赫提亚里（حسین‌بختیاری）负责，在探沟里获得了数量巨大的瓷器碎片。笔者当时在考古队中负责研究瓷器碎片。

伊斯兰历（太阳历）1372—1373 年，进行第二次国家文化遗产考古发掘，在霍尔木兹城堡开始作业，这支队伍大部分成员是女性，仁慈的法蒂玛女士管理了一个月。后来，笔者收到正式通知，获国家文化遗产单位邀请而进入此团队。在表层调查和沟槽勘探中，最后发掘了大量陶器和瓷器碎片。关于它们的研究正在进行中，将来还要提供有关瓷器碎片的研究报告，包含上述考古队的报告。

中国瓷器艺术、工艺的记载和简史

中国向世界输出的重要商品之一就是瓷器，毫无疑问，中国是世界上首先有能力制造出瓷器的国家。

瓷是陶艺术的传承和发展，陶和瓷的原材料都是土，但是土的类别、制作方式、窑的温度标准有着很大差异。制作陶器的黏土随处可得，但是由于高岭土这一局限，瓷器作坊的工作也受到一定的限制。瓷器制作不仅工艺复杂，而且特别需要精细控制窑洞温度。陶艺的发展催生了瓷器的诞生，涂有釉的陶可视为瓷的开端。

制作瓷器的首要原料是高岭土，即一种白色瓷土，从长石中获取；第二种材料是石英矿，一种白色岩石，熔点低。汉代末期，陶开始向瓷过渡，从这一时期开始，陶器工艺就没有很大的进展。尽管铅釉陶比这一时期其他釉陶更为富于光泽，但是瓷器时期依然没有到来，艺术家们把这样的器物视作原始瓷。在这一时期，用高岭土代替黏土来制作器具，烧制漂亮颜色的灰釉代替铅釉被广泛使用。

唐时，真正有特色的瓷器出现了，瓷器窑洞数量增加。隋唐时期，瓷器的釉都来自长石。

宋时，瓷器制造有着惊人的变化。不同的高温大窑洞烧制出了各种尺寸和颜色适宜的瓷器物品，这些瓷器在艺术上享誉全球。宋窑产品已出口到世界上许多地方，包括伊朗。比鲁尼在他的一个伊朗朋友家里看到了几个宋朝人——当时中国人与伊朗贸易、交往何等深入，这提供了一个有趣的信息。宋时，景德镇窑较为活跃，有着可观的产量。青瓷是另一种瓷器，在那时品质优秀。

元时，因为战争，蒙古人进攻中原，很多宋时的窑洞和瓷器作坊或遭到破坏，或被废弃。只有几个宋时存留下来的私家窑和景德镇作坊继续生产。元时，一种名为“青花”、釉下带蓝色图案的瓷器出现了。钴是制作蓝色图案里的必要材料，而钴料是由外国运输到中国的。该时期，青花瓷相当多的图案设计是花鸟、叶子和龙凤。（图 12–5）这一重要商品出口到了当时其他的国家。阿德比尔圣陵有元时瓷器样品，这批阿德比尔瓷器如今存放在伊朗国家博物馆（伊朗古代馆）里。

明时，景德镇窑变得特别重

图 12–5　青花瓷片有相当多的是花鸟、树叶和龙凤等图案设计

要，生产了大量的各种各样的器物，包括所有种类的青花瓷。官窑受到宫廷和皇帝的庇护，这种窑的监管大部分由宫廷中的穆斯林宦官来承担。官窑成品大部分为皇宫、朝臣以及上层人物所使用，其余的作为礼物赠送给别国首脑，特别是穆斯林。景德镇其他窑的产品，就质量和外形图案来说，要次一等级。这种窑的产品销售到中国的各个地方，同时也大批量出口到了中亚、东南亚、印度、西亚，尤其是伊朗，以及欧洲。郑和是一名穆斯林宦官，也是永乐皇帝的朋友和顾问。他曾在一段时间里监管官窑。这位穆斯林宦官兼军事政客，曾在两位中国皇帝的指示下，七次乘着装备齐全的巨轮，载着大批的货物前往西边的国家。第四次、第五次、第七次航行都来到了霍尔木兹岛，而该岛在当时是波斯湾重要的贸易中心。

毫无疑问，郑和下西洋并不是出于政治目的，从商业的角度看，他在贸易拓展中起着重要作用。在他那个庞大的船队里，装有大量瓷器和物品，作为礼物赠送给沿着航海路线的国家元首和岛屿统治者。在成祖和宣宗两位皇帝时期，官家作坊和窑洞的数量，以及受皇家保护的窑场数量明显增长了。明代，有几种瓷器，包括五彩瓷和三彩瓷供应给世界市场。青花瓷，在釉下蓝彩和纹饰种类方面，达到了美丽巅峰，臻于完美，吸引着各地买主和艺术爱好者。

在明代，瓷器烧制方法非常复杂，最后进入练泥阶段，这个环节耗时最长，可能需要花费好几年，泥料准备好后，父亲使用它，也把它作为遗产留给儿子。萨迪如是说：

> 我听说在东方的一个国度，
> 制造一个瓷杯需要40年。
> 西方每天能出100件瓷器，
> 但东方瓷杯的价值无可比拟。

这一时期流传下来的青花瓷如今装饰着世界上大多数博物馆。中国人将青花瓷的青色称为“回青”，因为在一段特殊的时期，伊朗的钴料出口到中国。明代晚期，由于内战和骚乱，景德镇窑日益荒凉。

清代，相当数量的瓷器窑改建于明窑，也有很多是新建的。康熙时期，窑内出产产品丰富。1750—1764年，太平天国运动极大地削弱了清政府，再也没有别的皇帝能够保护景德镇窑了。

1840年，英国人在广东的瓷器窑场开始使用机器，生产出质量较差的瓷器，并输向欧洲。生产的低成本导致了在世界范围内中国出口货物量的萎缩。

瓷器比较昂贵，一个质量上乘的瓷器须具备三种特征。

1. 坚硬、坚固，只有金刚钻可以钻破它。

2. 晶莹透明。

3. 有图案和装饰。

至于施釉及绘画方面，在霍尔木兹岛，瓷器的图案最多的还是透明釉和半透明釉。在元代和明代，钴蓝色料的生产方式通过伊朗人和阿拉伯人进入中国。一些研究者认为，钴是通过和田地区进入中国的。

中国从江苏、云南、福建、浙江所获得的钴并不是那么纯。

因此，中国进口可用的钴，会获得不同颜色的蓝。瓷器工匠从伊斯兰国家进口的钴，即“回青”，在宣德和嘉靖时期得到更广泛的使用。也有一种非常有光泽的蓝色被誉为“苏门答腊青”，施釉前，工匠在泥坯表面装饰以图画和肖像，随后贴上一张釉纸，再放入窑洞中焙烧。这种釉下彩技术很有名，大部分霍尔木兹岛的瓷器是用这种技术制作出来的。

出土瓷品上的文字考证

青花瓷上的汉字

汉字以四到六个字的方式书写在一些瓷器足底。（图 12-6）这些汉字有四种用法。

（1）皇帝的标记和符号，用以表示皇帝年号和统治朝代。

（2）有些瓷器上的字表达美好祈祷、愿望，如长命百岁、青春永驻、富贵昌盛、太平安康。

（3）在瓷器上或碗底写一个字。用以标识作坊商标。

波斯文

有关波斯文的仅找到一个例子，但由于瓷器的损坏只能看清楚两个单词（وت رادهگن），这两个单词出自某诗歌的一句。阿卜杜拉·古乔尼在《苏莱曼座椅瓷砖上的波斯诗》一书的第 84 页有一句同类型的诗：

وت رادهگن اداب دنوادخ

上帝佑护着你

一切顺心遂意

同时，他指出这句诗在《吉兰和迪勒姆斯坦史》第 474 页也有记录，但是没有相关作者的记录。

阿拉伯文

在一件相对来说比较完整的瓷器上写着单词“الله”（安拉）。

藏文

有几个瓷器内部都重复写着一个藏文词语，具有装饰意义。

（陈彬彬　译）

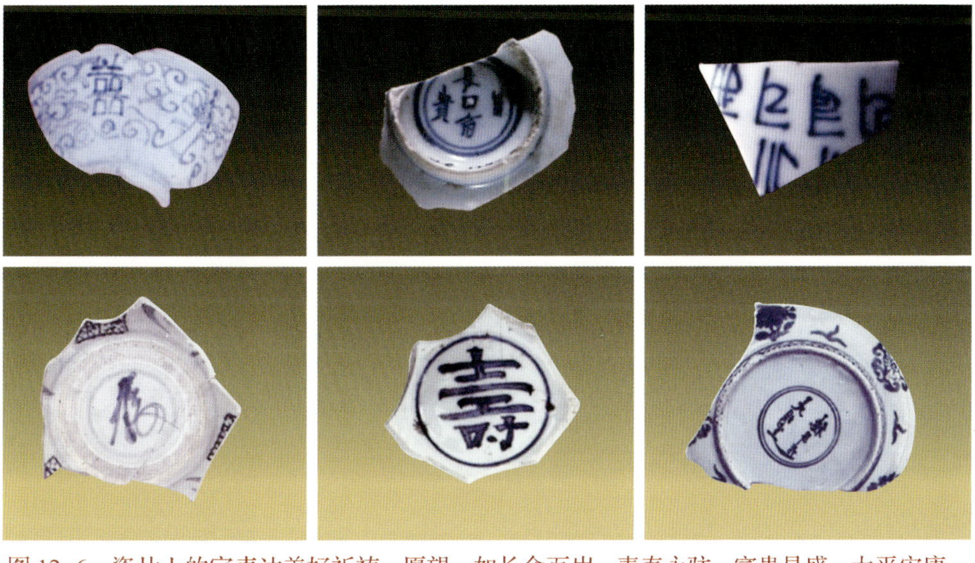

图 12-6　瓷片上的字表达美好祈祷、愿望，如长命百岁、青春永驻、富贵昌盛、太平安康。也有阿拉伯文、藏文等文字

13. 中国瓷器——以色列丝路考古研究的珍宝

阿萨夫·戈尔德施密特

（以色列特拉维夫大学孔子学院以方院长）

提要

连接着东西方古老文明的丝绸之路，长久以来都令人心生向往。近年来，伴随着中国“一带一路”倡议的推进建设，与之相关的研究话题也层出不穷，越发引人入胜。从历史学的角度来说，丝绸之路更像是一个谜。我们已经逐渐了解了陆上与海上丝绸之路途经何处，但对沿途的贸易往来以及具体的流通货品知之甚少。不少文字史料都记录了丝绸之路的历史，然而留存下来的相关实物却寥寥可数。不同于那些早已腐烂殆尽的有机物品，瓷器因其特殊的化学成分而得以保留，为丝绸之路的考古研究做出了突出贡献。

唐朝时期，丝绸之路东起唐都长安，途经敦煌，一直延伸至西亚，作为国际文化交流中心的中国在其中大放异彩。与此同时，阿拉伯人建立了伊斯兰帝国，地跨如今的伊朗、伊拉克、埃及和非洲北部。两大文明的发展不仅极大地促进了人口流动和文化交流，也使得东西方贸易往来不断深入，贸易内容不断丰富。海上丝路中最有价值的货物当数中国瓷器，只有它们和为数不多的工艺品在时间的长河中幸存下来。而这条连接东亚与西亚、运载了无数中国瓷器的贸易之路，也因而被日本学者三上次男称为“陶瓷之路”（1969）。

以色列出土的中国瓷片意义重大

以色列地处西亚，位于地中海的东南岸及红海亚喀巴湾北岸，地处亚洲的西端，向北进发可至欧洲，西南又与非洲大陆相连，其特殊的地理位置使其成了陆上和海上贸易之路的必经之地，也自然成了过去几千年中各大帝国的必争之地。由于犹太人国土历史的复杂性，在不同时期的历史文献中，以色列拥有过不同的领土区域和名称。

据记载，早在20世纪30年代，尚未建国的以色列就曾发掘出中国瓷器的碎片。今日，耶路撒冷的洛克菲勒博物馆里还贮藏着美国和英国考古远征队发掘出的青花瓷碎片。如今，近百年的时光过去了，经过无数次大大小小的考古发掘，以色列境内出土了越来越多来自中国的瓷片。结合我们所掌握的已发表文献及一部分尚未公布的资料来看，至少有17个遗址出土过中国瓷片。这些珍贵的历史见证被收藏于以色列国家文物局、耶路撒冷洛克菲勒博物馆、耶路撒冷希伯来大学、雅法考古博物馆、拉姆拉博物馆等文化和教育机构，以及一部分考古挖掘者的手中。

在这篇文章中，我们重点讨论以色列出土的伊斯兰帝国早期和十字军东征时期的中国瓷器，对应中国的唐朝、五代十国至宋朝时期。与20世纪60年代就已经被夏鼐先生（1910—1985）讨论过的来自埃及福斯塔特的中国瓷片不同，以色列出土的中国瓷片对于中国大众乃至学术界依旧是陌生的。而这些中国瓷片在以色列的出土也引发了诸多关于丝绸之路的贸易以及古代以色列在其中扮演何种角色的思考。

我们的研究所涉及的中国古瓷片分别来自耶路撒冷老城锡安山的亚美尼亚花园遗址（The Armenian Garden on The Western Hill in Jerusalem）、布林遗址（Khirbet Burin）、拉姆拉（Ramla）、阿卡古城的医院骑士团建筑群和骑士酒店（The Hospitaller Compound and The Knight's Hotel in 'Akko）、亚夫内湾（Yavneh-Yam）及提比利亚（Tiberias）。值得一提的是，尽管在以色列的考古遗址中所发现的中国瓷器都是碎片，且数量不多，但对于以色列学者意义重大。（图13–1）这些远道而来的中国瓷器是当地社会经济发展的有力佐证。所有的以色列学者都认同当时中国瓷器属于奢侈品，只在上层权贵之间流通。

由于对中国瓷器不甚了解，以色列考古学界对于瓷片的断代分类基本上依托于梅德利（Medley）对于中国瓷器的研究（1982）以及埃及福斯塔特遗址（Scanlon，1970）、约旦亚喀巴遗址（Whitcomb，1979）等邻近地区的考古发掘资料。学者们通过瓷片上的图案花纹、釉面以及出土地层区分出各种瓷器大类后，再结合瓷片的出土遗址进一步探究这类瓷器出现背后的经济意义。但考古学家毕竟不是汉学家，他们对瓷片的分类很难与中国瓷器发展历史、贸易出口历史和时代背景知识完全吻合，有时候会出现分歧。

得益于不断开辟的海上新航线，唐宋过渡交替时期最重要的变化之一就是中国对内与对外贸易规模的迅速扩大。中国历史上第一次开始仰仗于海路而非陆路与西方世界进行贸易往来，贸易量也因此大幅增长，这一点从西亚出土的大量文物中得到了验证。根据三上次男的研究，自唐朝之后，中国涌现了更多的港口城市，陶瓷产品开始大规模出口，并逐步占据了东西方贸易中的主导地位。

而中国制陶业本身也在唐宋过渡交替的历史背景下发生了变化。唐朝地域的扩张为瓷器制造注入了纹饰、造型、颜色等多方面的新元素。其次，蓬勃发展的经济孕育了各种新的陶瓷生产工艺及陶瓷品类。最后，加之佛教饮茶之风的盛行，瓷器也被赋予了新的仪式功能。五代十国时期，分裂的局面反而为陶瓷生产带来了多样性。据中国陶瓷专家冯先明先生总结，这是一个官窑与民窑开始“分道扬镳”的时代。此后，官窑出产的高品质瓷器刺激着民窑不断改善制作工艺。例如，著名的越窑所在地吴越地区也因瓷器出口成了这一时期最繁华的地区之一。到了宋朝时期，西部势力和北方王朝的存在切断了中国与中亚的直接往来，使陶瓷的海运出口大幅增加。

图 13-1　以色列考古遗址中发现的中国瓷器尽管都是碎片，但对以色列学者意义重大

年代划分

断代在伊斯兰帝国早期和十字军东征时期的瓷片总数在 70 片左右，分别来自阿卡（Akko）、阿波罗尼亚（Apollonia）、亚实基伦（Ashkelon）、凯撒利亚

图 13-2　以色列洛克菲勒博物馆

（Caesarea）、拉姆拉、拉玛特雷切尔庄园（Ramat Rachel）、提比利亚（Tiberias）和亚夫内湾八处遗址。其中一些来源于尚未发表的考古发掘报告，还有一些则来源于以色列国家文物考古研究局官网上发表的单页抢救性发掘报告（http://www.hadashot-esi.org.il）。此外，断代在马穆鲁克时期（1250—1517）和奥斯曼帝国时期（1517—1922）的中国瓷片则出土于伯尼达罗姆（Bene Darom）、耶路撒冷老城犹太区罗马街（Jewish Quarter cardo in Jerusalem）、布林遗址、卡巴拉洞穴（Me`arat Kebara）、希沙姆宫遗址（Khirbet al-Mafjar）、大卫塔（Jerusalem Citadel）和萨法德（Safed）。

根据中国瓷器类型学的时代特征，以色列出土的中国瓷片大致可以分为以下三个阶段。（图 13–2）

第一阶段：晚唐至五代时期（618—960），大致与黎凡特南部（古代的以色列地区）阿拔斯王朝统治时期同期。

第二阶段：北宋时期（960—1127），大致与黎凡特南部地区法蒂玛王朝统治时期同期。

第三阶段：南宋时期（1127—1276），大致与耶路撒冷拉丁王国十字军东征时期同期。

所有可划分到第一阶段的碎片，进口到以色列的时间都并不早于 9 世纪。综合中国窑口遗址土层的划分及出土文物的年代等多方面数据，学界普遍认为中国陶瓷大规模出口初始于 9 世纪。从对相邻地区出土的瓷片分析来看，埃及的福斯塔特和约旦的亚喀巴遗址中出土的大量中国瓷器的年代最早也都不早于 9 世纪。

第二阶段中国瓷片大致断代于北宋时期。11 世纪初，中国陶瓷的发展陷入停滞，这个阶段的陶瓷在品质方面没有特别显著的进步。然而，在 11 世纪下半叶，景德镇的瓷器生产开始兴起，拉姆拉出土的早期青白瓷就属此类。耀州窑和定窑也在 11 世纪末开始从中国出口。这一阶段的瓷片品种更丰富、数量更多，与当时宋朝繁荣的经济相吻合。

第三阶段的中国瓷片主要以龙泉青瓷和青白瓷为主。阿卡古城和埃及福斯塔特遗址中都发现了大量的龙泉青瓷（Mikami, 1991）。与以前各个时期相比，这一时期中国出口的瓷器在品质上有了显著的提高。

以色列出土的部分中国瓷器碎片分析

定窑

随着唐代邢窑的渐趋衰落，与之毗邻的定窑继之后起，并在北宋中期（11 世纪）开始为朝廷烧制贡瓷，定窑器也成了当时的顶级瓷器。定窑烧制白瓷的历史至少持续到 14 世纪，即明朝早期。根据文献资料记载，定窑烧制的白定、红定、黑定、紫定各有千秋，其中尤以白定和红定著称。定窑釉质细润精良，纹饰秀丽典雅，常用各种动物花卉图案以及刻花、划花、印花等装饰工艺。从 12 世纪初开始，定窑器物口沿处常常镶金、银、铜质边圈，此为定窑产品的一大特色。

拉姆拉出土的白瓷残片上的莲瓣纹，是定窑器上常见的纹饰，线条刚劲流畅，有较强的立体感，与建于宋太祖到宋真宗时期（960—1022）的河北定州净众院塔基地宫出土的定窑瓷器上的刻花莲瓣纹有几分相似。根据史料记载，定窑产品也曾出口，但数量不多。乔治 • 斯坎龙（George Scanlon）在埃及福斯塔特的考古挖掘（1964—1972）中记录道："吉伦斯瓦尔德（Gyllensvard）博士挖掘出的 4000 多件中国瓷器碎片中，定窑不超过 10 件。"

耀州窑

耀州青瓷以其极具表现力的装饰技艺闻名于世，将划花、刻花、印花、剔花等多种手法或单施或兼用，通过光影效果使平面的装饰更显立体感。在纹样方面，除了花卉和动物图案外，婴戏也颇为常见。此外，耀州窑的制陶工人还仿照唐代金银器及佛教雕塑制作瓷器。耀州窑发展至北宋末期已能烧制出坚薄的胎体，釉色青绿如橄榄。阿卡（Akko）和提比利亚（Tiberias）出土的耀州窑瓷片釉色都呈深橄榄绿色，刀刻线条刚劲平滑，但提比利亚的残片太小，难以看出纹饰全貌。从阿卡出土的瓷片则展现了更多细节，环形底座很薄，从破碎的位置可以清晰地看到两朵菊花纹饰，极有可能属于一只典型的耀州窑缠枝菊花纹碗。与阿卡发现的、可以追溯到 13 世纪的大部分龙泉陶瓷碎片不同，从纹饰上来看，该耀州窑瓷片可以追溯到 12 世纪上半叶。

龙泉窑

龙泉窑制瓷历史悠久，其出产瓷器的风格也几经变换。在阿卡出土的龙泉陶瓷碎片带有典型的南宋中后期龙泉窑瓷器的特征，结合其出土土层，大致可追溯至 13 世纪。从北宋中期开始，龙泉窑开始在釉中掺入富含氧化钾的竹灰，将传统的钙质釉改良成了石灰碱釉。这种釉在高温下不易流动。釉层中还含有少量的细小气泡和未熔的石英颗粒，它们使进入釉层的光线发生不同程度的反射和散射，让釉面呈现柔和淡雅的玉质感。在阿卡遗址中发现的这七块龙泉窑残片也是以色列出土的所有中国瓷片中釉色光泽最为上乘的。此外，龙泉窑在制作胎体时，添加了瓷土和紫色青铜黏土（紫金土），使得烧制出的胎体比早前的更为轻薄。胎质中含量相对较高的铁氧化物在烧制过程中还原析出，使胎体呈灰色，底足露胎处呈赭褐色窑红，这种现象常被称为“火石红”或“铁足”，阿卡出土的所有龙泉窑瓷片都有此特征。这些龙泉窑精品瓷器的发现也佐证了阿卡古城在十字军东征时期作为主要港口城市的重要地位。

越窑

越窑精品在唐朝初期并不常见。直到晚唐时期，《茶经》将越窑列为唐代诸窑之首，越窑青瓷才逐渐受到了推崇。在五代十国时期，越窑位于吴越境内，为王室所掌控，到了宋代才逐渐扩展，在普通民众之间流行推广开来。由于大部分越窑窑址紧沿贸易路线，越窑青瓷成了中国最早大宗出口的瓷器之一。五代十国至北宋时期，越窑的出口达到了顶峰，许多国内外考古遗址和沉船中都发现了越窑瓷器。我们发现，包括以色列在内，几乎每个出土了中国瓷片的西亚遗址中，越窑瓷片所占的比重都非常大。

以色列收藏的所有中国瓷片中，越窑瓷片多达16片，占40%。拉姆拉出土的一件越窑瓷片胎薄质润，造型优雅，应当是10世纪的产物。当时的越窑瓷器，釉色以黄为主，口沿轻薄。北宋后期，越窑釉色逐渐转向以青为主，纹饰更加丰富。

除了上述列举的外，还有一部分瓷片带有明显的邢窑、青白瓷或广东地区窑口的风格特征。

功能

出口至当时黎凡特南部地区的中国瓷器的功能可以通过同时代的阿拉伯历史文献资料来一探究竟。文献资料中，这些中国瓷器的定义颇为广泛，除了作为权贵阶层享用的奢侈品和外交礼品外，有时也可作为特定仪式中的礼器，破损的瓷器研磨成粉也可以入药，甚至作为检验毒性的工具。由此可见，中国和外界对中国瓷器功能的认识并不一致。不过，这一时期的中国瓷器得以流通不仅仅得益于其多样化的功能，其独特的质地、形状和装饰也备受各地人民青睐，可见这一时代的中国陶瓷艺术之美在中国和西

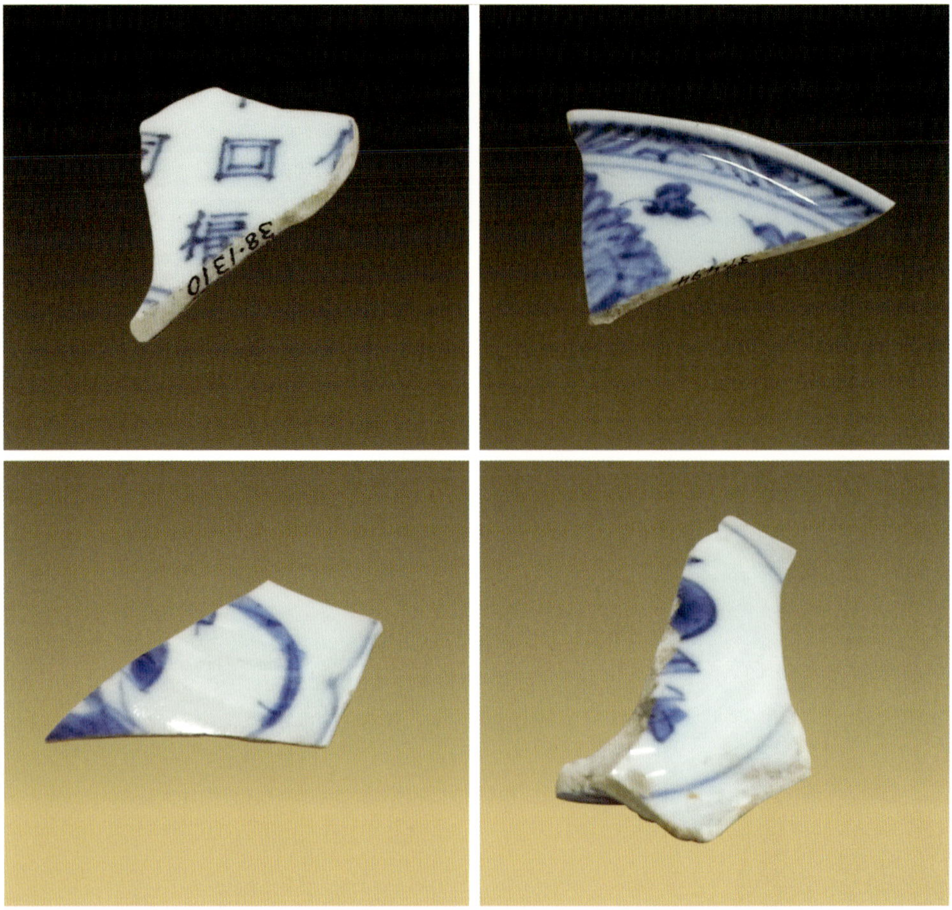

图 13–3　以色列出土的部分中国瓷器碎片

亚都是共通的。

以色列出土的所有中国陶瓷碎片从属的器形都能在中国找到原型。这些瓷片都属于开放式器形，以碗和盘等餐饮用具为主。（图 13–3、图 13–4）其中有两件瓷片比较特别：一件来自阿卡古城，其弧壁比碗更直，属于“笔洗”（或称“洗”）。在中国古代，使用毛笔蘸墨进行书法或绘画后需立即清洗。制作笔洗的材料多种多样，但在宋代陶瓷笔洗最为常见。另一件同样来自阿卡古城，它是一只主要用于饮茶的小杯，常被称作“盏”或“茶盏”，有时候也会被用作量杯或油灯。其大小通常小于承装米饭的小碗，又大于装白酒的小杯。随着唐宋时代饮茶之风的盛行，盏也成了当时中国瓷器中较为常见的器形。

此外，还有少数几件以色列出土的中国瓷片上出现了明显不同于本土陶瓷的纹样设计。第一件是在阿卡出土的龙泉青瓷莲瓣碗。莲花与佛教的关系十分密切。然而，随着佛教在中国的本土化，

图 13–4　以色列出土的部分中国瓷器碎片

陶瓷中的莲花纹饰开始脱离宗教的影响，逐渐成为人们生活中所喜爱的装饰题材，常见于龙泉窑、景德镇窑、吉州窑、定窑和磁州窑出产的瓷器中。第二件是一只也在阿卡出土的耀州窑缠枝团菊盏。这种纹样起源于佛教艺术中的忍冬纹、卷草纹及各类水波纹，又融合了汉代陶器和漆器的中国传统云纹，是一种独特的中国缠枝纹。缠枝团菊纹作为耀州窑的经典纹样，在北宋中期至晚期尤为盛行，同时期的定窑也运用了类似的菊花纹。第三件是阿波罗尼亚遗址出土的牡丹篦纹碗。雍容华贵的牡丹自唐代以来一直被视为繁荣吉祥之花，在宋代又衍生出富贵的象征意义，因此被广泛用于许多窑口烧制的陶瓷中。将作为辅助装饰的篦纹运用在瓷器上也是宋代的创新。第四件是拉姆拉出土的菱花口盘，它属于花口盘中的一种。菱花图案是以一片花瓣两侧为中心的两个对称弧形来组成的菱花形状，始见于唐代，并在明清时期逐渐风靡，丰富了器物口沿的多样性。五代时期，花瓣纹在北方白窑中十分常见。第五件是出土于拉姆拉的荷叶碗，也是花口盘中的一种。在唐代，金银器加工时率先运用了以花形为器口的造型工艺，越窑、邢窑、长沙窑等许多窑口纷纷效仿，花口盘因此成了唐代瓷器中最具标志性的器形之一。第六件是一只蕉叶纹盘。蕉叶纹通常是以蕉叶图样做二方连续展开形成的带状纹饰，始见于宋代，广泛应用于定窑、龙泉窑、景德镇窑及越窑出产的瓷器中。在北宋中期，对称的蕉叶纹是越窑瓷器中最常见的纹样。最后一件唇口碗，多产于五代至北宋早期的北方白瓷窑口。

通过与中国港口遗址及邻国遗址发掘出的同时期考古证据进行比对，并结合文献证据，我们认为中国瓷器最早从 9 世纪前后开始传入以色列及西亚其他地区。虽然残存的瓷片数量非常有限，但它们所展现的中国瓷器品种非常丰富。尽管无法确定这些中国陶瓷是如何运输到以色列的，但我们可以大胆地假设海上贸易必然在其中起到了至关重要的作用。（图 13–5）

讨论

根据历史学家理查德•史密斯（Richard Smith）的观点，由于缺乏自然资源，伊斯兰世界的财富积累主要来源于贸易。东亚和西亚之间的路途遥远，两地之间的贸易路线常常是分段的。14 世纪之前，中国与西亚地区之间的海运路线通常分为两个部分，其一是从西亚到印度的航线，另一部分则是从印度经东南亚到中国南

图 13–5　以色列出土的部分中国瓷器

部港口的航线。

7—9世纪，阿拔斯王朝哈里发控制了印度洋上的贸易航路，尤其是当其将首都从大马士革迁至巴格达之后，各种海上贸易借由这片受保护的海域迅速发展。在此期间，像巴士拉、西拉夫、苏哈尔这样繁华的港口遍布波斯湾，为巴格达、萨马拉和设拉子等社会及政治中心输送了包括中国商品在内的无数货物。新的市场和新的贸易路线应运而生。11世纪，阿拉伯帝国占领埃及后，开罗取代巴格达成为伊斯兰世界的中心，幼发拉底河区域的贸易路线与尼罗河三角洲沿线相比开始变得利益微薄，从中国出口的主要贸易航线也因此从波斯湾迁往红海。可以说，埃及法蒂玛王朝的繁荣是建立在蓬勃的海上贸易之上的，尤其是印度与地中海地区间的海上贸易之上的。现存的开罗以斯拉犹太经卷中详细地描绘了繁荣的“印度洋贸易”景象。鲍威尔（Power）认为：“法蒂玛王朝统治时期是红海地区在人类近代贸易史中的高光时刻。”

伊斯兰世界经济中心的转变可以解释以下两个现象：其一，最早出现在波斯湾的中国陶瓷样本出土于西拉夫，可以追溯到8世纪末，比黎凡特南部的样本早了差不多一个世纪。结合萨马拉和巴格达等遗址中发现的大量唐代中国陶瓷，波斯湾地区极有可能是中国陶瓷出口贸易最早的目的地之一。此外，许多学者认为，著名的黑石号沉船的目的地极有可能就是波斯湾沿岸，沉船中出水了大批中国瓷器，印证了中国与伊斯兰世界之间蓬勃的贸易态势。其中部分瓷器带有唐代宝历二年（826）的铭文，是最早证明当时两国存在海上贸易的考古证据。

其次，以色列出土的名窑瓷片中唯独缺了长沙窑，非常耐人寻味。长沙（湖南省会）曾是中国最主要的瓷器出口地之一，一度超越北方各窑。据史料记载，中国北部在“安史之乱”之后陷入了混乱的局面，当地的陶瓷生产和贸易也因此停滞。而相对稳定的湖南、广东等南部地区则迎来了新的机遇，从广东沿线口岸出口的瓷器数量达到了前所未有的峰值。由此来看，长沙窑应该是最早一批通过海路出口到西亚的陶瓷商品，但至今我们仍未在黎凡特南部地区发现任何五代时期的长沙窑器，这也许印证了这一地区在阿拔斯王朝统治时期处于边缘化地位。需要注意的是，以色列出土的中国瓷器可能只是在阿拔斯王朝时期与巴格达地区，或是在法蒂玛王朝后期与红海地区进行贸易往来的产物，而并非来源于与中国的直接贸易往来。

从地理位置来看，以色列发掘出的中国瓷片主要分布在港口城市和内陆定居点。这些遗址依据功能分为：乡村地区，如拉玛特雷切尔庄园（Ramat Rachel）、霍瓦特济赫龙庄园（Horvat Zikhrin）、米什马尔戴维庄园（Mishmar David）；城市和近郊地区，如阿波罗尼亚（Apollonia）、亚实基伦（Ashkelon）、凯撒利亚、拉姆拉；以及像亚夫内湾这样的军事据点。乍看在港口遗址中出土的中国瓷片，很容易将其与海上贸易联系起来，很少有人会从当地的物质文明的角度去考量。实际上，我们必须深入了解这些港口和城市才能勾勒出完整的故事。以在十字军东征时期占据重要地位的阿卡为例，阿卡古城发掘负责人之一埃德娜·斯特恩（Edna Stern）称："在阿卡发现的部分中国瓷器不仅仅是运输中的货物，还被当地居民当作日常工具或收藏品。"

以色列另一座港口城市亚实基伦见证了10—12世纪红海沿线蓬勃的贸易发展。这里发现的中国陶瓷最早可以追溯到10世纪后期，也就是法蒂玛王朝贸易扩张时期。当时亚实基伦与埃及福斯塔特的贸易往来十分密切，因此当地发现的中国陶瓷很有可能是在10世纪晚期或11世纪从埃及进口的。

此外，在乡村聚落中发现的中国瓷片也许是商人、朝圣者或其他旅行者沿途迁移时带来的。例如，从拉玛特雷切尔庄园出土的中国瓷器可以看出，这里的居民控制了当地的贸易路线，且生活相对富裕。而在亚夫内湾等军事堡垒遗址中发现的中国瓷器则可能是当地高级官员或军事人员的私人财产。同样作为地区首府，在拉姆拉发现的中国瓷片数量明显多于提比利亚，这可能得益于拉姆拉在10世纪法蒂玛王朝统治初期所占据的突出地位。

大量阿拉伯作家的著作和关于伊斯兰世界的历史文献记录表明，中国瓷器对于西亚人民来说显然是一种极其珍贵的异域商品。它们可能不如镶嵌装饰的金属制品、丝绸纺织品或皮革装饰那样值钱，但仍广受欢迎。根据中国古代文献记录，隋唐时期的大多数瓷器都是赠送给出访使者的礼物，而非在市场中交易的商品。然而，自唐朝末期后，几乎所有的陶瓷都是通过贸易出口的。

结论

这篇文章分析了以色列出土的从伊斯兰帝国早期到十字军东征时期的中国瓷器。9 世纪后期—13 世纪后期，尽管中国和黎凡特南部地区都经历了政治和社会动荡，瓷器贸易也因此受到了一定影响，但正如理查德•史密斯(Richard Smith) 所说：“商业的繁荣不一定需要集权化统治或稳定的政治环境。”

大批量的中国瓷器多半出土于现今的伊拉克（阿拔斯王朝政治中心）、埃及（法蒂玛帝国政治中心）等伊斯兰权力中心地区。黎凡特南部地区在历史上一直属于远离权力中心的行省，因此当地出土的这些瓷片可能只是丝绸之路上主要贸易活动的辐射延伸。尽管只以残片的形式存在，但它们对丝绸之路贸易研究仍然具有重要的历史意义。在本研究中，我们分析了以色列境内多个遗址出土的早期中国瓷片及其产地，以色列的考古学家把它们划分为釉瓷、陶瓷、青瓷和白瓷。从中国的制瓷史来看，这区区 50 片残片却颇具多样性，无声地讲述了它们从中国远道而来的故事，非常具有参考价值。与此同时，出土瓷片的地理分布特征及稀缺性也印证了中国瓷器在当时属于奢侈品。

作为出口全球的商品，中国陶瓷为丝绸之路沿线国际贸易的发展提供了范例。对于以色列来说，对进口瓷器的研究是了解这些瓷器与其出土地点关系的基础。我们希望对中国进口瓷器的研究可以为研究伊斯兰帝国早期和十字军东征时期以色列的社会、经济和文化面貌提供新的视角。明清时期的陶瓷贸易众所周知，本文则选取了中国量产陶瓷出口贸易早期阶段的样本，相对更为罕见。

（陈之夏　译）

14. 东西方世界曾在奎隆港跨洋相接

——古印度第一商业中心的中国文物身影

P. J. 切利安

（印度跨学科考古科学发展研究所所长）

提要

海上丝绸之路研究主要是通过古代港口、码头、沉船等的考古发现，以及相关地方的考古发现探索海上丝绸之路的路线。中印考古队在对古奎隆港口遗址内瓦迪地区（乔纳卡普拉姆）的打捞勘探中发现了大量文物，其中中国的文物包括500多件瓷器残片、1300多枚铜钱、孔雀蓝釉陶器。青铜钱币中除了一枚“货泉”币和23枚“开元通宝”币外，其他大部分都带有宋代铭文；瓷器的种类包括青瓷、黑瓷、棕釉青瓷、棕瓷和青白釉瓷，按功能分为碗、盘、折沿盘、花瓶和壶，分析鉴定认为这些陶瓷分别来自浙江的越窑和龙泉窑，福建的磁灶窑、大龙窑、二龙窑和其他窑口，以及江西的景德镇窑；八块绿松石釉面陶片全部属于一只小底深腹花瓶，上面装饰着图形和一个大圆环。这些考古发掘的中国文物，可以为确认奎隆港口遗址的年代、性质，以及与古代中国的商业贸易、文化交流提供重要实物参考，也充分说明它们是海上丝绸之路人类经济、贸易、社会交往和制造文明的结晶。

海上丝绸之路是古代人民借助季风和洋流，利用传统航海技术开展东西方交流的海上通道。也是东西方几大不同文明板块之间人员、物资、经济、文化、科技、宗教、思想等相互传输的纽带。古代海上丝绸之路，其实质就是古代风帆贸易的海上交通路线。

海上丝绸之路研究主要是通过古代港口、码头、沉船等的考古发现，以及相关地方的考古发现探索海上丝绸之路的路线。比如，在中国河南安阳殷墟发现的3000年前的甲骨文刻在龟板上，经过研究，这些龟板是来自马来西亚的“亚洲大陆龟”，很可能是通过海上贸易来到安阳的。

从世界范围来看，以风帆贸易为主要特征的海上丝绸之路，其时代上限难以考证，其时代下限应该以蒸汽动力轮船的出现为界限。风帆贸易的特点是：借助季风与洋流，航线是由地理和气候因素决定的；以帆船为运载工具；导航技术是使用罗盘和天文导航；参与贸易活动的主要是古代中国人、马来人、印度人、波斯人、阿拉伯人，以及大航海时代以后的西方殖民贸易者；贸易商品主要是各种地域特产和传统手工作坊的产品。

海上丝绸之路反映了古代不同文明板块之间和板块内部的文化交流。在很早的时候，就形成了相对独立的贸易圈，比如，东北亚贸易圈、环南海贸易圈、孟加拉湾贸易圈、波斯湾—阿拉伯海—红海—东非贸易圈、地中海贸易圈，对应地，形成了古代东亚儒家文明圈、印度文明圈、波斯—阿拉伯文明圈、地中海文明圈。

海上丝绸之路是人类交通文明的智慧结晶，它的形成经历了漫长的历史进程，季风与洋流是影响海上航行的最重要的自然因素。

古代中国、印度、波斯—阿拉伯、地中海，沿海的人们很早就不约而同地发现了季风的规律。以中国东南沿海与东南亚为例，每年冬季，盛行东北季风，风从中国东南沿海吹向东南亚；每年夏季，盛行西南季风，风从东南亚的印度尼西亚和马来半岛一带刮向中国东南沿海。正因为南海海域季风存在着这样明确而守时的规律，中国古代航海家称之为“信风”。古代航海家们天才地利用季风规律，开展往返于中国东南沿海和东南亚之间的海洋贸易。冬去春回，年复一年。

连接太平洋和印度洋的马六甲海峡,位于季风贸易的十字路口。古代船队到达这里的港口后，需要停泊一段时间，等候季风的风向改变，再继续航行，因此形成了印度尼西亚的巨港和马来西亚的满剌加两个大海港。中国雷州半岛的徐闻因为也是季风转换的节点，很早就成为海洋贸易的港口。

印度西南海岸的穆奇里斯港、古里港、奎隆港也是处于季风转换的节点，自然而然地成为海洋贸易的港口。

穆奇里斯港是大约 2000 年前印度最重要的贸易港口之一，罗马作家普林尼在他的著作《自然史》中称穆奇里斯为“印度第一商业中心”。在波伊廷格的罗马帝国交通图（5 世纪的一幅基于罗马的知识绘制的世界地图）上，这座城市有着显著的位置。

2014 年 2 月 16 日，来自印度西南部濒临阿拉伯海的喀拉拉邦历史研究委员会（KCHR）的考古队在对古奎隆港口遗址内瓦迪地区（乔纳卡普拉姆）的打捞勘探中发现了大量文物。考古队从奎隆的同事那儿了解到，该地区（位于北纬 8°52'643"，东经 76°34'794"）是唐卡斯里港口综合体的组成部分，此综合体以其历史古迹、文物和多元文化传统而闻名。港口当局在进行为期两个月的海底疏浚工程时发现的文物，最初几乎没有引起任何人的注意，只有收购“阿卡里”（废料及废金属）的小贩和古董收藏家前来问津。

进行疏浚的区域似乎是曾与古奎隆港口有关的住宅或商场，后来由于海平面上升而被淹没。发现文物的地方是如今港口盆地的区域，从海图基准面来看，平均深度为 4.5 ～ 8 米。这些文物被重型绞吸式挖泥船搅动后通过金属管道泵送到岸边，自然就成了碎片，导致大多数文物上都有新

增的裂缝和切口。（图 14–1）

这堆碎片中有中国陶瓷、青铜币、玻璃器皿（可能来自地中海）、绿松石釉陶器（可能来自美索不达米亚）以及一些出处不明的陶器、青铜器和青铜戒指。这些器物来自印度洋沿岸的不同地区，意味着奎隆港在历史上曾是印度洋海上贸易的枢纽。然而这段历史即便是当地人也不太知晓。此次发现也许能寻回奎隆消匿的文化遗产，重现曾与外界跨越重洋的来往联络。

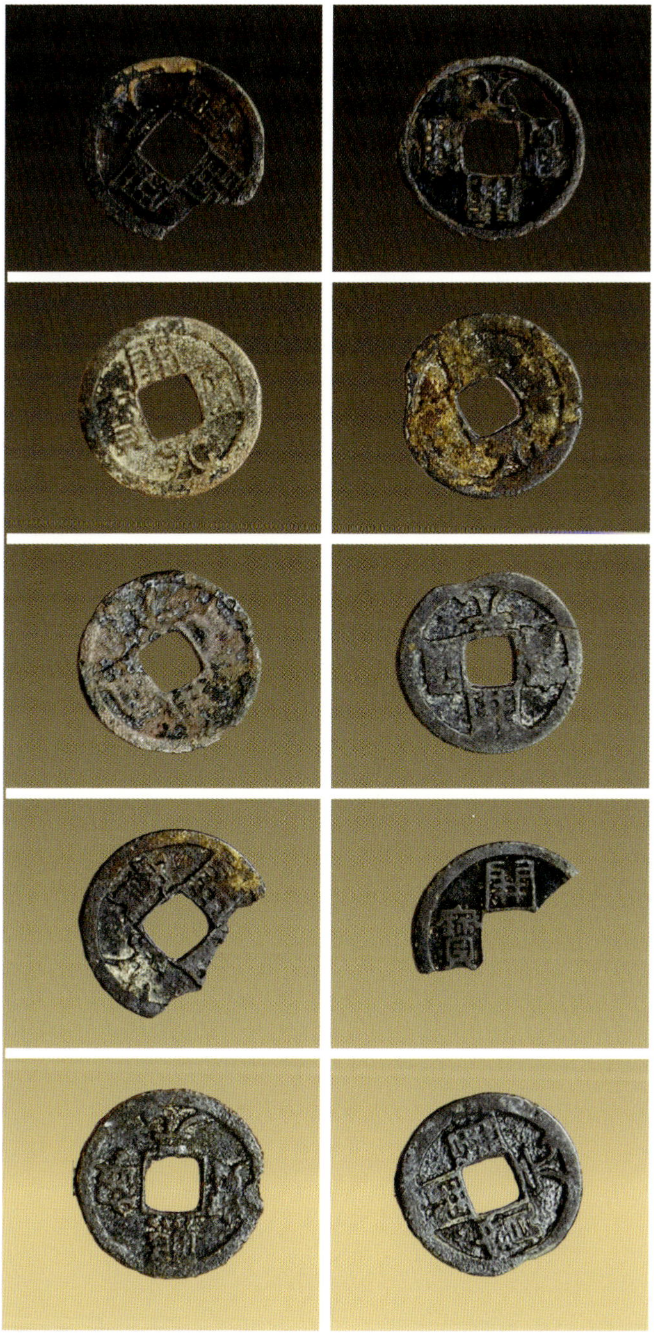

图 14–1　部分残缺钱币

2016 年 12 月，中国故宫博物院考古研究所与印度喀拉拉邦历史研究委员会正式收到印度国家考古局的批复，获得了 2017 年度印度喀拉拉邦奎隆港口遗址考古发掘项目资质，印度奎隆港口遗址中印联合考古发掘工作正式启动。奎隆港口位于印度西南沿海，是喀拉拉邦柯钦港之后的第二大港口。

奎隆港口遗址出土的陶、瓷残片约 10000 件，金属文物约 1000 件。最多的是印度本地生产的红砂胎陶器。印度本土以外的文物，包括来自中国的文物，来自地中海地区的彩色玻璃装饰物，来自阿拉伯地区的铜钱。考古专家们专门研究了喀拉拉邦帕特南遗址和奎隆港遗址发掘的中国文物

图 14–2　陶瓷残片

后认为，在奎隆发现的大部分文物都是 10—14 世纪的产物。这些中国文物包括 500 多件瓷器残片、1300 多枚铜钱孔雀蓝釉陶器。除了 1 世纪的 1 枚“货泉”币和 7—10 世纪的 23 枚“开元通宝”币外，其他大部分都带有宋代铭文，是 10—13 世纪的钱币。瓷器的种类包括青瓷、黑瓷、棕釉青瓷、棕瓷和青白釉瓷，按功能分为碗、盘、折沿盘、花瓶和壶。经类型学比较和 XRF 光谱法分析鉴定，这些陶瓷分别来自浙江的越窑和龙泉窑，福建的磁灶窑、大龙窑、二龙窑和其他窑口，以及江西的景德镇窑，这些窑口都存在于 10—14 世纪。其中八块绿松石釉面陶片全部属于一只小底深腹花瓶，上面装饰着图形和一个大圆环。这些瓷器的数据将与故宫博物院的数据库进行比对，进一步分析和解读。（图 14–2）

大多数的中国钱币都属于 10—13 世纪。这是目前奎隆港口遗址出土的年代序列很明确，来自同一个国家的唯一一批文物。它们可能是由来自中国和阿拉伯地区的海洋贸易商带来的，这些贸易商应该在奎隆停留了很久。此外考古学家们还发现，大部分陶瓷和硬币都属于同一时期，应该是同一时期传入奎隆的。奎隆遗址中发现的大批铜币表明这些中国货币既没有被带回中国、朝鲜、日本或越南，也没有被重新用作制铜原料，而是在当地继续作为货币使用，大概是因为元朝时期中国流通的货币从硬币转为了纸币。我们认为对这些文物的研究对于理解当时币制改革的影响，以及错综复杂的全球贸易和经济环境具有重要意义。奎隆港口发现的大批来自 9 世纪以后的中国陶瓷和钱币，可以为确认奎隆港口遗址的年代、性质，以及与古代中国的商业贸易、文化交流提供重要实物参考。

值得注意的是，奎隆发现的中国瓷器及硬币的类型与在墨西哥湾沿岸、阿拉伯半岛以及北非和东非发现的类似。中国东南部福建省的闽国王后刘华墓（10 世纪）中也发现了与奎隆港相同类型的绿松石釉陶。

奎隆当地的陶器主要是粗陶，和帕特南中世纪陶器的结构和制作工艺相类似。其中有些可能是储存罐，带有烟灰痕迹的则可能是厨具。有些陶器的类型和产地尚不明确，需要更进一步的研究。

根据帕特南遗址和奎隆港遗址的文物年代可以推断，奎隆是曾被誉为“印度第一商业中心”的穆奇里斯港的“继承者”。据推测，帕特南遗址属于穆奇里斯港的一部分，该港口与全球各地的往来到 5 世纪时已逐渐式微，但可能仍旧活跃了两个多世纪。很可能在穆奇里斯港衰落之后，奎隆港就变得尤为重要。结合帕特南遗址和奎隆港遗址中的考古发现，我们可做合理假设：从公元前 1 世纪到 1498 年葡萄牙水手瓦斯科 • 达 • 伽马开拓新航线到达卡利卡特（古里）为止，印度半岛西海岸一直与欧洲和东南亚保持着长期贸易关系。帕特南遗址拥有印度洋地区所有遗址中发现的最大的罗马双耳瓶组群，而奎隆港则是有史以来印度洋港口遗址中发现中国钱币最多的一个。有文字资料证实了印度西南海岸在印度洋地区的文化和商业交流中起到的关键作用。166 年，罗马帝国皇帝马尔克 • 奥列里乌斯 • 安东尼（中国官方史料中称其为安敦）派遣的使节穿越印度南部和中南半岛到达中国。1—5 世纪，中国开始信奉佛教。中国从印度进口了有色釉制品，甚至汉语中的“琉璃”一词也是源自梵文 vaidūrya（意为宝石）。5 世纪初，中国佛教高僧法显从陆路前往印度，从海路经印度半岛和斯里兰卡返回中国。

他是第一位访问印度的中国僧人，其传记《法显传》是第一部记录这两个地区间陆上与海上文化交流的文献。几乎同时，菩提达摩从印度来到中国，成为第一位将印度佛教禅宗（梵语：Dhyāna）传入中国的僧人。据其弟子昙林的《二入四行论》所载，菩提达摩来自印度西南部。

849年，当地统治者艾扬•阿迪加尔在奎隆港口签署的塔里萨帕利铜牌，侧面反映了奎隆港在印度洋贸易中的地位——作为前往中国东南部、美索不达米亚、南阿拉伯和西亚地区港口时的主要中转站。铜牌上有四种语言和五种文字，详细介绍了艾扬•阿迪加尔（可能是佛教徒）对当地基督教教会和两个贸易团体的捐赠。铜牌的正面和反面都有25个西亚人的名字，他们见证了主体文件（由泰米尔文书写）的签署过程。这些名字中有10个是阿拉伯名，11个是中古波斯名（帕拉维名），还有4个是犹太名（希伯来名）。

12世纪后的中国文献提到了小葛兰、柯枝、古里/故临、狼奴儿等国家或港口。其中，古里（发音为“kollam”）是印度洋最大的港口，小葛兰是另一座重要的港口。古里即现在的卡利卡特，是印度喀拉拉邦的第三大城市。在明朝，来自古里的使臣总是比其他国家的使臣享有更优越的地位，这说明当时中国非常重视与印度的关系。郑和曾多次出使古里国，而古里国也多次出使中国。郑和在第七次下西洋中，病逝于古里。在古代和中世纪，古里是东西方香料贸易的中心，有“香料之城”的称号。在印度喀拉拉邦的马拉亚里语中，大炒菜锅、腌菜坛子、渔网有一个共同之处：它们的名字都以“cheena”做定语，以中国命名。这些器物可能都源于中国与印度西南部喀拉拉邦12—15世纪密切的商业贸易和文化往来。

到了15世纪，奎隆已经成为郑和船队的主要目的地和前往海湾地区、阿拉伯半岛和东非的补给站。作为目标市场和中转港口，来自世界各地的商品汇聚于奎隆，在这里日常售卖或中转贸易。

近代的亚洲大陆似乎通过海上走廊与当时已知的世界建立了广泛的联系。印度文献记载中的奎隆/基隆及中国文献记载中的故临/库林/葛兰，位于印度西南海岸，是印度洋上繁忙的港口，为东西方世界交汇之处。奎隆港发现的陶器与帕特南港的类似，而帕特南港是印度和罗马多元文化

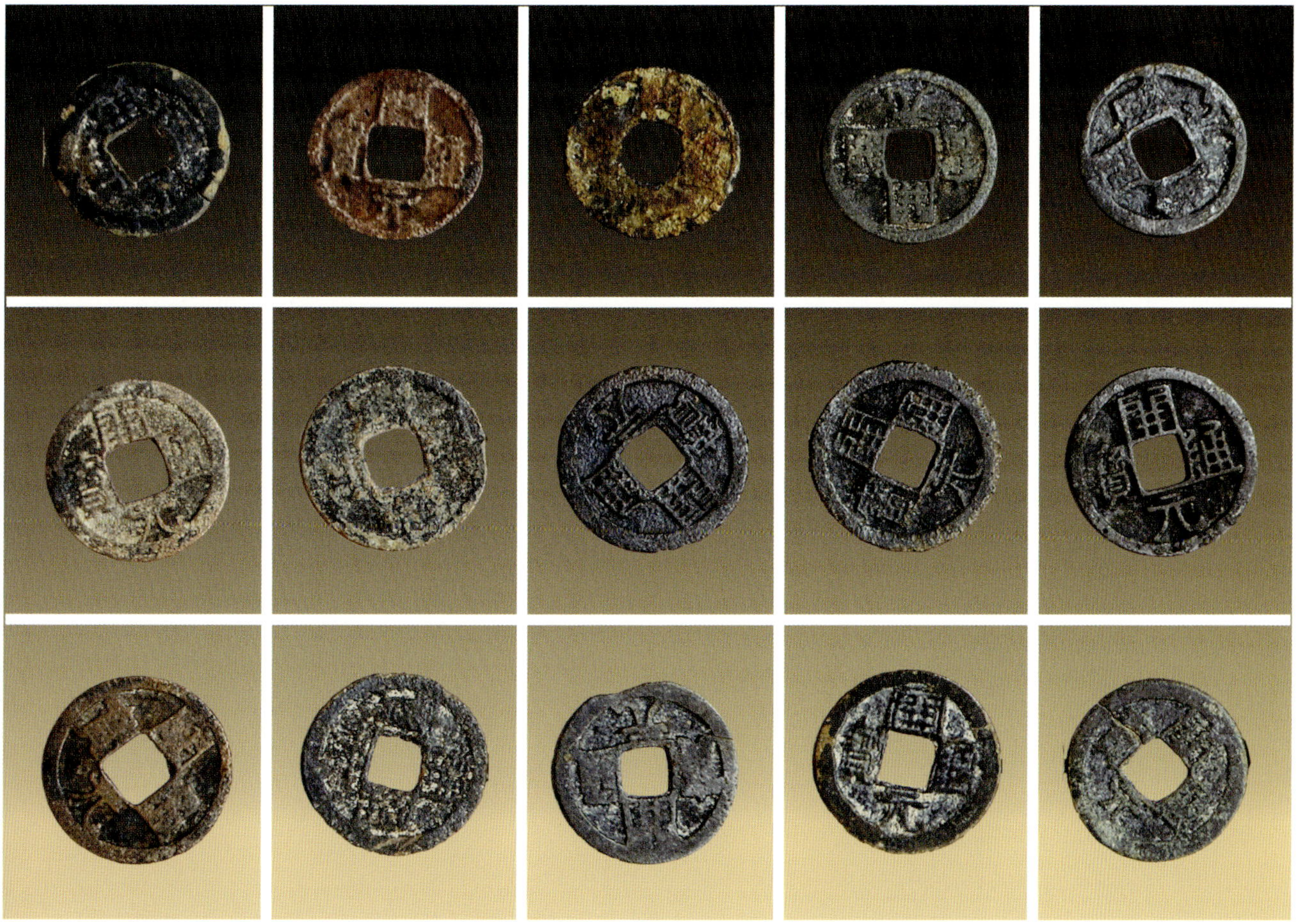

图 14–3　奎隆港出土的部分完整铜钱币

交融的地方，在这里发现了大批当地陶器和从中国南部运往罗马的陶器。据实物考古证据和文字记载证明，印度洋是人类早期海上航路体系之一，其中的奎隆港和帕特南港担负着东西方贸易往来、文化科技交流的关键枢纽作用。（图 14–3）

（姚函丽　译）

15. 13—15世纪伊斯兰地区对龙泉青瓷的仿制

奈杰尔·武德
（英国牛津大学考古学院荣誉研究员、威斯敏斯特大学陶瓷专业荣誉教授）

提要

13—15世纪，由于“丝绸之路”的伟大联结，中国龙泉青瓷通过海上贸易大量进入中东地区，乃至当考古学家对位于波斯湾的霍尔木兹港进行调查时，不禁感叹其为“青瓷坟场”。由此，中东本土也产生了大规模的仿青瓷现象，而这对原有的伊斯兰陶器制作技术是极大的挑战。伊斯兰陶工面临着胎釉原料、烧造窑炉、耗费能源等一系列问题，但最终成功烧造了在釉质、釉色、器形等外观均与龙泉青瓷非常相似的仿制品。这些中东仿制品代表了陶瓷化学的创造性进步，并在中东地区成功持续生产了几个世纪。

13 世纪末—15 世纪，中国龙泉青瓷经由多条海上交通路线大量输出：一些向东到达了日本和朝鲜，另一些则向南运至越南和菲律宾，更多的龙泉青瓷继续向西到达了东南亚地区，诸如泰国、缅甸和斯里兰卡等国。此时期最长的贸易路线超过了 7000 海里（约 13000 千米），直至中东地区，满足了伊朗、叙利亚、埃及和伊拉克等诸多伊斯兰国家对龙泉青瓷的需求。霍尔木兹港（Hormuz）正是这些伊斯兰地区接收龙泉青瓷的主要港口。

如此广泛的国际贸易得以形成，有赖于位于浙江省西南、福建省北部岩石高地上体积庞大的龙窑——其以木柴为燃料，烧造了数以百万、质地坚硬且施厚釉的龙泉青瓷。这些龙泉青瓷烧造完成后，经河流运输至中国东海的海港，如庆元（今宁波，宋时称明州，元时称庆元）、温州和泉州。

正是由于“丝绸之路”的伟大联结，来自中国的瓷器给接收这些瓷器的国家带来了深远的影响，促使当地（如日本和埃及）出现了许多仿制龙泉青瓷的现象。中国龙泉青瓷在本土以外地区的仿制成为世界陶瓷史上一个重要的议题。

从远东地区的仿制谈起

远东地区国家拥有充足的、耐高温的土壤，因此当地窑工能够使用当地的瓷土和釉仿制龙泉青瓷。有时，一些来自中国且了解青瓷制作工艺的工匠也会定居在这些国家，进一步帮助这些国家仿制龙泉青瓷。尽管东南亚地区的仿龙泉瓷器也经过高温烧造，但受限于其所使用的瓷土的质量，

图 15-1
15 世纪，泰国西萨查那莱（ Si Satchanalai ），青釉盘
高 7.5 厘米，直径 29.5 厘米
维多利亚和阿尔伯特博物馆藏

图 15-2
162—164 年，日本有田（ Arita ），青瓷壶
高 18.5 厘米，直径 15 厘米
牛津大学阿什莫林博物馆藏

其胎仍显得较为粗糙且玻化程度较低。同时，这些仿制品的釉也与龙泉窑瓷器釉的玉质光泽不同，或较薄且闪亮，或呈糖霜状而哑光。尽管如此，还是可以从这些仿制品中看到十分显著的龙泉窑瓷器风格特征。这一时期常见的仿制品器形主要是两类：一类为宽沿浅腹大盘，常装饰有辐射状分布的槽纹；另一类为较小的、外壁饰有多面雕刻纹饰的莲瓣碗。

这一时期，向东出口至琉球王国、日本和朝鲜半岛的龙泉窑瓷器数量十分庞大，但这些地区对龙泉窑瓷器的仿制似乎并不是那么直接。自 13 世纪起，日本就是龙泉青瓷的重要市场之一，发现了 90 余处出土龙泉青瓷的地点。然而，陶瓷技术在日本其实发展得很缓慢，尾张国（Owari Province，大约位于今爱知县的西部，是日本古代令制国之一，相当于中国古代的州或省）的濑户窑（ Seto kilns ）曾生产过一些简单的龙泉青瓷仿制品。直至 17 世纪，在琉球发现了适合制瓷的材料后，仿制龙泉青瓷才真正变得可行。其利用多室阶梯龙窑（与龙窑一样也是依山而建，但是由多个窑室串联而成，烧造时更容易控制温度且使温度均匀），并用与中国龙泉瓷器相似的原材料和制作方式，生产出了一批中国境外最为成功的仿龙泉青瓷。（图 15-1 至图 15-4）

图 15-3
918—1392 年，高丽青瓷盘
高 2.5 厘米，直径 1.2 厘米
维多利亚和阿尔伯特博物馆藏

图 15-4
13 世纪，龙泉窑青瓷碟
高 5 厘米，直径 22 厘米
牛津大学阿什莫林博物馆藏

朝鲜半岛地区虽然早已有了由越窑瓷器发展而来的复杂的青瓷传统，却对龙泉青瓷仿制较少。其中可能的原因是，其食物及饮食传统决定了他们并不太需要龙泉窑器形的餐具（如龙泉窑中常见的大盘）。如果仅从外形来看，有一类高丽青瓷莲瓣碗会被人们误认为是对龙泉青瓷的仿制。然而，这些高丽青瓷莲瓣碗主要生产于 12 世纪早期，比龙泉青瓷早近一个世纪，说明其不可能是龙泉青瓷的仿制品。事实上，这些莲瓣碗可能是仿定窑白瓷，后者早在 10 世纪末期便开始出现莲瓣碗类器形。

中东地区仿制中国陶瓷

在"全球范围对龙泉青瓷的仿制"这一议题下，还有一个重要但较鲜为人知的研究主题，便是中东地区对龙泉青瓷的仿制。中东的龙泉青瓷仿制品可能是13—17世纪埃及、波斯和叙利亚的一些窑址生产的。尽管这些中东地区的仿龙泉青瓷器仍有诸多尚未明确的问题，但其生产数量之大——占据了同时期中东地区生产的所有釉陶产品相当大的比例——是有目共睹的。

中东地区陶工在瓷器生产中面临的最大问题就是缺乏耐高温的原材料——当地主要产出的是一种低熔点的钙质陶土。而中东地区如何使用本土原料经低温烧造以仿制高温烧造的瓷器正是本研究主题中的重要论题，因为许多中东龙泉青瓷仿制品的釉质、釉色和器形在外观上都达到了与龙泉青瓷极其相似的程度。然而，另有一些仿制品的釉色更接近蓝绿色（早期中东地区陶瓷器的传统釉色），而不是龙泉窑常见的青绿釉色，还有一些仿制品的器形实际是中东地区传统的金属器的器形（图15-5至图15-8）。所有这些不寻常的"中东青瓷"引发了诸多关于其制作、

图15-5
1451—1455年，伊朗尼沙普尔（Neyshabur）或泰伯里（Tabriz），青釉熔块胎陶盘
高6.8厘米，直径34.7厘米
维多利亚和阿尔伯特博物馆藏

图15-6
16世纪，伊朗，青釉熔块胎陶盘
直径38.7厘米
维多利亚和阿尔伯特博物馆藏

图 15-7
伊利汗国（1256—1353），伊朗，青釉熔块胎陶印纹盘
高 6.8 厘米，直径 35 厘米
牛津大学阿什莫林博物馆藏

图 15-8
12—13 世纪，伊朗，青釉熔块胎陶阳刻纹碗
高 7.6 厘米，直径 14.3 厘米
维多利亚和阿尔伯特博物馆藏

施釉和烧制的疑问。本文就将重点探索这些技术应对层面的问题。

中东地区仿制中国陶瓷的先锋——伊拉克

中东地区仿制中国陶瓷的技术是古已有之的。9 世纪，伊拉克地区在陶瓷的仿制和创新上取得了重大突破（尽管目前尚未发现相关窑址）。其仿制的中国陶瓷器包括唐代北方白釉陶瓷器（包括那些经高温烧造的白瓷）和多彩陶瓷器（包括来自北方的三彩陶器和南方的长沙窑陶瓷器）。这些伊拉克陶仿制品展示了当地陶工如何运用精湛的技艺使本土材料呈现中国陶瓷的特征——这是一项难度倍增的任务，因为当地陶工使用的是与中国陶瓷完全不同的原材料。而在此之前，中东地区鲜有精美的釉陶，在这些伊拉克釉陶上体现的试验和创新，为后世中东陶瓷器（尤其是锡釉陶器）风格的形成奠定了技术基础。

福斯塔特留下的珍宝

本节主要研究对象为福斯塔特（Fustat）遗址（位于埃及开罗附近）出土的陶器残片。这些陶器残片现存于牛津大学考古与艺术史研究实验室（The Research Laboratory for Archaeology and the History of Art at Oxford University），是美国科学家和考古学家亚历山大·卡其马奇克（Alexander Kaczmarczyk）在20世纪70年代末—80年代初采集的，其年代大致为马穆鲁克苏丹国时期（Mamluk Sultanate，1250—1517，是阿拉伯人于埃及建立的王朝，国家宗教为伊斯兰教）。

马穆鲁克苏丹国的首都开罗位于福斯塔特北面，在法蒂玛王朝（Fatimid，969—171）和阿尤布王朝（Ayyubid，1171—1250）时期为一座占地面积很大、有护城墙的城市。13世纪中期，福斯塔特成为此区域的工业中心和繁荣的港口（主要处理自红海进口的奢侈品贸易）。至1340年前后，福斯塔特的人口数量已达50万，这个繁荣、有活力的伊斯兰世界贸易和文化中心进口了当时已知世界的各个角落的纺织品、金属器、陶瓷和玻璃器。（图15–9）然而，福斯塔特在14世纪中期便迅速衰落（可能与1347年流行的瘟疫有关），因此前述牛津大学所藏的大多数陶器残片的时代应为13世纪中期—14世纪中期，而这一时期也恰是中国龙泉青瓷生产的鼎盛时期。卡其马奇克收集的这批陶瓷碎片中约有20件仿东亚青瓷，此次研究选用了其中的9件。

日本考古研究队自20世纪60年代便开始在福斯塔特遗址做发掘工作，并对福斯塔特出土文物的背景进行了详细研究。其中发现了

图15–9　15世纪，埃及马穆鲁克王朝，厚釉浅黄陶土胎仿青瓷釉盘
高7.7厘米，直径36.5厘米
大英博物馆藏

图 15–10　牛津大学考古与艺术史研究实验室藏埃及福斯塔特当地生产的仿制青瓷废品碎片

许多中国陶瓷碎片，包括龙泉青瓷、耀州窑类型的瓷器、青白瓷和卵白釉瓷，所有这些中国陶瓷都成为中东陶工模仿的对象。而在福斯塔特发现的中国瓷器仿制品似乎以仿制龙泉青瓷为主，弓场纪知（Tadanori，中国陶瓷研究者，原日本出光美术馆馆长）记录道：“在福斯塔特仓库中共有 1677 箱马穆鲁克时期陶瓷器，几乎所有箱子里都包含绿色釉陶，显示了龙泉青瓷对同时期埃及陶瓷器的重要影响。”（图 15–10）

此外，发现于福斯塔特的 13 世纪末—16 世纪的中国陶瓷也以青瓷为主（其余都为景德镇青花瓷），龙泉窑瓷器的比例占到了总量的 87% 左右。这一比重也适用于在东非肯尼亚发现的龙泉瓷器：“……近期被中国考古学家研究的来自肯尼亚 38 个遗址的 9552 片陶瓷碎片，年代在 14—15 世纪，龙泉窑瓷器占据了 83% ～ 89% 的中国陶瓷器总量。”大量的中国青瓷在波斯湾入口处的霍尔木兹岛被发现——霍尔木兹是 14 世纪起中东地区进口中国陶瓷的主要港口之一。它就像一座青瓷的坟场，德里克•肯尼特（Derek Kennet，英国考古学家）指出，数量惊人的龙泉青瓷在此被发现，“甚至在最低级别的乡村地区”。近年来在霍尔木兹发现的一些高质量的龙泉青瓷碎片“与在龙泉枫洞岩窑址（临近龙泉大窑遗址）发现的贡御青瓷相似”，据推测，“在霍尔木兹岛发现的明代早期中国陶瓷碎片可能是郑和远航中进行的非正规贸易和交换的结果”。

扑朔迷离：中东龙泉青瓷仿制品的模本

前文已谈及，中东地区发现的大量中国青瓷只是广泛的海上陶瓷贸易的一方面——浙江省有多达上百个服务于外销青瓷的窑场。同时，也有很多江苏、福建和广东的瓷窑址生产越窑和龙泉窑类型的产品，促进了海上贸易。龙泉窑瓷器拥有异常坚硬的胎体，且施以质地坚硬、由二价铁离子和三价铁离子着色的淡绿色高温厚釉。如此高的质量使它们成为理想的贸易商品。从东南亚海域发现的两艘沉船——10世纪的井里汶沉船（Cirabon shipwreck）和约1400年的“龙泉”沉船（“Longquan”wreck）——就可一窥当时中国青瓷出口贸易的规模。井里汶沉船发现于爪哇海西岸，载有约10万件越窑瓷器和约4万件中国白瓷。“龙泉”沉船发现于马来西亚东海岸，其巨大的残存船体（长30余米）上载有约10万件陶瓷器：40%为中国青瓷，40%为泰国青瓷，剩余20%为泰国彩绘陶瓷。

正如“龙泉”沉船的货物组成显示的那样，许多东南亚仿龙泉青瓷产品也常和中国青瓷一起向西大量输出。例如，由日本金泽大学（Kanazawa University）的佐佐木达夫（Tatsuo Sasaki）和佐佐木森英（Hanae Sasaki）主持发掘的阿拉伯联合酋长国祖尔法（Jolfar）遗址就出土了东南亚的仿龙泉青瓷产品。对祖尔法遗址出土的部分仿龙泉青瓷与来自泰国北部及缅甸南部的窑址中出土的青瓷进行比较，其岩相分析（用于分析材料制品的物相组成和显微结构特征的研究，可了解陶瓷胎中的矿物种类、粒径大小、分布情况以及瓷釉的玻璃化程度和微观结构等信息）显示，这些祖尔法遗址出土的仿龙泉青瓷是来自13世纪末—15世纪初缅甸南部窑址（端迪镇，Twante Village）的。

图 15-11　13—15 世纪，缅甸伊洛瓦底三角洲窑（Irrawaddy Delta），青釉篦纹碟
高 7 厘米，直径 25.4 厘米
弗利尔美术馆藏

因此，一个令人困惑的问题出现了：一些时代稍晚的中东青瓷究竟是对龙泉青瓷本身的仿制，还是对龙泉窑仿制品（如泰国与缅甸的仿龙泉窑制品，甚至是其他中东地区的龙泉窑仿制品，毕竟龙泉青瓷的风格在中东地区流行甚广）的仿制？（图 15–11、图 15–12）

关于中东地区的陶瓷烧造窑址问题，前述卡其马奇克收集的 20 件仿青瓷碎片中，有 6 片是烧至变形或有瑕疵的废品，因此可

图 15-12　斯里兰卡沉船遗址打捞的 13 世纪龙泉青瓷碎片
牛津大学阿什莫林博物馆藏

以推断这6片是埃及当地制造的。6片中有3片为白色的熔块胎陶（Stonepaste，或称 fritware，中东地区常见的一类胎体，后文会给出详细的解释），还有3片为浅棕色硅质胎体。至于其他14片，因为福斯塔特是当时的贸易中心，所以其有可能是埃及制造，也有可能来自波斯（今伊朗）或叙利亚。因此关于本文将要研究的样品（出土于福斯塔特遗址的灰坑），其来源尚不能确定。事实上，现今我们对伊斯兰世界生产的仿制青瓷（此时伊斯兰世界最为流行的陶瓷风格之一）状况所知甚少。中东地区仿青瓷制品不仅流行在马穆鲁克苏丹国的领土上（埃及和叙利亚），也流行在与之相邻的蒙古汗国中（主要指波斯地区）。

胎釉分析与结果——从配料到烧造

图 15-13　本次研究分析的福斯塔特出土的马穆鲁克时期仿制中国青瓷及编号（牛津大学考古与艺术史研究实验室藏）

本次分析是在前述国际贸易、当地仿制和考古发现的背景下进行的，选取了卡其马奇克在福斯塔特遗址收集的九片陶瓷片，主要运用了扫描电子显微镜（Combined scanning electron microscopy，简称 SEM，被运用在显示胎体和釉的结构上）和能量色散 X 射线谱分析（Energy dispersive analysis，简称 EDA，用于分析陶瓷胎釉的化学元素）技术，研究其胎体和釉质的成分范围。（图 15–13）

胎体的化学成分和结构

中东的仿青瓷产品与中国所产的龙泉青瓷有一个主要的区别：中东地区的仿制品实际是使用人工合成的、富含石英并以玻璃作为助熔剂的陶器，这种胎体被称为熔块胎陶。熔块胎陶作为胎体材料在 11 世纪早期的波斯就已出现，随后逐渐被整个伊斯兰世界用于制作精致的陶器，至今仍被广泛使用。

成书于 1301 年，由阿布·卡西姆·卡萨尼（Abu' lQasim Kashani，蒙古宫廷历史学家，也是喀山著名陶艺家族的一员）撰写的波斯陶器制造著作中记录了熔块胎陶的配方——10份粉碎的石英，一份玻璃粉末和一份黏土。而采用熔块胎陶制作器皿的时间，恰好与中东地区大量出现中国陶瓷（如白瓷和龙泉窑瓷器）的时间吻合。福斯塔特出土陶瓷碎片的分析显示，其胎体为高硅质胎体（硅的质量百分数含量为 75.7% ～ 89.8%），且常见未熔化或半熔化的玻璃颗粒、间质性玻璃（interstitial glass）和少量钙质黏土残留——这些都证明福斯塔特出土陶瓷的胎体制作使用了熔块胎陶。（图 15–14）

熔块胎陶具有明显的硅质胎体特征，并常伴有玻璃质和颗粒质的断口，这或许表明石英（二氧化硅）和玻璃是当地用以仿制中国瓷器的原材料。然而，熔块胎陶在结构上远比它所模仿的龙泉瓷器要脆弱，因为其缺少针状莫来石晶体（mullite）——一种普遍存在于大多数中国高温瓷器中的物质，可以增加其自身强度。

福斯塔特出土陶瓷碎片的胎体成分分析显示，氧化钠的含量（质量百分数为 1.1% ～ 3.5%）指示了玻璃成分（玻璃的主要成分为氧化硅、氧化钠及其他氧化物）。此外，九件陶瓷样品中有七件含有氧化铅（质量百分数为 0.2% ～ 0.8%），通过此含量并结

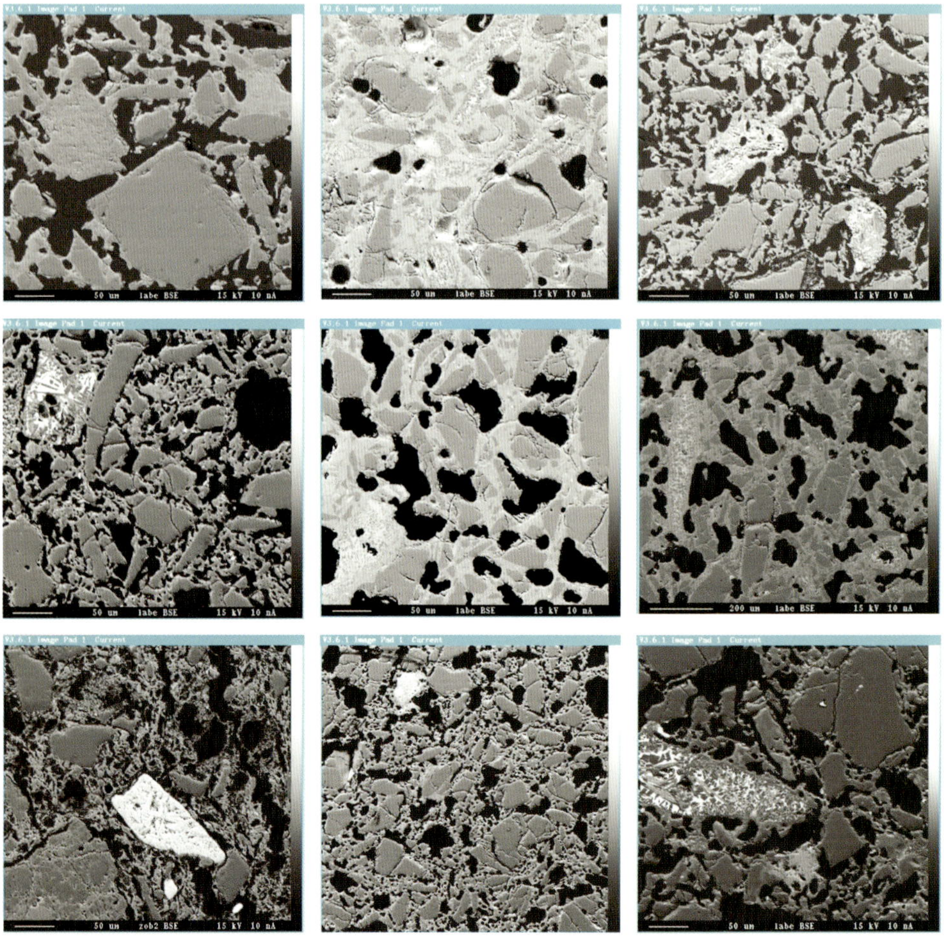

图 15–14　质量不同的熔块胎陶胎体的背散射扫描电子显微镜（SEM）图像
图中显示了胎体的结构和物相，深灰色区域为石英，浅灰色区域为间质性玻璃，大块颗粒为半熔化的含有些许氧化铅的玻璃体

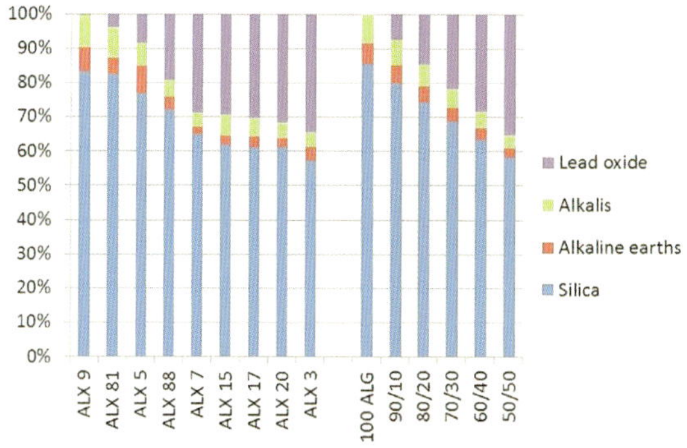

图 15–15　马穆鲁克青釉陶瓷的釉层主要成分图
图左组为本次研究的九片马穆鲁克青釉陶瓷片，按照釉层中氧化铅（紫色）含量递增的顺序排列；右组为不同比例组成的钠钙玻璃和铅玻璃混合物，从左至右分别为纯钠钙玻璃、九份钠钙玻璃与一份铅玻璃、八份钠钙玻璃与二份铅玻璃、七份钠钙玻璃与三份铅玻璃、六份钠钙玻璃与四份铅玻璃、五份钠钙玻璃与五份铅玻璃。
马穆鲁克青釉中的铅含量止于 50% 的钠钙玻璃和 50% 的铅玻璃（二硅酸铅）混合后的所显示成分，而多数釉的成分在钠钙玻璃与铅玻璃配比为 3 ： 2 到 1 ： 1 的区间内

图 15–16　典型马穆鲁克青瓷釉成分
从上至下成分组成为：
94 份钠钙灰玻璃 6 份氧化锡；
71 份钠钙玻璃 23 份二硅酸铅 6 份氧化锡；
47 份钠钙玻璃 47 份二硅酸铅 6 份氧化锡。
实验的燃烧条件为氧化气氛中烧至 6 号奥吞锥温度

合斑点分析（测试矿物成分的一种方法）表明氧化铅是来自样品胎体内半熔化的玻璃颗粒。胎体成分中的氧化钙则应与石灰碱玻璃和钙质黏土有关。然而，每一陶瓷碎片的化学成分（氧化硅类型、添加的玻璃成分及数量）、原料的粉碎程度、原料的纯净度都不同，说明中东陶工在利用主体为熔块胎陶的配方之下还有着许多操作上的细微差别。而这也许不是简单的地质差异上的问题，因为在福斯塔特出土的陶瓷废品（可能是福斯塔特当地烧造的，应都使用的是本地原料）也显示了不同的胎体成分。（图 15–15、图 15–16）

氧化锡的应用

从马穆鲁克时期青釉陶瓷碎片釉层成分表可知，本次研究的九片马穆鲁克青釉陶瓷中有五片含有氧化锡，质量百分数为 2% ～ 6%。前述已提及，氧化锡可以使伊斯兰陶瓷器的釉变白、变不透明。最初，这种釉被用来仿制中国瓷器或带有白色化妆土的炻器，以及长沙窑的一些陶瓷器类型。用锡元素制造的不透明釉在中东地区也被用来作为陶瓷绘制的白色背景，从而绘制拉斯特彩或绿色（氧化铜为主要着色

剂）、蓝色（氧化钴为主要着色剂）纹饰。然而，笔者在研究9—10世纪伊拉克萨马拉（Samarra）遗址出土的陶瓷时，发现了氧化锡更为具体的使用方式：一片伊拉克当地仿长沙窑高温琥珀色釉的釉陶釉层中含有2%的氧化锡，从而呈现了中国灰釉的朦胧之效。因此，氧化锡并不总是和白釉联系在一起。在中东陶瓷中，氧化锡也被大量使用在青瓷仿制品中，本文所研究的马穆鲁克青釉陶瓷中就利用了氧化锡以模仿龙泉青釉的玉质半透明效果。（图 15–17）

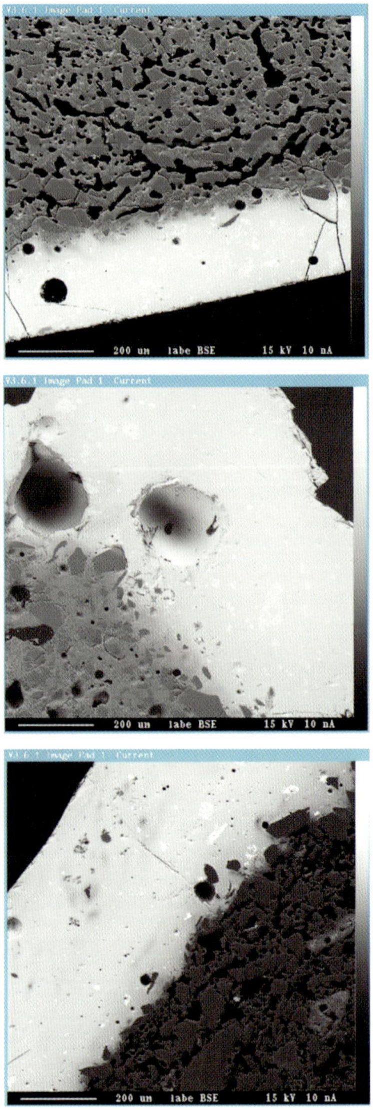

图 15–17　马穆鲁克青瓷釉背散射 SEM 图像（样品编号从上至下为 ALX 5、ALX 7 和 ALX 15）
图像显示了氧化锡颗粒，即白色斑点

釉的厚度

中东陶工使用的另一模仿龙泉青瓷釉特征的技法是施厚釉，本文研究的九片釉陶平均釉层厚度在0.6毫米——甚至可与龙泉青瓷本身釉的厚度（通常在0.4～1.7毫米）相提并论。龙泉瓷器的厚釉是通过多次施釉达到的，中东釉陶则没有显示多次施釉，因此这些马穆鲁克青瓷的釉的厚度是如何实现的现在仍然未知，其中一种可能性是在制釉悬浮液中加入了胶体。

釉的着色

中东地区陶工在仿制进口中

图 15-18　含氧化铁、二氧化钛的石灰碱釉在 1250℃的还原气氛烧造后的成色。氧化铁含量相同（1.5％氧化铁）、二氧化钛含量不同的釉所呈现的颜色，从上到下釉中含有 0～0.8％的二氧化钛

国青瓷釉时面临着仿制高温釉的技术难题，中国的高温釉是大约在 1240℃的还原气氛中烧造而成的，由铁离子和钛离子着色。二价铁离子的自然色加上少量三价铁离子，在高温釉中且含量低于 2% 的情况下，就可使釉呈现冰蓝色。然而，当釉中氧化钛含量高于 0.2% 时，釉色变绿；随着氧化钛含量的升高，釉色越发变绿，这可能是由于在还原气氛中钛离子会对二价铁离子造成氧化作用，最终使釉中的三价铁离子（自身为琥珀色）的比例增加，使蓝釉变绿。氧化钛是远东制釉原料中非常常见的天然杂质，因此显绿色的青瓷远远多于显蓝色的青瓷。（图 15–18）

远东地区的窑炉温度可达 900～1200℃，且烧造时为还原气氛，这在伊斯兰陶瓷的烧造中是见不到的，即使伊斯兰陶工已认识到了这一烧造条件。这是因为这些伊斯兰陶瓷的釉中含有氧化铅，会导致其在还原气氛中起泡、变黑（此效果在编号 ALX3 的样品上最为明显）。伊斯兰拉斯特彩陶烧造中会采用还原气氛，但是作用在未烧造的釉上颜料上，并且烧造温度低于釉的熔点（基本在 500～600℃）。

图 15-19　ALX 3 显示轻度还原效果样品釉面气泡和发黑都为氧化铅所致

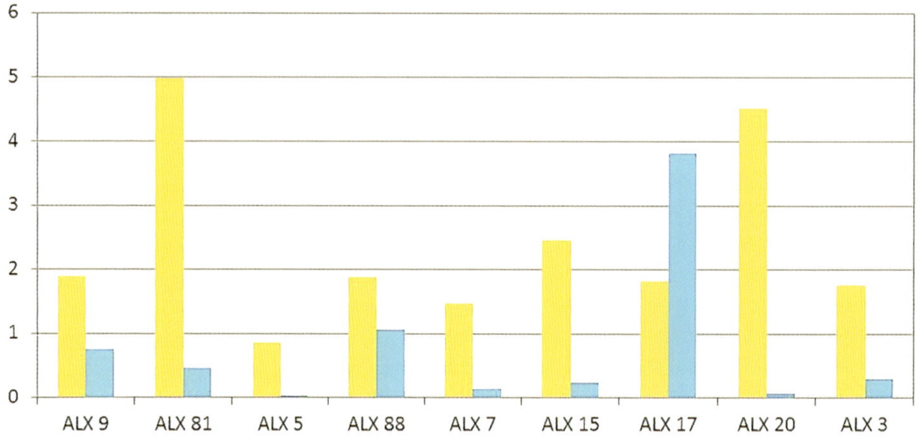

图 15-20　不同铁氧化物和铜氧化物含量与釉色关系图表。图表显示了本次研究的 9 件样品中釉所含铁氧化物（黄色）和铜氧化物（蓝色）的含量百分比

马穆鲁克时期青釉陶瓷碎片釉层成分表的结果显示，伊斯兰陶工在仿制中国青瓷颜色时采取的主要措施是：在氧化气氛中，将氧化铁和氧化铜在釉中熔融以提供三价铁离子和二价铜离子。三价铁离子呈琥珀色，二价铜离子呈蓝绿色（或在铅含量更高的釉里呈翠绿色）。也就是说，氧化铁和氧化铜按照不同比例被混合以使釉呈现不同程度的青色。（图 15-19、图 15-20）

图 15–21　摩洛哥马拉喀什近郊现代窑炉。其设计与容量与中世纪中东地区窑炉类似

伊斯兰陶瓷烧造的窑炉

另一个值得考虑的生产细节是伊斯兰陶瓷的烧造。有关中世纪伊斯兰陶瓷的生产窑址极少被发掘，但少数已被发现的伊斯兰陶瓷窑炉有着大致相同的风格：拱顶结构，内部高约 2 米（图 15–21），建在有孔的地面上，其下置一个巨大的火塘；轮辐状的悬桁架（杆与杆结成的铰链结构）支撑着窑室内

烧造的器皿，火焰最后从拱顶的空隙中散走。这类窑炉在西班牙的安达卢西亚佩奇纳（Pechina）、乌兹别克斯坦的塔什干等地多有发现（图 15–22）。前述阿布·卡西姆的书中也记录了这种窑炉：“这些支架置于窑中，在阿拉伯语中叫作‘shakhureh’，当地叫作‘dam’或‘dasht’。它就像一座高塔一样，内部有成排的烧制过的陶钉固定在墙上的孔中。被烧制的器皿置于其上，经历 12 小时热量充足稳定的烧造。烧造中规定：直至烟停才可加入木柴，因此烟并未破坏或使器皿变黑。”与同时期中国的龙泉龙窑一次可烧造上千件陶瓷相比，这些小型窑炉一次最多只能烧造几百件陶瓷。

烧制过程中的能源消耗

另一点也应被注意的是，伊斯兰地区在生产精细釉陶过程中所需的巨大的能源消耗问题，包括人工和植物燃料的消耗。这一问题与中东地区的仿制青瓷传统密切相关。

在燃料消耗方面，首先出现的需求是从沙漠植物中获得灰烬以制造陶瓷胎体和釉所需的熔块。对早期配方的研究和对釉本身的研究显示，多达一半的釉的配方是富含钠的草木灰与粉碎的硅质岩石搅拌在一起，二者的混合体被熔化成液态。这个过程要在高温中持续 8 小时左右，要消耗大量燃料。同时，仿制青瓷通常需要准备锡灰，并在其熔化后进行数小时的氧化，然后再加入富含铅、锡的熔块中，这一过程需要更多的燃料。而富含锡的熔块本身就需要将锡灰加到钠钙玻璃中，并在窑炉内再次熔化，而此过程需要 12 小时。

其次，青瓷仿制品的釉比普通锡釉更厚，因此其生产需要更多的釉材料。施釉后的烧制也需要更多的植物燃料。尽管中东地区的仿青瓷制品通常是在当地销售，而不是像龙泉青瓷一样参与国际贸易，其生产过程也需要大量的当地燃料，而中东地区本身的植被是十分匮乏的。

此外，原料的需求也十分巨大。硅质岩石需要被粉碎成细灰，熔化的玻璃体需要在窑炉中被搅拌。之后这些玻璃体被倒入冷水中碎成小块，被捣烂和研磨。铅和锡被同时氧化，随后这些金属在熔化状态下被混合在一起。熔化了的富含锡的玻璃体被舀入水

图 15–22　15 世纪早期枫洞岩窑（大窑）的产品。此盘明显有两种釉色，釉面大部分区域被氧化呈琥珀色，仅右上角小部分区域是在充分还原气氛下得以呈青翠色

中弄碎为后续的研磨做准备。阿布·卡西姆的著作中也描述了这一过程，似乎这些混合、粉碎和研磨的过程是人工完成的，而不是依赖水碓（利用河流动力推进水轮转动，从而拨动碓杆粉碎制瓷原料），后者正是龙泉青瓷生产作坊所使用的生产工具。

潜在的毒性：铅元素的释放

关于釉的最后一个问题就是釉的潜在毒性。釉中的氧化铜会以百倍的速度加快铅元素的释放，文献中记载了多起由此导致的铅中毒的例子。通过检测中国铜绿铅釉的铅元素释放，结果显示其中的铅含量存在潜在的危险。因此，一些马穆鲁克时期的仿制青瓷也可能遇到同样的问题。然而，龙泉青瓷在中东地区拥有“遇到有毒食物会变色”的名声（产生这一名声实际可能是因为龙泉青瓷盘通常在烧造还原不充分的时候呈琥珀色），这恰好与检测结果相悖。事实上，烧制后的龙泉釉是出了名的高稳定和抗化学侵蚀，因此在烧造完成后想要有釉色的改变是不可能的。反而是中东地区仿青瓷器皿中会加入铅元素，带来潜在的中毒危险，但中东的人们并不怀疑他们自身所产的器皿存在潜在的毒性。

结论

中东地区仿制中国龙泉青瓷是伊斯兰陶瓷史上很重要的研究主题。以长达几个世纪的使用当地材料仿制中国陶瓷的经验为基础，伊斯兰陶工在 13—17 世纪生产了仿龙泉青瓷制品，正如同一时期东南亚和东亚陶工进行的成功仿制一样。虽然中东陶工面临着特殊的挑战，如当地缺乏合适的陶土原料、烧造条件难以达到等，以及对中国制瓷技术几乎一无所知。然而，通过采取熔块胎陶为胎体和对不透明锡釉的调试，中东陶工成功生产出了仿龙泉青瓷产品。通过熟练混合氧化铁和氧化铜（有时还有氧化钴）等着色剂，这类仿制品能够在一定程度上与龙泉青瓷的釉色极为相似；并且就如龙泉青瓷一样，当地的仿制品也被施以厚釉。在成分上，中东地区仿龙泉青瓷的釉处于钠钙玻璃到铅共晶混合物的区间范围内，烧造温度约为 1000℃。

现在已知的是，中东生产的仿龙泉制品在 13—15 世纪都很流行，此生产传统在波斯地区一直持续到了 17 世纪。然而，中东生产的仿龙泉陶瓷有其自身的缺点。例如，以熔块胎陶为胎体缺少了中国瓷器自身的坚硬度，其在使用中也很容易产生刮痕。另外，一些仿龙泉制品的釉在烧造完成后易释放出铅元素，即因铜元素破坏了铅碱釉的稳定性，从而可能使器皿产生毒性。然而，单从视觉效果看，这些中东仿制品代表了当时中东创新陶瓷化学的胜利。中东陶工通过使用以粉碎的石英和沙漠草木灰为主的配方，颇具技巧地抓住了中国青瓷的特征，并使这类仿制品在广大的地域范围内成功持续生产了几个世纪。

（闻雯　译）

16. 钦姆库尔干与萨约德卡拉古城里的丝路遗响

达夫拉特科亚·多伍迪

（塔吉克斯坦国家博物馆考古和钱币学系主任）

提要

塔吉克斯坦国家博物馆发起了一项针对丝绸之路沿线遗址的大型考古发掘项目。在钦姆库尔干遗址中发现了 40 多枚希腊—巴克特里亚王国时期及贵霜时期的古钱币，印证了这座古城在丝绸之路上曾经拥有的繁荣贸易活动和发达的货币流通；在萨约德卡拉遗址的两期考古工程中共发现了 130 枚不同的银币和铜币，它们散布在遗址的各个角落，反映了当时的丝绸之路上的货币制度、发展情况和流通特征，证明了萨约德卡拉定居点位于一条穿越其东北方向的霍贯·马斯顿山脉（Khoja Maston mountains）的贸易路线上，与大丝绸之路的主分支相连，该分支始于巴尔赫，经此定居点往返中国。钦姆库尔干和萨约德卡拉遗址中出土的所有文物如今都保存在塔吉克斯坦国家博物馆中，它们经过细心修复后将永久展出，参观者们通过这些古老的展陈，可以进一步了解丝绸之路沿线包括塔吉克人在内的各个民族的杰出文化成就，以及由于丝绸之路而促进了当地经济、社会的交融发展。

公元前 2 世纪，连接中国、西方国家及地中海地区的商贸路线逐渐兴起。学者们以这条商路上最主要的商品——中国丝绸，将其命名为丝绸之路。中国出产的优质丝绸面料在西方国家广受赞誉。从中国出发的丝绸之路途径中亚、伊朗、伊拉克和叙利亚，抵达地中海，然后再通过海路延伸至希腊、罗马等欧洲沿海国家。除了丝绸，这条国际贸易线路也输送了成千上万、类目繁多的商品，例如，在中国被视作珍宝的中亚纯种赫特马、金银首饰、宝石和半宝石制品、玻璃、羊毛和棉织品、西瓜和桃子等异国水果、中国瓷器、茶叶、大米、香料等。丝绸之路的意义远不止促进商品贸易，这条横贯大陆的路线还带动了包括艺术在内的先进文化和技术成果的流动与传播。丝绸之路是连接世界各国和各民族的桥梁，为彼此间的良好合作交流创造了有利条件。丝绸之路把东西方数百座大中城市连接起来，许多地方道路与主干道相连，为成千上万的村镇居民进行贸易提供了便利。

在古代和中世纪，丝绸之路的两大支路曾途经塔吉克斯坦地区：一条从巴尔赫出发经过帕米尔，另一条从撒马尔罕出发，一路穿越彭吉肯特、苦盏、奥什，经由喀什最终抵达中国。在这条举世闻名的贸易路线及其分支的沿线上，塔吉克考古学家发现了许多古代和中世纪的城市、要塞和定居点，如青铜时代早期的萨拉兹姆镇（前 4000—前 3000）、古彭吉肯特（500—800）、希腊—巴克特里亚王国时期至贵霜帝国时期的希萨尔城堡（200—300）、瓦赫什谷南部的塔赫蒂 • 桑金城（前 300—400）、中世纪时期的古胡勒布克（900—1000）等。

塔吉克斯坦国家博物馆发起了一项针对丝绸之路沿线遗址的大型考古发掘项目。由我组织指导了两个贵霜时期遗址的考古发掘。其一是钦姆库尔干遗址（Chimkurgan），位于希萨尔山脉沙赫里纳夫地区（Shahrinav），在杜尚别以西 46 千米处。（图 16–1）当地的挖掘工作始于 2015 年，现场发现了生活区、生产区等不同的功能分区，并出土了壶、罐、盘、碗、杯等各种陶瓷器皿的大量碎片，以及铁钉、铁刀残片、黏土吊坠等物品。（图 16–2）

图 16–1　钦姆库尔干遗址概貌

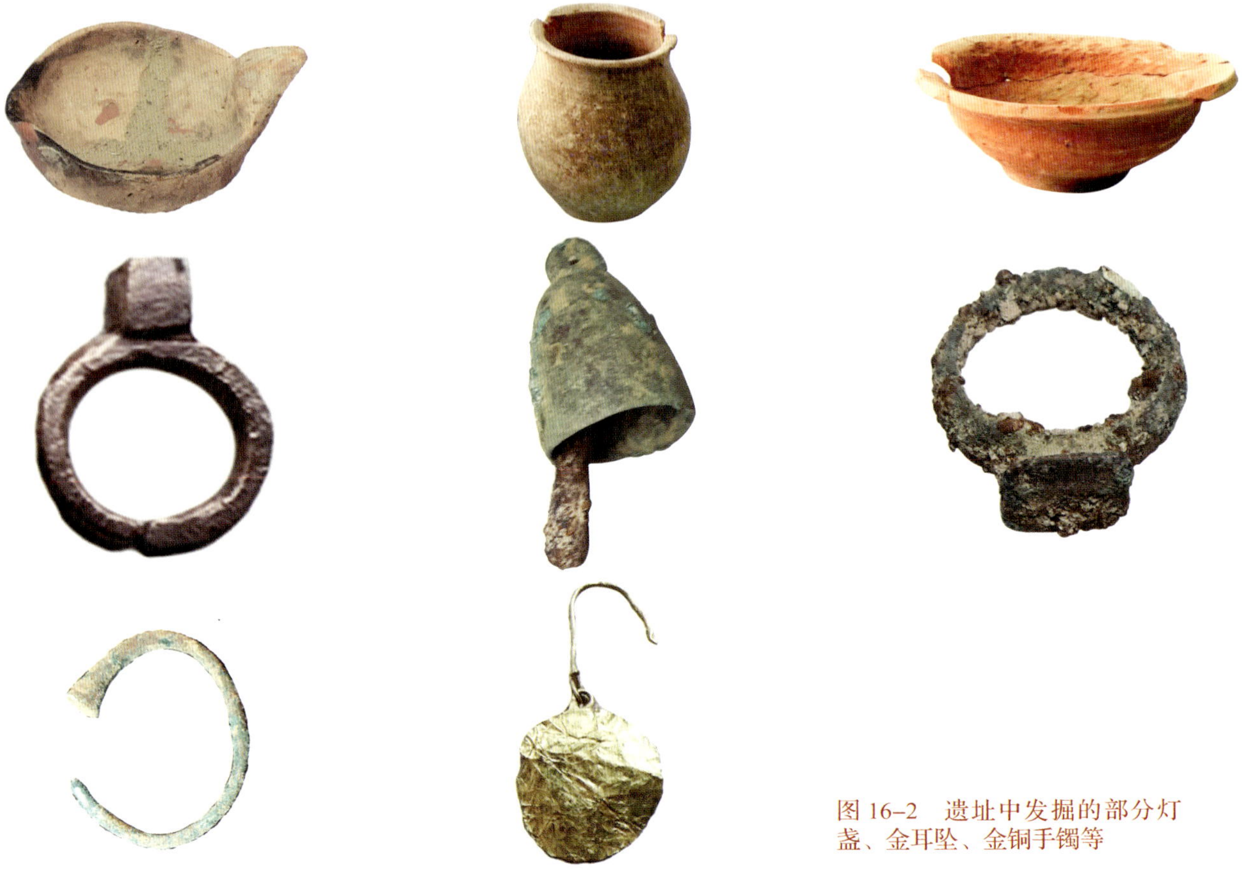

图 16–2　遗址中发掘的部分灯盏、金耳坠、金铜手镯等

图 16–3　供水管道，钦姆库尔干

这些发现证明了当地制陶、编织、锻造及其他工艺的发展。非常有意思的是，考古人员在一处住所中发现了 11 个用于储存谷物的大型陶瓷容器（khum），每个可储存约 400 千克的小麦或面粉。经过了 2000 多年，大多数陶罐仍然完好无损，只有部分出现了裂缝。从陶罐的数量来看，这座房子的主人显然非常富有。

考古人员还在其他两处发现了陶瓷管道，这意味着当地已经具备了发达的供水系统。这些陶瓷管子的一端直径 18 厘米，另一端直径 15 厘米，把管子的窄端插入另一根管子的宽端，就构成了一条贯通的供水管道。（图 16–3）

当地的房屋墙壁是用特制的黏土（pakhsa）和生砖砌成的。有趣的是，有些生砖上带有工匠的印记，比如叶形的图案或类似希腊字母的标志；一些陶瓷容器的碎片上也带有陶工的标志，多以针树叶、太阳和十字架的形式出现。其中，针树叶图案可能象征着琐罗亚斯德教的神圣植物豪麻（Haoma）。

特别需要提出的是，钦姆库尔干遗址中还发现了 40 多枚希腊—巴克特里亚王国时期及贵霜时期的钱币。其中最古老的分别是欧西德莫斯王朝（Eutidem）、德米特里王朝（Demetrius）和欧克拉提德王朝时期（Eukratides）发行的希腊—巴克特里亚钱币，可追溯到公元前 3 世纪末—前 2 世纪上半叶。其余的钱币大多属于公元前 2—3 世纪贵霜帝国时期，其中包括赫拉欧斯（Heraios）、威玛•塔克图（Vima Taktu，被誉为“Soter Megas”，在希腊语中意为伟大的救世主）、阎膏珍（Vima Kadphises）、迦腻色伽一世（Kanishka the Great）、韦苏提婆（Vasudeva）、迦腻色伽三世（Kanishka Ⅲ）等多位贵霜君主统治时期。大部分贵霜钱币的正面都是供奉祭坛的国王站像，背面则是琐罗亚斯德教、印度教、佛教或希腊神话的神像，侧面反映了贵霜统治者对于宗教信仰的开放态度。

这些古钱币的发现，印证了钦姆库尔干古城由于丝绸之路而曾经拥有着繁荣的贸易活动和发达的货币流通。据考证，大部分希腊—巴克特里亚王国及贵霜时期的钱币是在巴克特拉城中（Balkh，即中世纪的巴尔赫）铸造的，并通过贸易流通到了希萨尔山谷地区。究其根本，巴克特拉城地理位置优越，正好处在丝绸之路的一条支路上。这条支路从巴尔赫出发，沿途过铁尔米兹、查干、希萨尔、钦姆库尔干、杜尚别、安集廷、瓦什吉德、拉什特、阿莱谷、奥什抵达喀什噶尔，穿越了塔吉克斯坦的大片领土最终抵达中国。此外，杜尚别古城及瓦什吉德的部分考古发现也佐证了这条国际贸易路线的存在。例如，杜尚别古城中出土了一枚刻有古希腊酒神狄俄尼索斯的银质镀金奖章（falar）、一只狮身人面像形的金耳环，以及一批 5 世纪萨珊王朝时代亚兹德格尔德一世（Yezdigerd I）、瓦赫兰五世（Varahran V）和亚兹德格尔德二世（Yezdigerd Ⅱ）统治时期的银币。这些银币铸造于伊朗西部各地，包括奥姆兹德•阿尔达希尔、赫瓦尔•沙普尔、雷伊、阿塞拜疆。

以上所提及的杜尚别古城遗址内发现的考古出土文物都收藏于塔吉克斯坦国家博物馆内，永久面向公众开放展览。

2007 年，在本文作者的指导下，考古人员在杜尚别以东 50 千米的法扎巴德地区（Faizabad）瓦什吉德遗址（Vashgird）中发现了两枚铜币。其中一枚属于北宋元丰年间（1078—1085），另一枚则属于西夏乾祐年间（1170—1193）。可以肯定的是，上述在瓦什吉德遗址及杜尚别古城中发现的文物都是丝绸之路上贸易往来的产物。

图 16-4　放置有大型陶罐的房间，萨约德卡拉

萨约德卡拉（Sayodqal’a）是塔吉克斯坦国家博物馆的考古学家们发掘出的另一座“丝绸之路上的古城”。它地处塔吉克斯坦哈特隆州的瓦赫什河谷北部，坐落在一片 13 ～ 14 米高的台地之上，东临深谷（春季时丰沛的雨水会汇入干渠），占地面积达 1300 平方米，并筑有防御堡垒。2016 年和 2018 年间，由本文作者统筹对该古代定居点进行了首次考古挖掘。这一定居点共分为两个部分：统治者王城（堡垒）和沙赫里斯坦（Shahristan）平民区。考古挖掘工作涉及了包括堡垒在内的 15 个地点，发现了住宅、储藏室及与宗教礼仪相关的处所，同时出土了大量文物。考古学家们在堡垒中发现了两处居住区、一座墙壁厚达 3 米的主厅和一个杂物间，杂物间放置了许多用于贮存谷物及其他东西的大型陶罐。（图 16–4）同样地，沙赫里斯坦也发掘了许多建筑，其中的 9 号建筑非常有意思。考古人员在这里挖掘出了 8 个房间，其中一个有两个炉灶的房间是厨房，另一个放置了两个中型陶瓷器皿（khumcha）的房间是储藏室，

还有一间是礼堂，其余的房间都是供人居住的。

礼堂呈正方形，其中心有一个由正方形和长方形的生砖垒起来的小高台（高 20 ～ 25 厘米，长宽 94×94 厘米），高台中心的砖块呈十字状堆叠。高台表面呈现煅烧后的红色，某些地方还发现了灰烬，这都表明这个高台上曾经生过火。我们认为，这个方形小高台是一个祭火坛，而这座礼堂则是琐罗亚斯德教徒的圣堂。彭吉肯特、梅斯·艾纳克（Mes Aynak）及其他一些中亚地区的古城遗址中也发现了类似的祭坛，研究人员认为它们都来源于琐罗亚斯德教对火的崇拜。

10 号建筑中也发现了非常有意思的东西。这所建筑的一个区域中发现了 7 个大陶罐：东北墙下 4 个，西北墙下 3 个。其中最大的陶罐高 1.4 米，其余的高 1.3 米，直径都在 75 ～ 80 厘米。地下还埋藏了一些 30 ～ 40 厘米高的小陶罐。所有陶罐都被用来储存谷物。每个大陶罐可以盛放 500 ～ 600 千克小麦，7 个陶罐加起来就是 3500 ～ 4000 千克，可见这里的主人是个富人。（图 16–5）而后发现的两堆铜币也进一步印证了这一点：在一间放置有陶罐的房间中

图 16–5　谷仓，萨约德卡拉

发现了13枚贵霜王阎膏珍时期的铜币，在它隔壁的房间中也发现了23枚同样的铜币。

这些房间的墙壁由黏土和未烧制过的土砖砌成，土砖有38×38厘米和40×40厘米两种尺寸。墙壁表面覆有黏土灰泥，外立面用石灰石粉刷过。现存的墙壁高1～2米。

萨约德卡拉遗址的考古发掘中还出土了许多反映当地居民物质及精神生活的文物。其中与精神生活相关的包括三尊女性陶俑和一尊男性陶俑。这四尊陶俑中最值得注意的是一尊带孩子的女性塑像。女人的右手放在孩子的头上，仿佛在抚摸他。显然这尊塑像所刻画的女神是儿童和劳动妇女的守护神。中亚地区的其他古迹中也发现了类似的形象，研究人员一致认为它们都与女神阿纳希塔（Anahita）有关。《波斯古经》（*Avesta*，也译作《阿维斯陀》）中也有相关记载，称这位女神为妇女守护神、生育女神。其余的三尊塑像分别与琐罗亚斯德教及其他在贵霜时期盛行于中亚的宗教有关。（图16–6）

图16–6　雕刻琐罗亚斯德教神灵及其他神灵的陶俑，萨约德卡拉

类似与信仰相关的文物还有一些同样出土于萨约德卡拉遗址的动物陶俑，包括六尊陶马、一尊骆驼陶俑和一尊山羊陶俑。中亚地

图 16–7　陶俑，萨约德卡拉

区制作陶马的历史可以追溯到远古时期，最古老的陶马是在土库曼斯坦南部的奥尔丁 – 特帕（Oltin-tepa）和乌鲁格 – 特帕（Ulug）定居点发现的，其年代约为公元前 2 世纪。考古学家们认为人们对马的崇拜来源于公元前 4 世纪末雅利安人部落对马匹的驯化。这种崇拜在中亚许多民族中都十分普遍。（图 16–7 至图 16–9）

图 16–8　微型陶瓷容器

图 16–9　活动祭台

上面提及的骆驼陶俑也很可能与动物崇拜有关。巴克特里亚及中亚地区的人们对骆驼的崇拜始于古代。考古学家们认为人类对骆驼的驯化和与之相关的崇拜出现在公元前 2 世纪。骆驼形象在中亚人民的神话传说和宗教思想中占有重要地位。在贵霜时期的巴克特里亚，骆驼的崇拜通常与琐罗亚斯德教有关。

同样，萨约德卡拉遗址发掘出的山羊陶俑也带有崇拜含义。

图 16-10　大理石纺锤

图 16-11　黏土纺锤

中亚地区制作山羊泥塑和石像的历史可以追溯到红铜时代末期至公元前 3 世纪上半叶。巴克特里亚和粟特的绘画及雕塑艺术中经常出现山羊的形象。在七河地区，山羊形象经常被运用在陶瓷和金属器皿的把手、青铜鼎足及便携式青铜神龛等物体上。在琐罗亚斯德教中，山羊象征着幸福和幸运之神法尔恩（Farn）。

考古人员还在萨约德卡拉遗址中发现了许多代表了当时编织、制陶、锻造和铸铜、切石等多种生产工艺发展程度的物品。尽管当地居民可以从附近地区购买到许多生活用具，但大部分生活用具还是由当地手工艺人制造的。出土的 20 只完整的大陶罐以及大小水壶、双把手大水壶、罐、盘子、锅炉、平底锅等多种炊具餐具的碎片，都证明了当地的制陶业非常发达。其中一些容器的肩部还装饰有波纹和同心环纹。当地居民日常主要使用陶器，金属器皿极为少见，遗址中只发现了 8 小块青铜器碎片和一只铁杯。

其次，大理石、石膏、黏土纺锤和黏土吊坠的发现反映了编织工艺的发展。（图 16–10、图 16–11）

同时，各种古饰品的发现也

图 16–12　红玛瑙珠

证明了珠宝工艺的发展，其中包括金耳坠、收口处加粗的青铜拉丝手镯、方盾青铜戒指等各种青铜戒指，以及红玛瑙珠等各种形状的珠子。（图 16–12）

另外，从发现的家用铁刀中也可以窥见锻造工艺的发展。同时萌芽的还有青铜铸件工艺。除上面提及的青铜首饰外，考古人员还发现了包括圆形带扣在内的其他青铜器物。其中，9 号建筑内发现的铜铃备受关注。这类铜铃遍布巴克特里亚和整个中亚地区，常见于定居点及墓葬之中。铃具有神秘的宗教意义，被广泛用于包括葬礼在内的各种宗教和传统仪式中；商人们会将铃挂在商队的骆驼上。牧师们认为铃声具有神秘的力量，与天堂相通，可以驱散邪恶，保护生者和逝者不受侵扰。显然，在琐罗亚斯德教礼堂附近发现铜铃并非偶然。

萨约德卡拉遗址中还出土了

图 16–13　谷物碾磨器

谷物碾磨器、杵、圆盘形扁平卵石等大量日常生活用具。碾磨器有大小两种，大的由白色的山地石灰岩制成，呈凹形，正面被打磨光滑，未经加工的背面粗糙不平；小的由鹅卵石制成，呈椭圆形，正面经过加工平坦而光滑，背面凸出，未经加工。谷物碾磨器主要用于碾磨小麦、大麦和其他谷类作物。（图 16–13）

谷物碾磨器的发现表明当地居民普遍以谷物为食。萨约德卡拉遗址东南边的峡谷后有一片适合播种谷物的山麓平地。可以肯定的是，当地居民曾在这里种植过小麦和其他谷物。制作谷物碾磨器的切石机被固定在了某些地方，因为它们太重，不易来回搬运。

我们还在萨约德卡拉遗址的考古发掘中发现了大量钱币。（图 16–14）考古学家们在发掘贵霜时期的遗址时，运气好的时候，一期能发现一打左右的钱币；运气差的时候，可能只有一两枚，甚至一无所获。而我们在萨约德卡拉遗址的两期考古工程中共发现了 130 枚不同的银币和铜币，它们散布在遗址的各个角落。这些钱币反映了当时货币的发展情况和流通特征，是探究古代定居点的

图 16–14　钱币：仿制版欧克拉提德银币

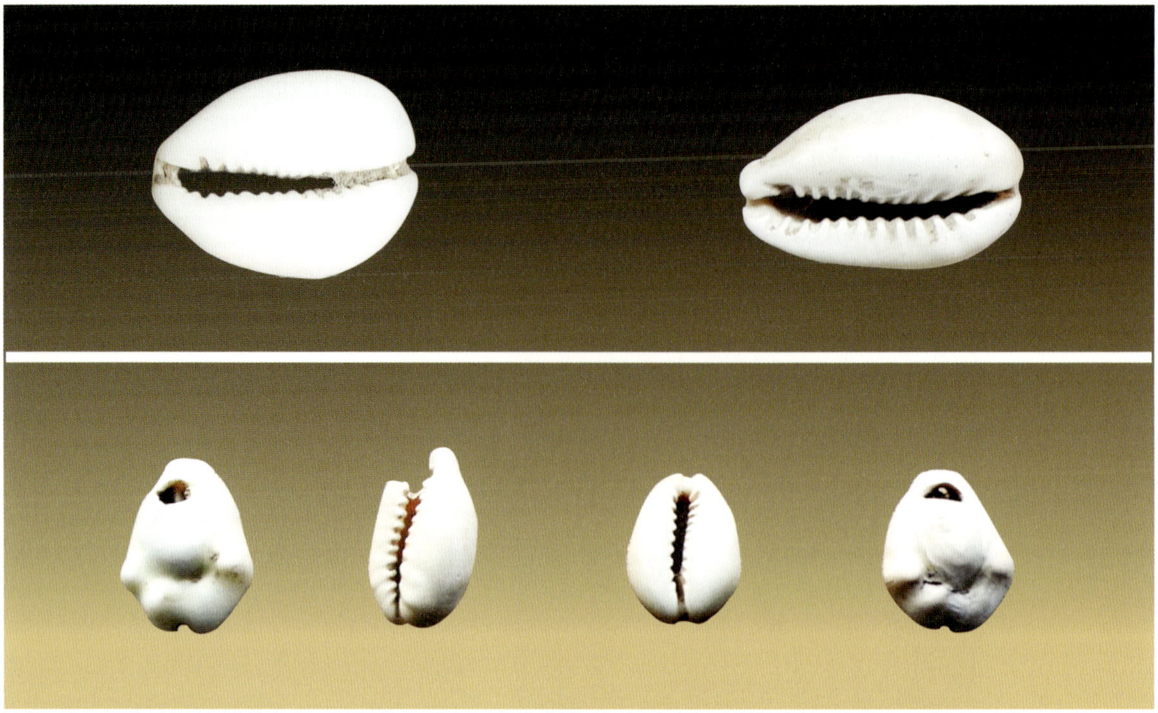

图 16–15　杉状贝币

宝贵资料。

萨约德卡拉遗址中发现的所有钱币都属于贵霜时期。其中最古老的是四枚仿制版欧克拉提德银币、一枚仿制版赫利奥克勒斯四德拉克马（tetradrachms）铜币、一枚早期贵霜君主 Heray-Sanab 时期的四德拉克马银币和一些欧宝（希腊银币），它们的年代都在公元前 1 世纪。据此可以推测萨约德卡拉定居点应建于公元前 1 世纪的贵霜王朝早期。当地发现的距今年代最近的钱币属于贵霜迦腻色伽王时期，即 2 世纪上半叶。也就是说，这座城市最终在迦腻色伽王统治期间彻底衰亡。

在所发现的钱币中占比最大的是阎膏珍时期钱币（68 枚），其次是索特•麦格斯（威玛•塔克图）时期钱币（43 枚），再次是迦腻色伽王时期钱币（9 枚）。萨约德卡拉定居点的货币流通在索特•麦格斯时期得到了极大的发展，然后在阎膏珍时期达到顶峰，最后在迦腻色伽王时期逐渐式微。这些钱币证明了萨约德卡拉定居点中存在发达的货币制度和贸易活动，而这并非出于偶然。事实上，该定居点位于一条穿越其东北方向的霍贾•马斯顿山脉（Khoja Maston mountains）的贸易路线上，与大丝绸之路的主分支相连，该分支始于巴尔赫，经此定居点往返中国。当地的老居民告诉我们，在20世纪初，商队沿着这条路前往诺拉克（Norak），然后经过普里桑金桥（石桥）、法尔哈尔（Farkhar）到达阿富汗和印度。在萨约德卡拉遗址中发现的玛瑙珠、杉状贝币等外来物品有力地证明了这条路是一条国际贸易之路。红玛瑙矿床位于印度、蒙古和阿拉伯，因此上述的玛瑙珠肯定是经由贸易路线从这些国家之一运到萨约德卡拉来的。

萨约德卡拉定居点遗址中发现了六枚杉状贝币。（图16–15）众所周知，这类贝壳只产于印度洋和太平洋，在古代它们被当作货币在这些海域的岛屿上广泛流通。随着时间的推移，它们随着贸易往来逐渐传入中亚、欧洲和非洲。直到20世纪初，它们还在印度洋和太平洋的岛屿及非洲沿海的国家中被广泛用作货币。此外，它们还被用作女性饰品，特别是在萨约德卡拉这样经济高度发达的地区。

最后我要指出，钦姆库尔干和萨约德卡拉遗址中出土的所有文物都保存在塔吉克斯坦国家博物馆中。它们在经过细心修复后，一直被陈列在永久展览、临时展览或外设展览中。博物馆参观者们可以通过这些古老的物件，进一步了解丝绸之路沿线包括塔吉克人在内的各个民族的杰出文化成就，以及由于丝绸之路而促进了当地经济、社会的交融发展。

（姚函丽　译）

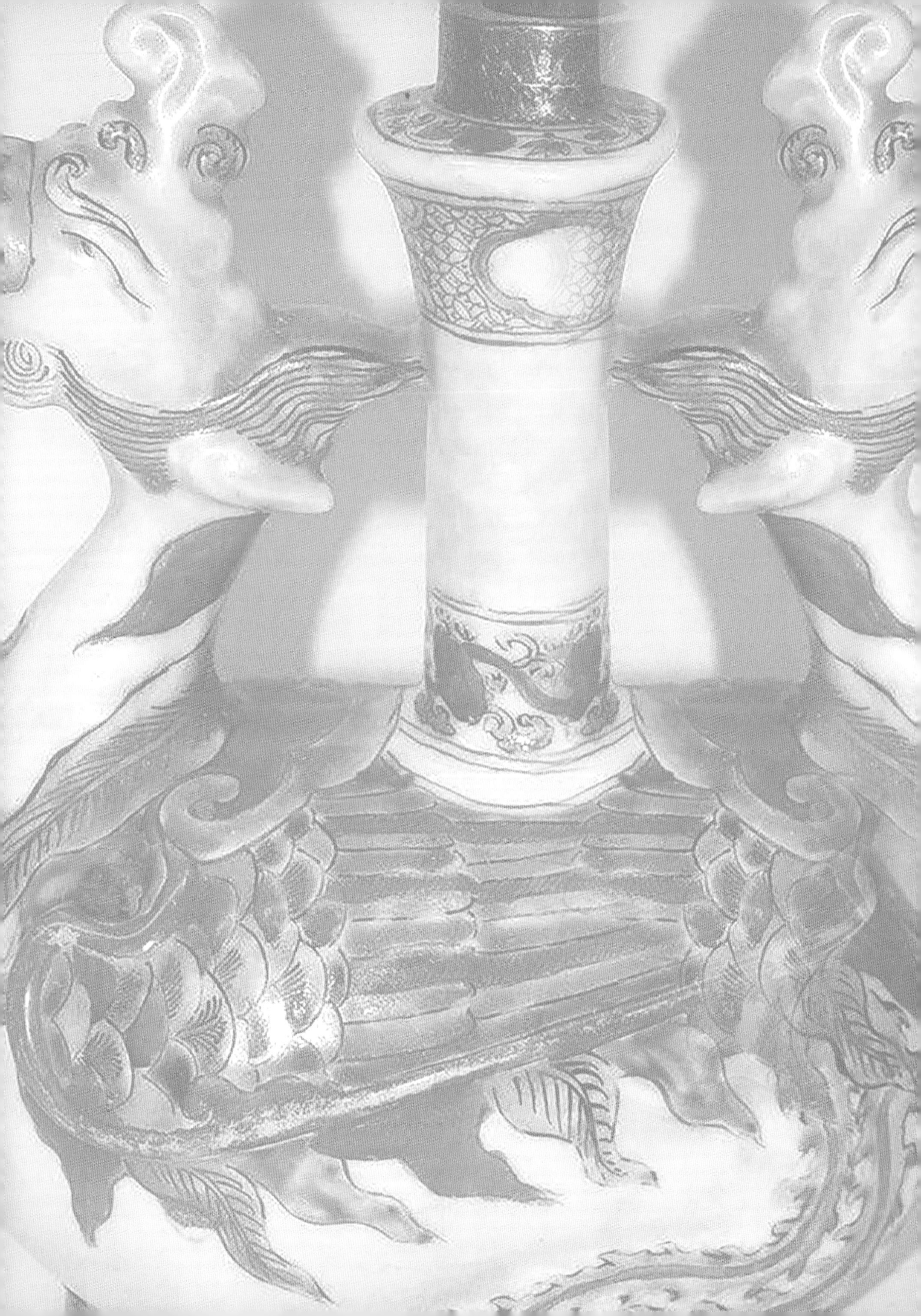

17. 奥斯曼帝国时期中国藏品藏着无尽的惊艳

舍伊达·阿尔帕伊
（土耳其总统府国家宫殿管理局艺术历史学家　左图）
吉来·菲丹
（土耳其安卡拉哈吉·巴伊拉姆·维利大学文学院翻译系教授　右图）

提要

古老的丝绸之路曾奇迹般把远隔千山万水的不同国度紧密地联系起来。2020 年，英国考古学家们在地中海地区发现了最早可追溯至公元前 300 年的 12 艘商船遗迹，其中在一艘巨型奥斯曼商船上打捞出数量众多的中国明代瓷器，它们再一次证明中国与奥斯曼两个帝国之间曾经存在着发达的贸易往来。而作为中国境外收藏中国瓷器最多的博物馆——奥斯曼帝国宫殿，收藏有 1 万件中国瓷器，还有众多的木制品、纺织品、编织篮等各式日用品和艺术品，显示了奥斯曼帝国时期中国产品受到了极大的欢迎和喜爱。新的考古发现和经典的馆藏文物，有力地证明了文明之间的相互交融远比以往人们认为的要更加广泛，更为深入。这些考古发现将深化我们对丝绸之路上各国家和各文明间关系的认识，也有助于我们全面了解丝绸之路与东西方源远流长的历史。

就在2020年的4月份，英国的考古学家们在地中海地区惊喜地发现了12艘商船遗迹。这些沉船的年代最早可追溯至公元前300年，它们被用来运输希腊、罗马和奥斯曼帝国的香料和丝绸。其中最能吸引考古人员目光的，是一艘约在1630年沉没于东地中海的巨型奥斯曼商船，从这艘沉船残骸上打捞出了中国明代瓷器。这些瓷器数量之众多、器形保存之完好，令考古学界振奋，也在社会上引起热烈反响。

据英国《每日邮报》报道，考古学家们在地中海发现了这一处沉船残骸，里面有数百件人工制品，包括中国瓷器、水壶、咖啡壶等。“沉船之谜”项目（ESP）的考古学家肖恩·金斯利表示：“没有比这更好的了。对于考古学家来说，这就相当于发现了一颗新行星。这里充满了种种奇观，我们在地中海下发现了最早的中国明朝瓷器。它们很难被找到，但当你找到时，会发现它们保存完好。”这些沉船揭示了一条此前不为人知的海上丝绸和香料“航道”，将中国与波斯、红海和地中海东部连接起来。这次的海上考古再一次证明，中国与奥斯曼帝国之间曾经存在多么繁忙的贸易往来。可以想见，奥斯曼与中华这两个帝国之间曾经的商贸网络是多么发达。土耳其与中国之间自古就建立了密切的商贸联系，为今天的我们留下了丰富宝贵的遗产——大量的历史文物，而这些文物值得我们深入研究。

让我们把目光从这次的深海考古拉回到土耳其的各博物馆，同样会惊异于来自古代中国的各种宝物是如此的丰富多彩、精美无比。它们通过古丝绸之路这条伟大通道，为奥斯曼帝国运送了当时从君王到民众的喜爱的瓷器、丝绸、木作和编篮等各式物品，成为今天两国交往极为重要

的历史见证。（图 17–1、图 17–2）

自丝绸之路建立之日起，奥斯曼帝国就因处于重要贸易通道上，同时与不同文明相互交融，进而与全世界保持着密切联系。这种联系的一个象征就是，奥斯曼帝国从几乎其他所有国家进口了各类艺术品和其他物品。因为与中国和很多国家建立了联系，奥斯曼帝国的历代君主收到了来自中国等很多国家的礼物。如今，土耳其境内各博物馆里之所以有这么多样、丰富的外国藏品，正如我们刚刚指出的，是因为完全得益于当年迷人的丝绸之路大通道。在这种背景下，即使难以研究透土耳其各博物馆里的所有中国藏品，也能通过研究已知的藏品和历史档案资料，确认其中相当一部分中国藏品的信息。

奥斯曼帝国时期的馆藏活动始于苏丹阿卜杜麦吉德（1823—1861）时期。而奥斯曼帝国最后一任仍拥有绝对王权的君主阿卜杜哈米德二世（1842—1918），对宝石、文物、书籍和艺术品的爱好更是广为人知，且重视收集和储存这些藏品。他在耶尔德兹宫这座皇家宫殿内，改造出了极具价值的博物馆、武器库和图书馆。1908 年 3 月 31 日，阿卜杜哈米德

图 17–1　明代浅碟，藏于托普卡帕宫博物馆，16 世纪早期

图 17–2　镶有宝石的明代青花瓷碗，外部及内部，藏于托普卡帕宫博物馆，制造于 16 世纪后半叶，宝石镶嵌物由奥斯曼帝国宫廷工匠添加，镶嵌物为金、银和红宝石

图 17–3 奥斯曼帝国宫殿

二世被废黜，后被流放至今属希腊的萨塞洛尼基，而所有珍贵的藏品则留在了耶尔德兹宫。

为了对耶尔德兹宫里的物品进行清点，奥斯曼帝国众议院决定成立一个清点委员会，由奥斯曼帝国市政府开始对宫中的物品进行清点。奥斯曼帝国大臣会议向清点委员会告知了清点过程中必须注意的问题和需要办理的事项。这些事项中就有这样一条，即把所有藏品根据各自的种类登记在册。这些详细的历史文字档案对于我们了解中国文物、文化和中土两国关系尤为重要。而在这些登记册完成时，包括托普卡帕宫博物馆在内的各类博物馆还没有建立起来。

因此，我们将探讨托普卡帕宫博物馆中收藏的中国瓷器和上文中提及的登记册中的物品，这将有助于我们理解从中国而来的珍贵历史文物的多样性，以及它们当时的受重视程度。

土耳其共和国成立后，在土耳其国父穆斯塔法•凯末尔•阿塔图尔克的指示下，经部长委员会决定，托普卡帕宫——这座被使用了近 400 年的奥斯曼帝国苏丹的皇宫——于 1924 年 4 月 3 日被改造为一座博物馆（图 17–3），并展开了藏品分类和盘点工作，凯末尔也偶尔亲临博物馆指导工作。觐见大殿、太医宫殿、巴格达宫和后宫等首先对游客开放，随后帝国宝库里的兵器收藏和御膳房里举世罕见的中国珍贵瓷器也开始对外开放。当时，在博物馆里有限的工作人员中，每个领域都有权威的外国专家参与对文物的分类工作，而中国瓷器的分类是由德国著名的中国瓷器鉴赏家恩斯特·齐默尔曼完成的。

托普卡帕宫博物馆现今存有超过1万件中国瓷器，是中国境外收藏中国瓷器最多的博物馆，它非常清楚地展示了13世纪末—20世纪初中国生产、出口的瓷器的发展历程。这些藏品是通过贸易、战利品、礼品等不同途径得到的。

举例而言，奥斯曼帝国档案记录了阿拉伯阴历1306年10月16日（1889年6月15日）阿卜杜哈米德二世获赠中国瓷器的历史。档案强调称，奥斯曼帝国一共获赠了包括两件大的金属制品、两件小的金属制品和60件瓷器在内的礼品，它们都很精美、很珍贵。

这些藏品被研究人员分为三个类别，分别是青瓷、青花瓷和单色釉—彩釉瓷器。（图17–4至图

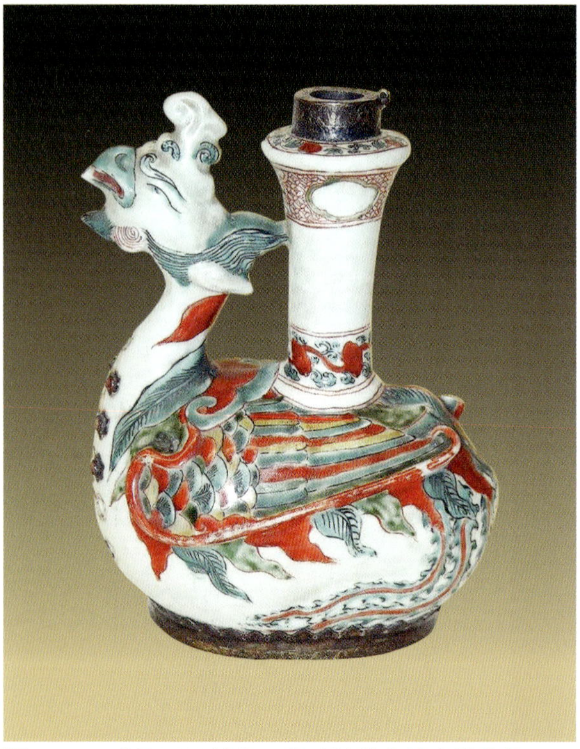

图17–4　明代凤凰烛台，藏于托普卡帕宫博物馆，16世纪后期，宝石为奥斯曼帝国添加

图17–5　元代青瓷碗，藏于托普卡帕宫博物馆，14世纪制造

图 17–6　元代青瓷盘，藏于托普卡帕宫博物馆，14 世纪制造

图 17–7　元代青瓷盘，藏于托普卡帕宫博物馆，制造于 13 世纪末—14 世纪初

图 17–8　明代青瓷盘，藏于托普卡帕宫博物馆，15 世纪制造

图 17–9　青花瓷盘，藏于托普卡帕宫博物馆，14 世纪制造

17–9）

托普卡帕宫博物馆的中国瓷器中有 1350 件是青瓷，这些青瓷中的 95% 又是在 14 世纪和 15 世纪，也就是元、明两代，在浙江龙泉生产的。青瓷是以高岭土和长石制成，上青釉，呈淡灰色，质地坚硬、厚实。这些青瓷中有 1060 件各种尺寸的盘子、230 个碗、

图 17–10　元代龙纹青花瓷梅瓶，高 44.5 厘米，藏于托普卡帕宫博物馆

图 17–11　明代青花瓷瓶，藏于托普卡帕宫博物馆

图 17–12　明代青花瓷瓶，藏于托普卡帕宫博物馆

图 17–13　明代青花瓷瓶，藏于托普卡帕宫博物馆

9 个水壶、18 个花瓶、11 个罐子和具有其他功能的文物。

托普卡帕宫博物馆收藏了 14—15 世纪，也就是元、明两朝的各式青瓷盘。如同其他伊斯兰文明一样，奥斯曼人也相信青瓷盘能检验所盛食品是否有毒，所以青瓷在奥斯曼帝国广受欢迎。至 19 世纪，奥斯曼人在家里和嫁妆中仍广泛使用青瓷。

托普卡帕宫博物馆藏有 5373 件自 14 世纪中期—19 世纪的青花瓷，其中最珍贵的又数举世罕见的元代和明代青花瓷，这些文物大部分都产自景德镇。（图 17–10 至图 17–13）这批青花瓷中有 2680 件是清代生产的，这个时期青花瓷的产量上升，质量下降，并逐

图 17–14　伊万里风格的盘子及带盖子的碗，藏于托普卡帕宫博物馆，1715—1730 年制造

图 17–15　水壶，藏于托普卡帕宫博物馆，产于 16 世纪后半叶

渐廉价化。

托普卡帕宫博物馆内有 31 件白瓷，数量极少、专供皇室的黄色瓷器，此外还有用低温单色釉覆盖的其他 53 件瓷器（图 17–14、图 17–15）。另存有清代早期绿釉瓷器 226 件，康熙末年玫瑰粉和暗白釉瓷器 527 件。另外还藏有 18 世纪初期至中期生产的，釉下涂以蓝色基调，釉上镀金、彩绘或者是日本伊万里风格的中国瓷器 673 件。此外还有一批产于 18 世纪下半叶，在釉上用镀金书写《古兰经》

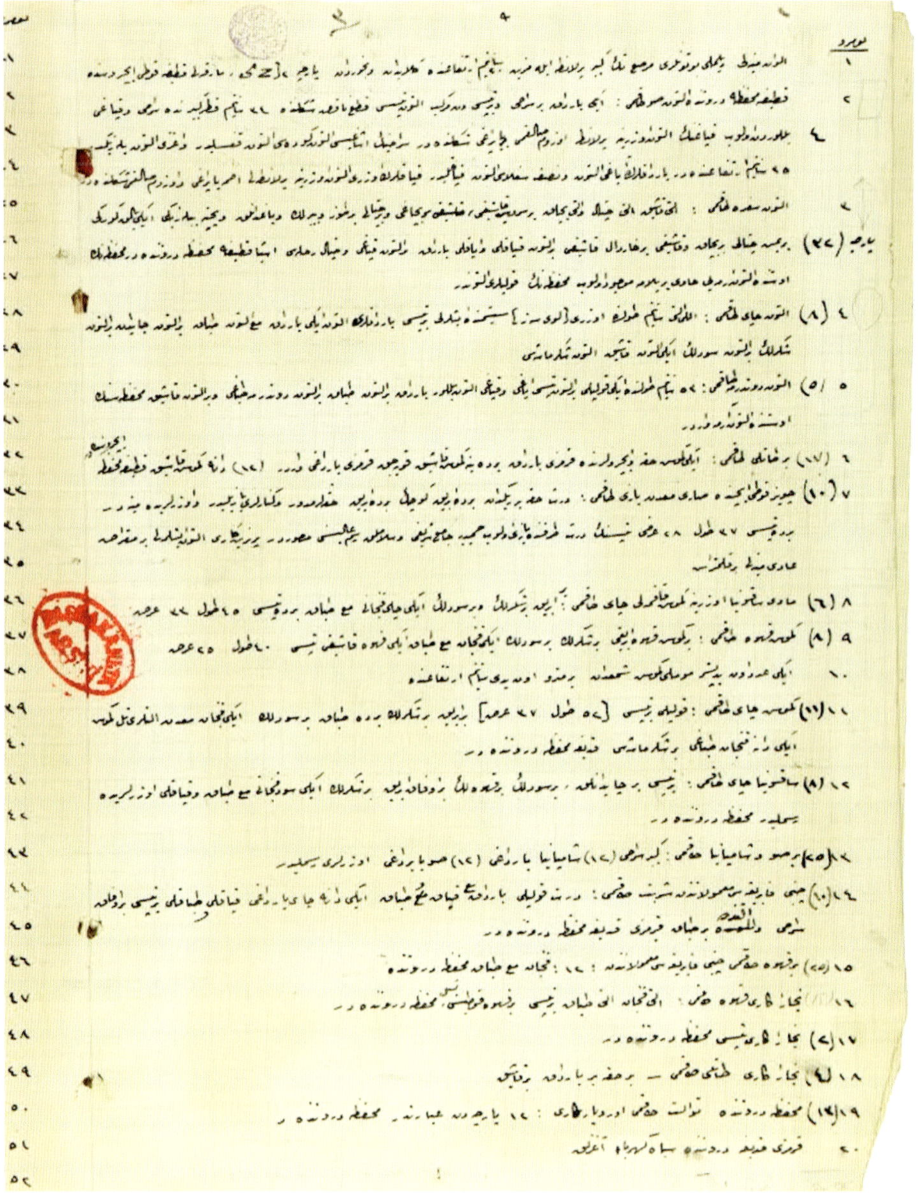

图 17–16　耶尔德兹宫档案登记册

经文的约 130 件珍贵中国瓷器。

在简单了解了托普卡帕宫博物馆里收藏的中国瓷器后，我们就可以回到之前提到的登记册的话题上。第一本登记册是耶尔德兹基本档案登记册，总共 195 页，当时由御用财库交与清点委员会用以对藏品进行登记，现今存于土耳其总统府国家档案局，编号为第 32218 号。阿卜杜哈米德二世在博物馆里储藏的文物，就是在这本登记册里被编号、登记的（图 17–16、图 17–17）。从登记册记录可知，文物清点是从伊斯兰历 1325 年 2 月 7 日（1910

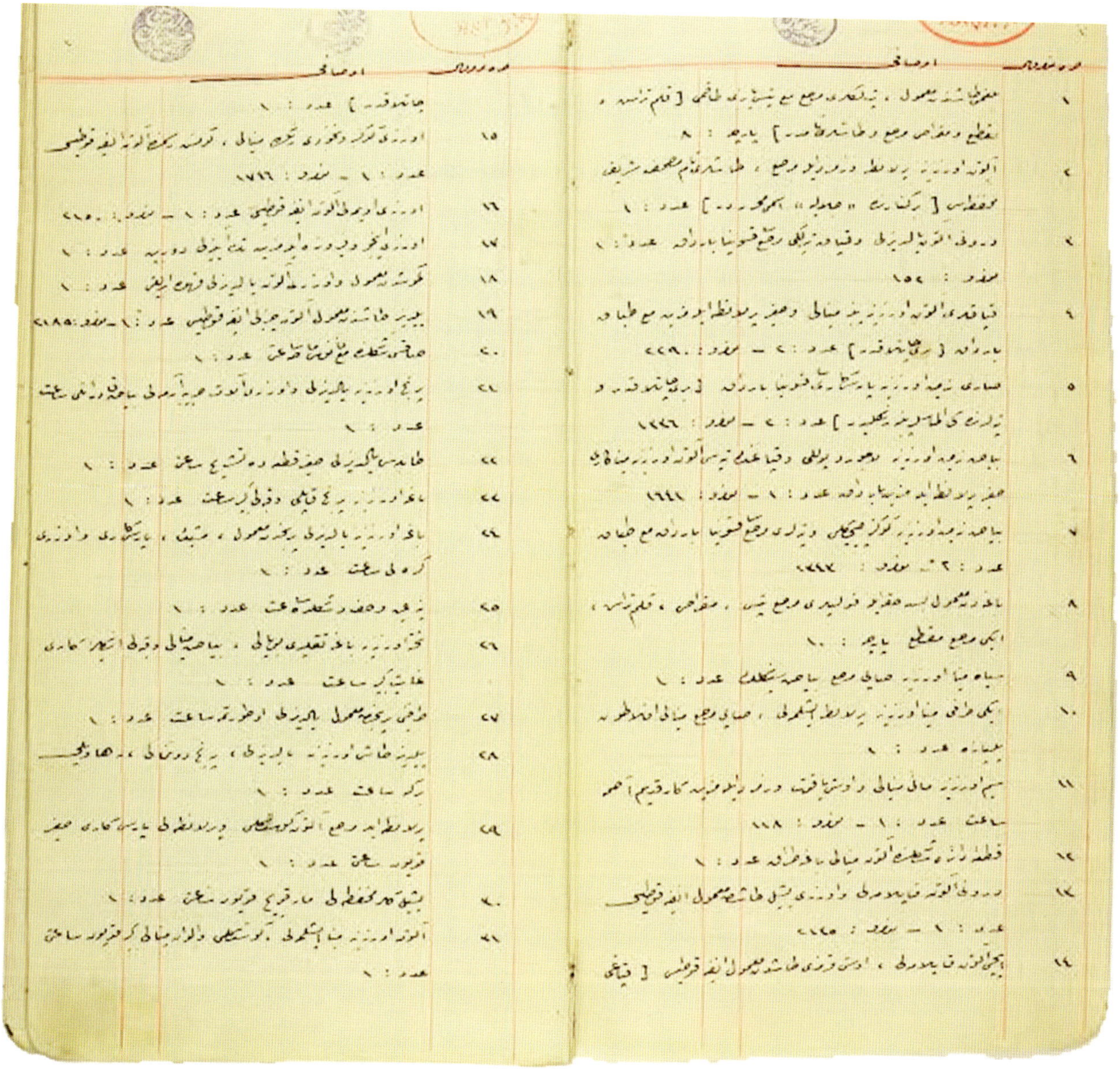

图 17–17　耶尔德兹宫档案登记册

年 2 月 20 日）开始的。第二本登记册则包含了在第一本登记册完成的几个月后，交付给御用财库的其他剩下的文物，这本登记册如今在总统府国家档案局内的编号为第 12016 号，总共 21 页，其首次文物登记记录时间为伊斯兰历 1326 年 1 月 20 日（1911 年 1 月 2 日）。在登记册中，标注了文物的序号、数量和性质。两本登记册总共收录了 2932 件文物，其中还包含了阿卜杜哈米德二世的个人物品。

这两本登记册中有以下中国文物。

性质	数量	序列号
椭圆形盘子	2	—
方形盘	2	—
扁平盘	2	—
1 套由 12 个杯子、1 个奶壶、1 个糖盒、1 个茶壶和 6 个盘子组成的混合茶具	21	752
上面有搁板、中间带门、下面是 4 个脚的、装饰有花和鸟的、154 厘米高的红木柜子	1	753
135 厘米高、128 厘米宽、各面都是搁板、有 11 个抽屉的柜子	1	755
首饰盒	1	443
盘子	295	773
16 厘米高、带笼子的花瓶	1	466
银盖或者铜盖的、或者无盖的、白底蓝花的、最高 52 厘米的不同大小的长颈大肚玻璃瓶	91	768
40 厘米高、镀金、彩绘的花瓶	1	770
直径 46 厘米、画有彩色花朵的碗	1	539
21 厘米高、做成大象形状的陶罐	2	540
直径 22 厘米的白色盘子	1	670
直径 12 厘米的彩色盘子	1	682
直径 8 厘米、带格栅、底部有洞的盆	1	683
直径 11 厘米的盘子	1	687
高 10 厘米的花瓶	3	689
画有人像的、带盖子的罐子	1	—
咖啡杯	11	957
各种形状和大小的长颈大肚玻璃瓶	12	954
白底蓝色或者暗红色装饰的、带把手的、底部边缘和盖子顶部由金属制成的、高 30 厘米的碗	2	435
高 92 厘米、白底蓝色或暗红色、带花纹的罐子	1	437（受损）
高 64 厘米、白底蓝色或暗红色的罐子	2	438
高 40 厘米、白底蓝色、带花纹的罐子	1	439
长 8 厘米的夜壶	1	794
长 15 厘米的、带盖子和盘子的碗	1	795
白底、画有人像的大型长颈大肚玻璃瓶	1	—
白底、画有花纹的大型碗具	1	—
白底、画有人像的大盘子	3	—
长柄、白色皮革剑鞘、挡泥板上镶金的剑	1	—

续表

性质	数量	序列号
白底、绘有深蓝色花的罐子	1	—
蓝色花瓶	2	—
白底、画有花朵和人像的花瓶	2	—
16 厘米高、带格栅的花瓶	1	483
35 厘米高、白底、画有花和人像的花瓶	2	887
镶金花瓶	1	—
玉牌	1	101
盖子的内外两侧都有雕花、签有 Eyyubi Derviş Hasan 字样、宽 18 厘米、直径 38 厘米的抽屉	1	444（包括镀金银的瓶子）
高 150 厘米、宽 115 厘米、有两个隔间的柜子	1	233
1 个蓝色刻字坛子，2 个无盖的碟子、3 个带盖子的盒子	9 个部分	929
彩色花纹的理发盆	1	815
彩色花纹的碟子	1	816
带盖子和底盘的肥皂盒	3	—
四扇布屏风	1	—
饰有珠子的篮子	5	—

图 17–18　奥斯曼帝国的宫殿里收藏的中国瓷器

登记册中的中国文物总共有 498 件，其中部分文物没有标注博物馆序列号。看了上述列表可知，把中国文化在奥斯曼帝国的存在只概括为瓷器的想法是错误的。此外，从列表中我们还可以看出，阿卜杜哈米德二世非常珍视中国瓷器，并且把它们放在自己建造的博物馆里陈列出来。今天，这些文物可以方便地被按照类别进行清点和研究。（图 17–18）

本文对奥斯曼帝国宫殿里的中国藏品进行了综述。可以得出这样的结论：在奥斯曼帝国的宫殿里不仅收藏了中国的瓷器还有中国的其他物品。从上述列表可以看出，藏品里还囊括了木制品、纺织品、编织篮等各式物品。这些藏品中有日用品，也有艺术品。阿卜杜哈米德二世在自己创建的博物馆中展出这些藏品，显示奥斯曼帝国时期中国产品受到了极大重视，而这些藏品受到如此珍视的原因值得深究。（图 17–19 至图 17–22）

当然，土耳其还有许多博物馆都收藏有很多来自中国的珍贵藏品，其中就有土耳其第一大城市伊斯坦布尔的伊兹尼克博物馆，馆中收藏有许多精美的中国古瓷瓶。伊斯坦布尔曾经是中国古代“丝绸之路”西端的终点，伊兹尼克城是奥斯曼帝国时期的瓷器产地。当年，在中国和西亚各国交往中，中国瓷器和烧瓷技术，也通过丝绸之路传入土耳其。土耳其人不仅喜爱中国古瓷器，而且热心学习中国制作瓷器的技术。那时，土耳其一些地方就开始兴办制瓷作坊。后来，又出现了一个名叫伊兹尼克的瓷镇，以烧制出大批瓷砖来提供给各清真寺镶嵌内壁之用而闻名。

总之，古老的丝绸之路把广阔的空间紧密地联系起来。新的考古发现实际上也证明了，文明之间的相互交融远比以往人们认

图 17–19　清代青花甘泉瓶，产于 19 世纪

图 17–20　水壶，藏于托普卡帕宫博物馆，16 世纪后期

图 17-21　明代瓷香炉，17 世纪制造

图 17-22　瓷盘，藏于托普卡帕宫博物馆，16 世纪后期

为的要多。无论是新的考古发现，还是原有的博物馆藏品，都以自己蕴含的丰富信息，不断深化我们对丝绸之路上各国家和各文明之间关系的认识，也有助于我们全面了解丝绸之路与东西方源远流长的历史。正如文章开头所述的英国考古学家们 2020 年在地中海地区发现的 12 艘商船遗迹，这些沉船证明，中国与奥斯曼帝国之间曾经存在繁忙的贸易往来。可以想见，奥斯曼与中华这两个帝国之间曾经的商贸网络是多么发达。土耳其与中国之间自古就建立了密切的商贸联系，为当今的我们留下了丰富的遗产——大量的历史文物，而这些文物值得我们今后深入研究。

（冯源　译）

作者简介

亚力杭德拉·古铁雷斯（Alejandra Gutiérrez）

英国杜伦大学考古学系研究员，中世纪欧洲和伊斯兰陶瓷专家，在国际上享有盛誉。研究领域主要有英国和地中海的中世纪和近代早期的物质文化，主要研究方向包括地中海陶瓷，特别在西班牙和葡萄牙的瓷器以及英国中世纪和近代文物研究方面建树颇多。著作有《威塞克斯家庭中的地中海陶器（13—17 世纪）》等，相关论文数十篇。近年来创立了用于鉴定中世纪和近代西班牙陶器的网络指南，为欧洲考古工作中陶瓷鉴别提供了重要帮助。

克里斯托弗·杰拉德（Christopher Gerrard）

为英国杜伦大学考古学系教授。2005—2007 年担任系副主任和系研究委员会主席，2008 年为杜伦大学社会科学学院副主席。2011—2012 年担任考古学系主任。主要研究方向为英国与欧洲中世纪考古。

法伊顿·肯扎夫（Fariddun Kenjaev）

毕业于塔吉克斯坦国立大学历史系，主修国际关系（外交方向）。在塔吉克斯坦共和国政府下属的环境保护委员会工作。2011—2012 年担任国际关系部的核心专家，监督联合国环境保护公约在塔吉克斯坦的实施情况，包括塔吉克斯坦与其他国家，尤其是与中亚国家签订的环境保护协议的实施情况。2013 年，进入新西伯利亚国立大学（俄罗斯联邦）攻读国际管理硕士学位。自 2015 年起在塔吉克斯坦国家博物馆工作。2016 年参加了在俄罗斯联邦阿尔泰地区举行的“阿尔泰—亚洲 2016”亚洲青年领袖国际论坛。2017 年至今，担任塔吉克斯坦共和国总统行政办公室下设的国立“塔吉克斯坦国家博物馆”游览与群众部门的负责人。

A.V. 西多夫（Sedov Alexander）

莫斯科国立东方艺术博物馆馆长，俄罗斯科学院东方研究所主要成员，考古学博士，古代历史学硕士（第二学位），近东和中亚地区古代历史学、考古学、钱币学领域的领衔专家之一；独立及联合发表了 160 余项论文和专著，其中包括 7 本专著；担任国内外学术期刊和系列丛书的编委会成员、德国考古研究所通讯院士及俄罗斯 ICOM 执行委员会成员。自 2006 年起，担任国立东方艺术博物馆馆长；自 1983 年起，参与阿拉伯半岛（也门、阿曼、叙利亚）考古调查超过 35 年；自 1991 年起，担任俄罗斯科学院驻也门共和国跨学科代表团团长。

穆罕默德·阿什拉夫·汗（Muhammad Ashraf Khan）

白沙瓦大学毕业，获考古学硕士学位，随后在巴基斯坦联邦政府的考古与博物馆事务部工作。获得法国巴黎索邦大学的犍陀罗研究博士学位。2009 年，他以教授身份进入真纳大学从事教学和研究，担任真纳大学亚洲文明塔克西拉研究所主任。参与过巴基斯坦许多重大考古研究和发掘工作，包括塔克西拉山谷和犍陀罗地区的佛教遗址，著有多部关于犍陀罗艺术的著作，发表百余篇学术论文。

萨迪德·阿里夫（Sadeed Arif）

白沙瓦大学毕业，获考古学系硕士学位。2004 年以研究员身份任职于巴基斯坦开普省考古与博物馆事务署，并在此期间主导和参与了多项重大考古发掘。2006 年进入真纳大学亚洲文明塔克西拉研究所工作，师从著名学者 A.H. 达尼。2009 年获犍陀罗佛教艺术博士学位。参与过巴基斯坦许多重大考古研究和发掘工作，并在国际知名期刊上发表了多篇关于巴基斯坦古代遗产的学术论文和研究文章。

查普陆卡 ·M. 库沙姆巴（Chapurukha M. Kusimba）

博士毕业于美国的布尔茅尔学院。现就职于位于美国华盛顿的美利坚大学人类学系，曾就职于芝加哥菲尔德自然历史博物馆，任非洲人类学部馆长。2018 年被评为美国艺术与科学学院院士。库沙姆巴教授的研究方向包括复杂社会下的城市考古、不平等社会形成的起源、古代非洲的酋邦和国家的建构、非洲的城市化、非洲的伊斯兰文化，以及在亚洲和美洲的非洲侨民。在东非和马达加斯加主持人类学的研究，现阶段的考古发掘项目在肯尼亚的沿海地区，主要专注于探索古代东非与南亚、东南亚，以及东亚的贸易联系网。

阿玛拉·瑞苏查特（Amara Srisuchat）

现任泰国文化部艺术局高级顾问，泰国世界文化遗产委员会成员。曾任泰国文化部考古和博物馆司高级专家，1990—1991 年参加联合国教科文组织海上丝绸之路考察团。

森达也（Tatsuya Mori）

日本金泽大学文学博士，早稻田大学史学硕士、学士。现任日本冲绳县立艺术大学教授。曾先后任爱知县陶瓷资料馆主任学艺员、学艺课长。专攻日本陶瓷史、中国陶瓷史、古代陶瓷贸易等方面的研究。多次前往中国各地古代窑址调查，具体的研究涉及中国古代青釉瓷器的发展，汝窑、官窑、定窑、龙泉窑等窑场的生产、流通、产品特点，中国古代陶瓷外销，伊斯兰世界与中国陶瓷的关系等多方面，在中国陶瓷史与陶瓷贸易方面有很高的学术成就。曾于 2013 年获得日本古陶瓷研究领域最高荣誉的“小山富士夫纪念赏”。

阿依特古·哈米特（Aitkul Hamit）

毕业于哈萨克斯坦国立大学。自 1990 年以来一直在哈萨克斯坦共和国文化和教育部系统中工作。从 2007 年起，担任哈萨克斯坦中央国家博物馆考古中心主任。16 岁时被邀请作为挖掘技术人员，跟随南哈萨克斯坦建筑群考古队，前往讹答剌（Otrar）绿洲的古迹；参与过哈萨克斯坦、联合国教科文组织及日本联合发起的“古讹答剌复兴”项目及哈萨克斯坦和德国发起的“咸海地区古迹保护”项目；撰写了 70 多篇科研论文。在中央国家博物馆工作期间，带头实施了哈萨克斯坦早期游牧民族的文化、青铜时代的哈萨克斯坦等大型博物馆项目。目前正在研究哈萨克斯坦游牧民族历史相关问题。

伊夫斯·波特（Yves Porter）

在巴黎INALCO公司学习东方语言（波斯语、土耳其语、阿拉伯语、普什图语、印地语）后，于1988年在巴黎索邦新维尔大学获得伊朗研究博士学位。2000年通过了“指导研究的权力”（巴黎第四大学）考试。自1993年起，在艾克斯－马赛大学教授伊斯兰艺术。他隶属于中世纪地中海和现代考古实验室。自2018年10月以来，参与了法国大学学院(Institut Universitaire de France）的研究项目。伊夫斯·波特教授是拉尼世界和伊斯兰化印度的艺术和技术专家，撰写的几本书大部分被翻译成英语，在科学和大型传播出版物上发表了许多文章，主要是关于波斯技术文本、绘画、陶瓷、花园和印度苏丹建筑。他的一些论文也被译成波斯语。他是穆卡马斯咨询委员会以及其他科学期刊的成员。

格尔鲁克·拉克马托娃（Rakhmatova Gulrukh）

毕业于撒马尔罕国立大学语言系。乌兹别克斯坦共和国撒马尔罕国家博物馆保护区首席专家。2009—2014年担任撒马尔罕国家博物馆保护区馆藏首席策展人，2014年担任撒马尔罕国家博物馆保护区科学部副主任，2015年至今担任撒马尔罕国家博物馆保护区首席专家。参加过“博物馆发展中的信息通信新技术”联合国教科文组织培训（2013年，俄罗斯圣彼得堡）、“INTERMUSEUM—2014”国际艺术节（2014年，俄罗斯莫斯科）、“21世纪的博物馆与教育”科学实践会议（2016年，乌兹别克斯坦撒马尔罕）等培训和会议。

丹尼斯·帕特里·莱迪（Denise Patry Leidy）

亚洲艺术史博士，耶鲁大学艺术馆亚洲艺术部主任、策展人。曾任纽约大都会艺术博物馆亚洲艺术部主任、策展人，策划展览包括“走向盛唐”展览（2004）以及“忽必烈的时代——中国元代艺术展”（2010）、“环球设计——巴西藏中国瓷器展”（2016）等。尤其对中国瓷器有深入权威的研究，2015年版《认识中国瓷器》（*How to Read Chinese Ceramics*）畅销。

另外还著有与中国艺术、佛造型艺术、丝绸之路等多部相关的著作。

法赫里·唐内希普·帕尔瓦尔（Fakhri Daneshpour Parvar）

本科、硕士毕业于德黑兰大学考古专业，1971 年赴中国台湾大学攻读艺术史硕士研究学位，于 1976 年毕业；2010—2015 年，于印度海德拉巴的奥斯玛尼亚大学（University of Osmania ）攻读印度文化历史与考古博士研究生，于 2015 年毕业。教授中国艺术、印度艺术、蒙古萨法维王朝历史、伊朗艺术史和伊朗绘画艺术史，教授 40 年。曾任沙赫德·贝希什提大学中文系主任（创办者），德黑兰大学考古系主任、教授。2019 年 6 月，被授予德黑兰大学考古系终身成就奖。参与过霍尔木兹海峡、胡泽斯坦、加兹温他克斯坦等地挖掘，并于霍尔木兹海峡发掘中担任瓷器组主任等。目前研究内容：收集和整理关于伊朗和印度之间联系的资料（从古代到恺加王朝），以及中国青花瓷水上丝绸之路的传播。

阿萨夫·戈尔德施密特（Asaf Goldschmidt）

毕业于美国宾夕法尼亚大学，获得美国宾夕法尼亚大学历史和科学社会学系历史学博士学位，其导师为美国著名中国史学家南森·席文。1999 年起任以色列特拉维夫大学东亚系教授，2014—2015 年任特拉维夫大学东亚系主任，2015 年至今任特拉维夫大学孔子学院以方院长，德国马克思普朗克访问学者。对中医史、中医哲学与社会学史、中国科技史、宋代社会政治史等有深入研究。书中文章为戈尔德施密特教授与其研究助理——特拉维夫大学考古系中国博士留学生陈之夏共同完成。

P. J. 切利安（P. J. Cherian）

毕业于印度卡利卡特大学，获得历史学博士学位。2010 年获得牛津大学考古学高级研究奖学金。2014 年任印度喀拉拉邦大学社会科学学院院长，2001—2016 年任喀拉拉邦历史研究委员会（KCHR）创始会长，2006—2017 年任帕特南发掘项目总负责人， 2018 年至今任印度跨学科考古科学发展研究所（IATAS）所长。切利安教授长期从事环印度洋各古代文明间物质、文化交流，古代印度洋航线等课题的研究，发表《2007—2015 年帕特南遗址发掘总报告》等大量学术著作。

奈杰尔·武德（Nigel Wood）

英国威斯敏斯特大学陶瓷专业荣誉教授，牛津大学考古学院荣誉研究员。主要研究方向为中国、韩国和中东陶瓷的技术史。定期在牛津大学、中国和美国讲学，发表学术论文 110 余篇，出版专著的代表作有《中国釉彩》（*Chinese Glazes*）等，与人共同撰写了李约瑟《中国的科学与文化》（*Science and Culture in China*）系列中的有关陶瓷技术阐释章节。

达夫拉特科亚·多伍迪（Davlatkhoja Dovudi）

史学博士，教授，1972 年毕业于塔吉克斯坦国立大学历史系。1974—1976 年，在列宁格勒东方学研究所由著名俄罗斯东方学学家和粟特语及钱币学专家 O. I. 斯米尔诺娃指导进行粟特硬币研究；1972—2011 年，在塔吉克斯坦科学院历史、考古和民族志研究所考古部门工作，后担任主研究员；自 2011 年以来，在塔吉克斯坦国家博物馆工作，担任考古及钱币学系主任，主要研究领域包括古代和中世纪钱币学、考古学及塔吉克斯坦、中亚、阿富汗和伊朗历史。著有 17 部大小专著和 224 篇科学科普文章，许多已在国外发表。曾参与塔吉克斯坦 21 处遗址的挖掘工作，包括作为探险队队长参与阿富汗梅斯·艾纳克遗址的挖掘工作。曾参加多场国家和国际研讨会。

舍伊达·阿尔帕伊（Şeyda Alpay）

安卡拉大学历史地理文学院艺术历史系毕业。在伊斯坦布尔大学波斯语言与文学系攻读研究生。2017 年起在土耳其总统府国家宫殿管理局担任艺术历史学家。掌握英语、奥斯曼语、波斯语、拉丁语和阿拉伯语。发表作品有《奥斯曼时期建筑学词典》《耶尔德兹宫清点登记册里的艺术历史术语》等。

吉来·菲丹（Giray Fİdan）

毕业于安卡拉大学历史地理文学院古典考古学系，2001—2005 年就读于安卡拉大学历史地理文学院汉学系，现担任安卡拉哈吉·巴伊拉姆·维利大学文学院翻译系教授。著有《不会被时间打败的国家——中国》等作品。

后　记

《外国文物里的丝绸之路》即将付梓之际，回首编辑过程，感慨颇多。

前期的约稿过程，曾得到众多方面力量的支持，不由得心生感激之至。邀请外国专家撰稿，是比较困难和复杂的，需要在细琐的选择、沟通、协调等环节上下苦功夫，最后大家都克服下来了。

在这里，要感谢我所供职的《光明日报》，因为工作，信息的捕捉较为容易，特别是这些年我参与组织的众多大型国际报道，为文集的编辑提供了充裕的资源。具体而言，有这样几类：一是在习近平主席参加的国内重大主场外交活动中，我都参与组织策划并带领《光明日报》采编团队进行报道，如在北京召开的“一带一路”国际合作高峰论坛（两届）、亚洲文明对话、中非合作论坛等，还有杭州的 G20 峰会、厦门的金砖五国领导人会晤、青岛的上合组织峰会、上海的国际进口博览会（两届）、海南的博鳌亚洲论坛等；二是跟随习近平主席出访活动并在多个媒体高峰论坛上发言，如赴南非参加的“中非媒体高峰论坛”、赴智利出席的“中拉媒体领袖峰会”等；三是在国内参加多个中外媒体论坛并发言，如“‘一带一路’媒体合作论坛”“中日媒体高峰论坛”“中韩媒体领袖峰会”“中印媒体对话”“中德媒体对话会”“中国澳大利亚媒体领袖峰会”“中捷人文交流研讨会”等；四是在国内经常受邀参加国际性会议，如“从都国际论坛”“中巴经济论坛”“‘一带一路’沿线国家智库论坛”等。这些国际会议、论坛对本项目在策划、启动、实施过程中的确起到了重要的帮助。

《光明日报》国际部给予文集以大力的支持，由于报社 23 个国家的驻外记者在国际文化报道上积累了不少资源，国际部主任郭林亲自坐镇，驻以色列记者王炯、驻泰国记者付志刚、驻巴基斯坦记者张任重、驻土耳其记者冯源等约来了高质量稿件。国际部后方编辑团队也都有辛勤的付出。

我还要感谢来自北京故宫博物院考古研究所的王光尧副所长和翟毅副研究员等，他们在组稿方面给予了很多帮助；包括地处西安的丝绸之路总商会的贾瑛女士也精心参与约稿。由于稿件在立意、材料、图片、翻译等方面的诸多要求，形成了一个个细小而烦琐的环节，都需要他们向作者一一联系沟通，可谓尽心尽力，其中甘苦，我都深有体会。他们的无怨无悔，也得益于《光明日报》在文博领域良好的声誉，这个时候用上，也是得其所哉。

本来还有几篇稿件要进入编选的，但在最后截稿之际，赶上全人类的一个大灾难——新冠肺炎疫情先后在全球多国肆虐，导致跟有些国家专家的联系变得非常困难，像意大利、埃及、阿联酋等国的作者音信全无。像伊朗、印度等国的作者，当文章中的一些细节需要沟通时，也常常处于失联状态，好在后来得到妥善解决。

由于文集约请的专家具有较高代表性和权威性，所撰写文章也有较高的发现意义和学术价值，在书稿编辑期间，有部分篇章在《光明日报》的国际版上得到刊用，有些文章在故宫编撰的文集中被选用，中国外文局的专业刊物也将预约采用，这都说明文集的价值所在。

有鉴于丝绸之路起源于当时各地域各民族所创造物质文明的相互交流和吸引，今天的丝路传播也应具有国际视野，因此在中文版出版后，将用英文和其他外国文字翻译出版，我想，它是适合于国际传播的。

需要特别指出的是，本书起意于 2017 年的第一届“‘一带一路’国际合作高峰论坛”，运作于 2019 年的第二届“‘一带一路’国际合作高峰论坛”，那么等到 2020 年年底中英文版出齐，就献给 2021 年召开的第三届“‘一带一路’国际合作高峰论坛”吧。我期望读者能够从外国文博领域的研究成果中获得更多新的丝路精神启示。

文集还会存在某些疏漏和错讹，敬请读者批评指正。

主编简介

沈卫星　《光明日报》副总编辑、高级编辑，中国政法大学光明新闻传播学院院长、教授博士生导师。全国宣传文化系统文化名家暨“四个一批”人才。兼任北京大学电视研究中心特聘研究员、北京师范大学教授、中国传媒大学传媒艺术与文化研究中心学术委员等职。编著有《沈卫星文化评论集》《受众视野下的文化多样性》《邓小平文艺思想研究论集》《重读张伯苓》等。获得中国新闻奖一等奖。享受国务院特殊津贴。